新世纪高等学校教材

U0659624

学前教育专业系列教材

（第 2 版）

学前教育科学研究方法

XUEQIAN JIAOYU KEXUE YANJIU FANGFA

张 燕 邢利娅 编 著

北京师范大学出版集团
BEIJING NORMAL UNIVERSITY PUBLISHING GROUP
北京师范大学出版社

图书在版编目(CIP)数据

学前教育科学研究方法/张燕,邢利娅编著. —2 版. —北京:
北京师范大学出版社,2014.1(2025.6 重印)
ISBN 978-7-303-04829-8

Ⅰ.①学… Ⅱ.①张… ②邢… Ⅲ.①学前教育—科学研
究—研究方法 Ⅳ.①G61—3

中国版本图书馆 CIP 数据核字(98)第 27772 号

出版发行:北京师范大学出版社 https://www.bnupg.com
北京市西城区新街口外大街 12-3 号
邮政编码:100088

印	刷:	北京虎彩文化传播有限公司
经	销:	全国新华书店
开	本:	730 mm×980 mm 1/16
印	张:	20.75
字	数:	340 千字
版	次:	2014 年 1 月第 2 版
印	次:	2025 年 6 月第 35 次印刷
定	价:	40.00 元

策划编辑:张丽娟		责任编辑:张丽娟　罗佩珍	
美术编辑:焦　丽		装帧设计:焦　丽	
责任校对:李　菡		责任印制:赵　龙	

目　录

第一章　学前教育科学研究的一般原理

第一节　科学研究概述

一、科学研究的概念

要探讨教育科学研究的问题，首先应从一般意义上弄清什么是科学研究。科学研究是人类一种特殊的认识活动。

科学研究是人们探索自然现象和社会现象的规律的一种认识过程。它是人们有目的、有计划、有意识、有系统地在前人已有认识的基础上，运用科学的方法对客观事实加以掌握、分析、概括，揭露其本质、探索新规律的认识过程。

在日常生活和生产劳动中，人们总是在有意或无意地认识着客观世界，认识着自然现象和社会现象，逐渐学会处理一些人与人、人与物之间的关系。然而，科学研究同这种日常生活中的认识的区别，就在于前者是人们有明确目的，有严密的计划，运用科学方法，有系统地去认识某一学科领域的某些问题，有意识地去搜集有关研究对象的事实，通过对事实做科学的分析和概括，从而揭示现象的本质、发现事物的规律，建立起能够说明事物或现象的理论。可见，科研与人们一般的认识过程的不同就在于，它有更高的理论自觉性、研究的目的性和研究设计的周密性、科学性，因而有可能缩短认识过程，并减少错误认识。进而，人们可以运用科学研究建立的理论或规律去能动地改造客观世界。因此，我们说通过科研，人们不仅在揭示和认识客观规律，同时也在寻找改造客观世界的途径。

人们常常在不同的场合谈到"科学研究""科学""科学方法"这三个词，那么这三者关系究竟如何呢？可以简单地说，科学研究就是运用科学的方法，对自然或社会的客观规律的探索过程。这表明了两层含义：

科研的目的是探索规律、发现真理，也就是建立起科学的知识体系，从而预见并改造现实。

科研的手段则是通过有目的、有步骤的活动，通过科学系统的行为方式、手段和方法，从而获得有关事物或现象的规律，发现真理。

从西方一些科学家、教育家对"科学"的定义可见，科学研究与科学是在同一意义上使用的，二者基本同义："科学既是一种知识体系，又是一种导出或达到真理的方法和程序，而后者更为重要。"

"科学的重点不在于获得结论，而在于观察、实验的方法，以及数学推理，从而才能做出结论。"（Dewey，1933）

科学所揭示的事实、规律和关系是科学的结果，也就是"科学的行为"的结果。"科学是发现的方法。"（Gorlow & Kathoosky，1959）

俄国著名生理学家巴甫洛夫也曾说过："科学研究的障碍在于缺乏研究方法。"他又说："科学是随研究方法所获得的成就而前进的。研究方法每前进一步，我们就提高一步，随之在我们面前也就开拓了一个充满种种新鲜事物的、更辽阔的远景。因此，我们头等重要的任务乃是制定研究方法。"

可见，科学的方法是促进学科发展、掌握规律进而用于能动改造世界的关键和根本途径。

二、科学研究的特征

科学研究一般具有三个特征：客观性、系统性、创造性。

(一)科学研究的客观性特征

科学研究的客观性特征表现在以下三个方面。

首先，科学研究的对象来源于客观世界，来源于人类生活、生产的现实，是客观现实的需要。例如，关于幼小衔接的问题，关于幼儿肌肉力量发展的问题，关于幼儿游戏的社会性水平等问题，或是关于不同教学方法或课程模式的比较等，这些学前教育科研课题均来源于客观的教育实践的需要。

其次，科学研究的过程要求严格的客观性。科学研究要研究事实和事实的意义，用事实说明问题，从中找出规律性的东西，并且用事实来检验我们的发现或观点是否是客观真理、是否真正找出了规律性的东西。这就要求我们必须用辩证唯物主义和历史唯物主义的立场、观点、方法去研究、分析和解决问题，必须坚持实事求是的原则，透过众多的事实、数据材料，分析认识对象的本质，总结出事物发展的规律。科研过程的客观性涉及研究计划的制订、方法的选择及程序步骤的设计，它们对于所要研究的问题及所要收集的资料是适宜的，研究者不可凭个人好恶或凭主观倾向取舍事实材料。

再次，科学研究的结果往往是客观真理。只有有了科学的态度，运用科学的方法去研究客观现实需要解决的问题，才能得出科学的结果和结论。也就是说，科研得出的结论是可以检验的、能反映一定客观规律的结论，而非主观臆断。

(二)科学研究的系统性特征

系统性是科学研究的一个重要特征，表现在以下方面。

首先，任何科学研究都是建立在前人研究基础之上的，是整个人类认识环节上的一个组成部分，而不是孤立的。我们要进行科研，首先就要掌握前人已有的研究成果，正如牛顿曾说过的，要"站在巨人的肩膀之上"，我们不可能脱离人类的认识系统和知识体系，去进行什么孤立的研究。

其次，科学研究必须注重事物之间的联系。客观世界是部分与部分之间紧密联系的整体系统，人们不可能脱离这个整体系统而只去研究某一个别对象，而是必须通过认识整体与部分之间的联系从而认识研究对象。

再次，科学研究本身就是一种系统的研究活动。教育科研是按一系列规定好的步骤进行的一种有系统的科学探索，要有规范化的行为方式，而不是随意、盲目、偶然性的活动。科学研究要有明确的目的、严密的计划、科学的方法，而且要有周密的组织、合理的步骤，在时间上也有一定的连续性和阶段性。总之，从系统角度、过程角度、时空角度构成科学研究这一独特探索活动的系统。

根据系统论的理论，一切事物过程乃至整个世界，都是由无数相互联系、相互依赖、相互制约、相互作用的事物和过程所形成的统一整体。系统论的整体观、联系观、动态观及最优化观点对于教育科学研究无疑具有重要的指导意义。系统论的科学研究方法启示我们，应当把研究的问题或对象放在系统的形式中，注重从整体上、联系上、结构功能上，考察整体与部分之间、部分与部分之间、整体与外部环境之间的关系，从而寻找到解决问题的有效途径。

科学研究是循序渐进的，如同攀登一座高山，不可能一步就登上顶峰，而要沿着环形山路，逐渐前进。也就是说，在研究过程中，一定会遇到许多新问题，发现新情况，要求我们进一步探索；由于事物总是错综复杂，特别是教育领域内的问题，更是错综复杂，有些规律性的本质性的东西不是那么容易一下子就能发现，而是要逐步深入，一个小问题、一个小问题地解决，这样就逐渐地把我们对客观事物的认识向前推进一步，把我们的认识范围扩大一点。例如，有关幼小衔接的问题就涉及很多方面，如儿童学习兴趣、习惯能力、活动量问题及社会适应性等，需要一个个地研究解决。应当认识到，科研的探索过程是没有止境的。正如一位科学家曾说过的，"科学的高峰是不应该有顶的"，说明人类对客观世界的认识、对真理的追求是不可能穷尽的。一般而言，在一篇科研论文或报告的结尾总要提出须进一步研究的问题。

(三)科学研究的创造性特征

创造性是科学研究最本质的特征，表现在以下几个方面。

首先，科学研究本身就是一种创造性活动。科学研究的任务是探索自然界和人类社会未知的领域，发现新规律，创造新成果，从而扩大我们对某一课题的认识。也就是说，一项科研任务，不是重复人们早已解决了的问题，而是在前人成就的基础之上，进一步去探索前人没有解决或是没能完全解决的问题，科学研究就是要去加深、扩大我们对某个问题或学科的认识程度和范围。可见，科学研究同我们写一篇文章或编一份讲稿不同，后者通常是将现有的材料加以取舍、编排整理，目的是向读者或听众介绍某个问题或某个学科的概况或成就，而非对未知领域的探索。

其次，科学研究须创造出新的、更加科学的研究方法。因为科研是用科学的方法去发现新的规律、发明新的成果。进行科研，方法上的革新、突破很重要，"科学就是发现的方法"，新的方法的发现与创造往往能开拓研究的新领域，深化研究进程，从而获得新的研究成果。

再次，科学研究又是极艰巨的创造性劳动，需要付出艰苦的努力，要有勇气和毅力克服困难、努力攻坚，才能在方法上有所突破、创新，才能获得新的发现，把我们对未知领域的认识不断向前推进。每位幼教工作者，应积极地应用批判性思维，敢于创新、敢于探索，不断地提出并解决幼教实践和理论中的新问题，使我们在幼儿教育这个"王国"中更加"自觉"和"自由"。

三、科学研究中的假设

(一)什么是假设

假设是对问题的假定的解释，是运用思维、想象对所研究的事物的本质或规律的初步设想或推测，是对所研究的课题提出的可能答案或尝试性设想。著名学者胡适曾有一句治学名言："大胆假设，小心求证。"大胆假设，即人人都可以提出假设，假定有一种或几种可以解决问题的方案。

假设并不是单纯主观思辨的产物，也不是以荒诞的臆造为基础的虚妄、任意、离奇的猜想，而是依据事实和科学知识的基础，对未知领域（或不能直接观察到的事物）作有根据的推测。假设是一种预见，产生于日常观察和已有的研究成果中，或产生于研究者的联想或直观推测中。

(二)假设的作用

假设的作用是引导科研沿着一定的方向行动，"假说是研究工作者最主要的思想方法"。关于假设或假说的重要性，恩格斯曾经有一段精辟的论述："只要自然科学在思维着，它的发展形式就是假说。一个新的事实被观察到了，它使得过去用来说明和它同类的事实的方式不中用了。从这一瞬间起就需要新的说明方式了。它最初仅仅以有限数量的事实和观察为基础。进一步的观察材料会使这些假说纯化。取消一些，修正一些，直到最后纯粹地构成定律。"这段话清楚透彻地说明了假说或假设在科研中的必要性及作用、形成的背景及发展过程：从最初的孕育——"一个新的事实被观察到了，它使得过去用来说明和它同类的事实的方式不中用了"，即通过观察，发现已有观点或理论的矛盾，到形成——提出"新的说明方式"。它最初仅以有限的事实和观察为基础，经检验，充实完善，达到纯化——"进一步的观察材料会使这些假说纯化。取消一些，修正一些，直到最后纯粹地构成定律"，达到认识规律，建立起能够说明事实或现象的理论。

恩格斯还说："如果要等待构成定律的材料纯化起来，那么这就要在此之前，把运用思维的研究停下来，而定律也就永远不会出现。"假设体现了人的思维的积极进取革新精神，能够促进对客观真理的探索，推动科学的发展。这也正是科学研究的创造性的体现。

在科学史上，无论什么学科或科学，均须经过一个假说的阶段。例如，伽利略出于对亚里士多德依抽象思辨提出的论断（亚里士多德认为：在自由落体运动中，物体越重，运动速度越快；反之，就越慢）的怀疑，重新对自由落体运动速度问题加以思考，初步形成了物体重量与运动速度无关的假设，然后设计、操作实验，对假设进行检验。这就是著名的斜面实验，亦称冲淡引力实验。通过实验，他发现了自由落体定律：球体滚下的加速度与斜面的斜度有关，而与球体重量无关。又如哥白尼的"日心说"、达尔文的"物种进化论"、魏格纳的"大陆漂移说"等，均是从假设开始的。

(三)假设的特征

首先，假设具有推测性。假设是对所研究的问题预先赋予的答案。假设是人的创造性的源泉。

其次，假设具有事实和科学的基础，并非虚妄的主观臆断。

再次，假设是认识与接近真理的一种方式或途径，是科学研究的重要方法。假设是研究的出发点：研究往往自提出发现问题，并对问题作出假定的解释、推测开始。以假设确定行动路线，提供明确的探索目标和方向。假设是对研究课题的一个总的考虑。进而人们围绕假设，收集事实材料，检验、验证之，"小心求证"。整个研究就是一个提出假设——验证假设的过程，最终达到对规律的认识。因此"假设是发现新事物、新理论的桥梁",科研离不开假设。

教育领域的科学研究也常常需要建立和提出假设。例如,"智力结构双因素假说"就是美国心理学家斯皮尔曼提出的。他曾对一群儿童实施7种智力测验,发现各测验成绩均呈正相关,但又不完全相关,因而他认为,儿童的各种智力活动中存在着一种共同的一般的因素,同时也存在着不同的特殊因素。

我们知道,学前儿童的交往能力是有差异的,通过观察又发现,学前儿童在群体中的社会身份有所不同,例如,有受人喜爱的交往明星、好人缘的孩子,还有讨嫌的或常独处的孩子。于是,提出这样的假设:学前儿童的交往能力与他们在群体中的社会身份有密切关系,进而通过实验和进一步的观察加以验证。又如,混合班教育实验中假设的产生:人们在日常生活中常常能观察到,不同年龄儿童相处往往更协调、融洽,而且有更加积极的交往,像大助小、小学大等,儿童的游戏行为也不同于同龄幼儿伙伴间的。通过思考,提出这样的假设:幼儿在混合年龄组织形式下,较之同龄条件下,能有更积极的社会交往行为和更高的游戏社会性水平,幼儿之间的年龄差和类似于家庭兄弟姐妹的情景使然。假设既要大胆,又要合理。有时,可以提出几个假设,从中选择,或是在一个大的假设之下,再从不同的方面提出几个假设。例如,上面提到的学前儿童交往能力与他们在群体中的身份有关的假设,就可以进一步从交往频率、范围、发起或反应情况、交往内容、性质及持续时间等方面再提出具体假设。假设提出后,还须"小心求证",即用丰富、确凿的事实材料来验证假设。

四、科学研究的步骤

科学研究是系统的探索过程,必须遵循一定的程序、步骤。科研的过程一般包括这样几个基本环节或步骤:

第一步,选题:发现、选择和确定研究课题。

第二步,查阅文献,了解情况:了解所要研究的问题的历史与现实,考察来龙去脉。

第三步,制订研究计划或方案:明确研究任务,选择研究对象,设计与确定研究方法即收集和分析资料所要运用的方法。

第四步，实施研究过程：按照方案实施研究，收集反映所要研究的问题的事实材料。

第五步，整理总结：整理分析所收集的事实材料，得出结果、结论，写出研究报告。

从以上科研的基本环节可见，整个研究过程符合认识活动的一般规律，研究过程可描述为：

确定问题 → 查阅资料 → 制订方案 → 实施方案 → 分析资料 → 得出结论

研究过程虽已被描述为是有系统的和有秩序的，但千万不要认为研究过程是死板的。研究步骤是可以跳跃或交叉的。有些研究，如实验研究、验证假设的研究，问题已经被确定了；但在有的研究中，如教育社会学的研究，有时假设可能在资料收集以后也没有形成，直到对资料进行分析之后才可得出。

第二节　教育科学研究概述

一、教育科学研究的概念

教育是人类培养新生一代的社会实践，是向新生一代传递知识和价值观念的过程。教育科学研究就是运用科学的方法，探索教育领域的客观规律的认识过程。

教育科学研究的概念包含三方面意思：

首先，教育科学研究是教育研究工作者一种有目的、有意识的认识过程，是一种"发现""探索"的过程，是旨在发现新的、尚未被认识的东西的过程。

其次，教育科学研究要探索和发现的是带有普遍性即规律性的东西。有了对教育领域的规律性的认识，可以较好指导教育实践。

最后，教育科学研究是运用科学的方法，探索教育领域的客观规律。研究方法要科学，包括依研究目的、任务选用适宜方法和遵循科学的程序，同时必须以科学的态度指导方案的设计，这样才能获得正确的认识。

二、教育科学研究的特点

教育是一种复杂的社会现象。教育科学是一门应用科学，是研究人类知识和价值观念传递过程中的现象或问题的科学。马卡连柯曾经说过："教育学是最辩证、最灵活的一种科学，也是最复杂、最多样化的一种科学。"我们可以把教育科学研究看成对完整教育活动的整体探索过程。可见，教育科学的发展依赖于教育科学研究的不断探索与创新。教育科学研究可不断地深化人们对教育内在规律认识的程度，可不断充实和完善教育科学理论体系。教育科学知识的丰富和理论体系的完备又为教育科学研究提供了基础。可以说，教育科学研究与教育科学二者相互联系、相互促进，在教育科学研究实践的基础上形成互动的关系。

科学家们把科学研究分为自然科学研究和社会科学研究，这是由于自然科学与社会科学的研究对象不同所致。学者们将物质世界又划分为客观的自然世界和主观的社会世界。前者是完全客观的自然界，它的存在和运动是不以人的意志为转移的，如宇宙、星辰、原子、微生物等。后者则是由人类加工、改造过的物质世界，即社会。社会是由人类组成的，它不仅包括人类加工的物质生活条件，而且还包括注入了人类主观意向的社会构件，如社会制度、社会关系、社会组织等。这些社会构件即客观存在的物质现象，也是包含人的主观意志的事物。社会世界是无法与人的主观意志相分离的，社会存在与运动依靠人的各种社会活动来维持。人的社会活动必然是有动机、有目的的，它与客观物体的运动不同。社会现象的主观意义以及人的行为的有意识性是社会现象与自然现象的根本区别。由于社会与自然界有差异，因此导致社会科学研究和自然科学研究有着不同的特点。

教育是一种复杂的社会现象，是人类有意识、有目的、有系统地培养新生一代的社会性实践活动。对这种活动所进行的科学研究和探索属于社会科学研究范畴。因此，它必然要受到社会科学研究的特点的制约和影响。以下，我们试对教育科学研究的特点作如下分析。

(一)研究对象的复杂性

教育是人特有的社会性活动。教育科研是以"人"为研究对象，同时涉及个体和群体两方面的行为，变量复杂。同一行为可能出于不同动机与原因，表现出不同意义与价值，因而极难普遍化与形式化。从某人或某团体获得的资料，应用于另一团体或其他情境，不见得有效；即便是同一个人或同一群体，在另一情境，其行为也可能改变。所以在教育科学研究中，一般性结论的取得十分不易，因为：一是在研究中做直接观察比较困难，不容易简化或控制条件，很难做重复性实验。二是研究过程中研究者与被试的相互作用也会对研究结果产生影响。三是教育科研不容易找到可供比较的较为精确的工具、量尺等。

(二)研究范围的广泛性

教育不仅与人的发展关系密切，而且与社会的进步有着紧密的联系。教育研究既涉及教育内部的各种关系，又涉及教育与社会方方面面的各种外部关系，因此不仅要研究教育对象，又须注重研究发展教育的各种条件、各种影响因素、研究教育者的素质等。

(三)研究方法的综合性

要探求教育活动规律，常常不能运用单一的方法获得结论，而必须综合地运用多种研究手段、途径。随着学科的发展、各学科联系的加强，如自然科学与社会科学的交叉，作为社会科学之一的教育科研既需要依据和吸收其他有关学科的研究成果，了解和借鉴其他学科的基本概念、方法与技术手段等，同时又要考虑本学科自身特点选择和设计适宜的研究方法，即不仅注重运用经验思辨的方法进行观察和综合性描述，而且须尽可能对量的因素加以关注，将定性与定量结合，如此才能获得科学、可靠的结论。

(四)研究的伦理性

教育研究的对象是人，研究目的是为了使教育更符合规律从而促进人的发展，因此，研究不能违背伦理性原则。例如，在对一些实验因素予以处理或研究条件的控制与操纵时，不能妨碍或有害于研究对象身心的健康发展。

也就是说，教育研究一定要遵循人道主义精神，绝不能用创造情境诱使儿童产生不良行为的方法来获取研究资料。

三、教育科学研究的层次

(一)依研究目的，教育科学研究可划分为五个层次

我们可以从各类研究所担负的不同功能，从其理论的概括程度及解决实际问题的针对性、即时性，将教育科学研究划分为不同的层次。一般来说，分为五个层次。下面逐一对各层次或各类别研究的特点进行分析。

1. 基础研究

基础研究属于纯科学研究或学术研究，注重一般知识、普通原理原则的建立。基础研究的目的在于认识未知，发现普遍规律，形成和发展教育基本理论。基础研究虽然不解决具体问题或特定问题，不能够"拿来就用"，但它能够对教育实际工作提供带有普遍性的指导。例如，皮亚杰的"儿童发展阶段论"就是属于教育研究中有关儿童发展基本理论的探讨，它对幼儿教育依据儿童发展规律施教具有普遍的指导意义。

2. 应用研究

应用研究是运用基础研究得出的一般原理、原则，针对某个具体实际问题，深入考察某一局部领域的特殊规律，即将基础研究具体化，提出较强针对性的应用理论和方法。研究目的在于解决实际问题。例如，"一年级小学生识字能力研究"，就是运用儿童学习阅读识字的一般规律，解决如何培养小学生识字能力的具体方法。

3. 开发研究

开发研究是根据基础研究和应用研究得到的结果，为教育实际工作者提供能够直接运用的教育产品。开发研究也是教育科学研究的一部分重要内容，具有现成操作的特点，即"拿来就用"，此类研究对研究结果的使用作出了具体、明确的规定，提供操作化的产品。开发研究可以使产品广泛而普遍地得到推广，并且能够方便地运用到教育实践之中。例如，研究者在对集中识字或分散识字进行应用研究基础上，将成果编成教材、音像材料等，从而

为使用者提供"按图索骥""照章行事"的方便。

又如，通过实验研究，探索和设计适合儿童生理、心理特点，符合教学原则之需要的玩具、教具、教学设备设施等。还可对民族民间游戏和玩具的教育价值加以探索，从而便于就地取材、继承传统、广泛运用，也是开发研究的一个重要选题。开发研究的产品具有能够直接面向教育实践服务的特点。开发研究对于弥补理论与实践、研究与实际教育教学之间的鸿沟是很有益的，是将教育思想、观点、原理等物化在教育产品中，同时提供操作程序与教育技术策略等。

4. 评价研究

评价研究是对教育机构、课程、教育计划方案等的价值作出评定判断而展开的研究，是为政策分析和决策提供依据的一个重要工具。研究的目的在于收集能够帮助做好决策的资料信息。研究包括：获取信息——赋值判断——制定决策三个要素。评价研究可以分为形成性评价研究和终结性评价研究。前者是对过程的评价，常常是当事人通过自我评价从而促进其各方面的改善；后者主要是依靠其他有关人员对评价对象的某一方面作出考核、鉴定。把评价作为一种研究类型来看待，这是当前教育研究发展的需要。

5. 行动研究

行动研究是为解决学校、班级或教育大纲等教育实践提出的即时问题，立竿见影地应用，如教师及学校管理人员针对自己工作中遇到的实际问题而进行的研究。它的目的不在于建立理论，而在于系统地、科学地解决实际问题。行动研究的特点体现在三方面：一是研究主体为教师或其他教育实践工作者，研究方式适合其工作实际。二是研究的问题具有直接针对性，而且可以即时运用于实践工作的改进。三是通过研究可以促进教师教育观念的转变和教育技能的提高，增强科学育儿的自觉性。行动研究作为教育科学研究的一种类型，具有非正规性特点，是将改革行动与研究工作相结合，"在行动中研究，在研究中提高"，重在为教育教学改革服务。

教育科学研究的五种类型从行动研究到基础研究是从非正规向正规化递增，其应用的即时价值呈递减倾向，而在理论上的长远价值则呈递增状态。换言之，就认识未知发展理论看，基础研究的意义较大；如从针对实际解决具体问题的角度而言，则行动研究更直接、更迅捷。当然，五种类型的划分是相对的，虽有层次性，但又体现了连续性或衔接性。一般而言，无论何种课题均可在不同层次上展开，任何研究均须注重在各个层次上的渐次递进、不断深化。同时，应注意将正规研究与非正规研究结合。一方面，要通过研究形成和发展理论；另一方面，又须在研究中推广理论，改进教育实际。应注重发挥各类研究的优势，使教育科研兴旺繁荣。

对教育科学研究类型的划分也有人提出不同分法，如将其分为三大类，即基础研究、应用研究及教育技术研究。有人还将开发研究、评价研究、行动研究作为操作层次的类型，归在教育技术研究内（见图1-1、图1-2）。

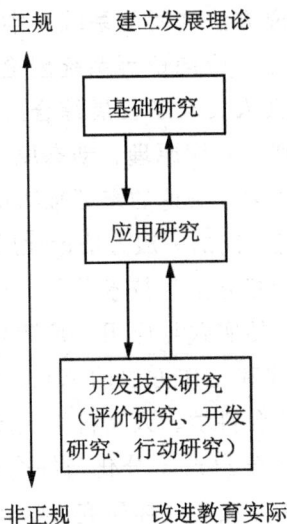

图 1-1

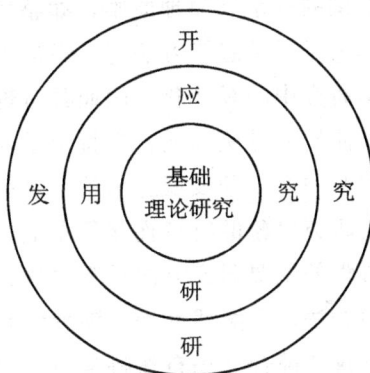

图 1-2

教育研究各类型关系

(二)教育科学研究的方法体系层次

以上是从教育科学研究的理论程度和解决教育实际问题效用的维度划分层次和加以分析说明的。我们还可以从研究方法的角度认识教育科学研究的层次性。

广义的科学方法即科学方法体系包括三个层次，即方法论、一般方法和具体研究方法（技术手段）。

一般认为，教育科研方法的最高层次为方法论。方法论主要探讨研究的基本假设、逻辑、原则、规则、程序等问题，它是指导研究的一般思想方法或哲学。教育科学研究离不开一定的哲学认识论。认识论为人们认识自然界和人类社会生活最一般规律提供方法论原理，被认为是"全部科学研究之母"。马克思主义哲学即辩证唯物论与历史唯物论是科学的世界观和方法论，为我们正确认识教育现象提供了指导思想和理论基础。辩证唯物论与历史唯物论的基本内容是：世界统一于物质；事物是普遍联系的多样性的统一；运动是事物的基本属性；事物的发展是历史与逻辑的统一；实践是主客观对立统一的基础。教育科研必须以马克思主义哲学为指导。

一般科学方法是介于哲学方法论与具体研究方法之间的系统科学（包括系统论、信息论、控制论及耗散结构论、突变论、协同论等系统理论），具有跨学科的性质，是现代科学即自然科学与社会人文科学发展综合的结果。它所提供的一系列原理原则，如整体系统性原理、有序原理、动态原理、反馈原理等是科学思维方法与认识的手段，是将哲学方法论的辩证唯物论原理在科学研究中的具体化，因而具有现代科学研究共同的一般方法论性质。

具体研究方法即适合于特定学科的专门的研究方法与技术手段。它是在科学实践中产生和发展起来的，是科学思维方式的实践与应用，是针对各学科及其研究对象的特点而采取的特定的行为方式和工作方法的总和。例如，自然科学的主要研究方法是观察法、实验法；社会科学、人文科学更多采用社会调查法、个案研究等。随着学科的发展，各学科产生分化与综合渗透，一些学科须综合运用自然科学与社会科学的研究方法。具体研究方法还包括研究技术手段如统计、测量等。

广义的科学方法就是指以上三个层次既相互区别又紧密联系的整个方法体系。狭义的科学方法指科研中解决问题的具体方法手段。本书侧重于狭义的教育科研方法。尽管如此，研究工作者一定要明了，具体研究方法的运用必须以科学的认识论和一般方法为指导，即以马克思主义辩证唯物论与历史唯物论和系统科学方法为指导，才能使研究工作健康进行，获得对教育现象的客观真实全面的认识（见图1-3）。

```
                哲学方法论：马克思主义的认识论即辩证唯物论与历史唯物论
                一般科学方法论：系统科学理论如系统论、信息论、控制论等
教育科学                                      文献法或历史法
研究的方                                      观察法
法体系                         收集资料的方法  调查法
                                              个案法
                具体研究方法                  实验法
                                              系统分析法
                                              制表法
                分析处理资料的技术手段         抽样法
                                              计算机技术
```

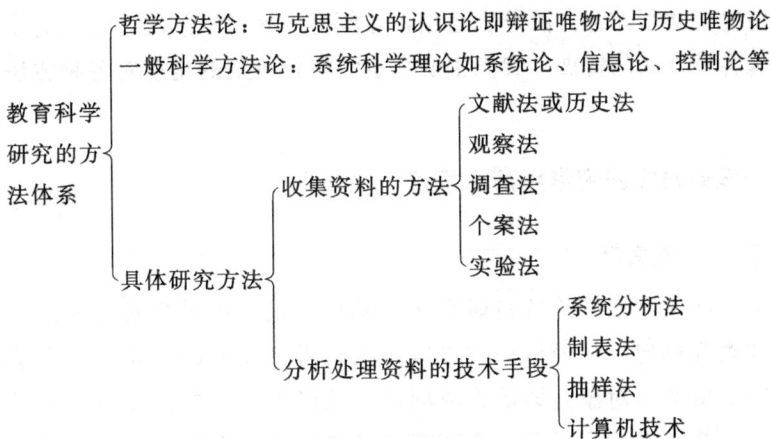

图 1-3　教育科学研究的方法体系

四、教育科学研究的常用方法

(一)方法的分类

教育科学研究的方法多种多样，可以从不同角度，根据不同的分类依据，对方法进行分类。

依据研究有无控制性，将方法分为两大类，即经验法与实验法。例如，美国的 J. D. 尼斯比特在《教育研究法》一书中，依据对变量有无人为控制，将研究分为实验法与经验法，后者包括谈话法、问卷法、测量法等调查方法以及观察方法、个案研究。

又如，依据研究场所的不同，将方法分为实验室研究和自然研究。自然研究是指在日常生活中随自然进程进行的研究。

还有依研究所描述的状态，将方法分为三类：历史法是研究过去的方法；描述法是研究现在状况；实验法是说明预测未来的状况。

另外，还有依收集事实材料的途径，将方法分为历史法(或文献法)、观察法、调查法、实验法。例如，陈震东对教育科学研究方法的分类。

方法的划分是相对的并有交叉重叠的情况存在，而非绝对的。特别是在实际的教育研究中，由于教育现象总是错综复杂的，进行教育科学研究，在

15

大多数情况下常须几种方法综合运用，才能有效地解决问题。这里为了便于理解和掌握各种方法的特点，我们主要从事实材料收集的角度对各种方法作简要介绍。

(二)教育科学研究常用方法简述

1. 历史法或文献法

历史法或文献法亦称资料研究法，就是通过分析研究人类过去丰富的教育实践和教育思想，从而认识教育以及教育思想发展的规律性。它是以研究过去的历史事实为对象，即前人或同代人已经发生的并已取得一定研究成果形成文字的教育现象为对象，主要手段是查阅文献资料。这种方法可用于研究某一历史阶段的教育发展状况，或研究某个教育家或教育流派的思想、理论观点等。历史法须在广泛吸取前人（或同代人）已有知识的基础之上，加以吸收消化，进而利用和创新，研究目的在于对当前的教育实践和研究提供有益的启示和指导。它既是一种独特的教育研究方法，又是任何科学研究所必需的步骤和条件。正是通过对资料的研究分析，研究者才得以确定研究课题与方向（详见本书第八章）。如关于对老解放区保教工作的研究，又如对陶行知先生幼儿教育思想的研究等。

2. 观察法

观察法是教育科学研究的基本方法，指的是研究者有目的、有计划地对所要研究的对象做周密的观察，同时客观、详细地记录，根据对观察结果的分析，找出规律性的东西。科学观察不同于日常生活中的一般观察，后者是自发和偶然的。而科学观察则有一定的研究目的或研究方向。科学观察的优点在于：占有第一手材料，研究者要亲身深入研究现场，对所要研究的对象或现象做实地观察，直接、客观地了解其现状，特别是显露于外的行为表现；研究对象或现象处于自然状态中，表现较真实；研究方法比较便利易行。观察法以教育现象的自然发展过程为对象，通过直接的观察来收集实际情况的材料，感性认识强。

教育科学研究中的观察法也存在着不足，即研究者须等待所要研究的现象出现，比较被动；因其不能改变对象的活动条件，往往只能观察到表面现象，不易深入事物的本质，探明因果关系。另外，运用观察法时，研究范围和规模通常比较小。

3. 调查法

调查法是通过各种方式和手段，有目的、有计划、周密地了解教育工作中某一方面的现实状况，弄清存在的问题或成绩及其可能的原因，通过调查到的大量事实，概括出教育的规律性，探求发展趋向的一种研究方法。调查法亦称间接观察，是教育科学研究中运用最为广泛的一种研究方法。

我们可以将调查法与其他研究方法加以比较，从而更好地认识它的特点。它与历史法相比，历史法是以研究过去的历史事实为对象，调查法则以研究当前的事实为对象；与观察法比较，观察法是研究者亲身深入研究现场或实地，对所要研究的现象做直接观察，获得第一手材料，调查法则往往是通过问卷、访谈等方式，收集反映研究对象或现象的材料，往往是第二手材料，这样，研究范围相对要广泛得多，而且材料的收集比较快捷；与实验法比较，实验法需对研究对象或现象进行一定的人工控制，调查法则不加控制，是在自然进程中进行的，因而比较便利易行，但一般不易揭示教育内部各因素的因果关系。可以将调查法看作在自然进程中运用间接方法考察教育现状的一种教育科学研究方法。

教育史上最早的一项调查是美国的赖斯于 1892 年做的关于"小学生拼写练习的调查"。赖斯把美国小学生每天花在拼写练习上的平均时间和每所学校学生的拼写成绩等资料统统收集起来加以分析，结果发现，小学生的拼写成绩与拼写所花的时间并无联系。

当前，教育科学研究中运用调查法的例子比比皆是。例如，"4 岁幼儿自我服务能力的调查""家长教养观念与教育行为的调查""幼儿教师职业价值观的调查"等。

4. 实验法

实验法是根据研究目的，有计划地改变或创造一定的条件，观察、记录、测定与此相伴随的现象的变化，从而进行分析研究，确定条件与现象之间因果关系的方法。

教育实验是一种经过特别安排的适应并控制研究对象，以便在最有利的条件下研究某种教育、教学的内容或途径手段的研究方法。运用教育实验的主要目的在于确定某一教育影响与其结果之间的因果关系，或是检验某种教育理论或假设是否成立及其实际效果。开展教育实验研究，研究者需根据自己所提出的目的，创造或改变必要的条件，以便引起或改变某种现象，研究过程中要突出某一实验因素的影响，同时排除另一些无关因素的干扰，以保证实验工作顺利进行，并获得准确的结果。例如，天津有位教师研究"音乐对幼儿午睡作用的探索"，其实验设计是：幼儿午睡时不播放音乐 14 天，观察记录幼儿睡眠情况；幼儿午睡时播放摇篮曲 14 天，同时做观察记录，然后对比前后两个阶段幼儿睡眠的效果。这里的实验因素是是否播放摇篮曲。在实验过程中，对前后两个阶段的其他睡眠环境条件做严格控制，教师的语言、态度等也要做到基本一致，从而排除无关因素的干扰。即在其他条件基本一致的情况下，观察播放摇篮曲对幼儿睡眠的影响，确定随着这一条件的变化，是否会引起现象的变化。又如，有人根据幼儿园实践的需要，提出"坚持每天 2 小时户外活动是否会提高幼儿体质"的研究课题，通过实验得到结果。

实际上，实验法也是一种观察方法，在实验过程中须进行严密的观察。实验法与观察法的区别在于：运用观察法时，研究者是考察现象在自然状态下所发生的情况，因而要依研究目的、计划，对所要研究的现象或对现象做周密、细致、准确的观察和调查，不加任何人为干预，即"待物以变"，等待研究现象的出现从而观察之；而实验法是研究者改变某些条件，控制另一些条件，在这种有控制的条件下观察某种现象，即"致物以变"。实验法是在人为控制条件下作精细的观察，体现了人的能动作用，更富于创造性。正如著名俄国生理学家巴甫洛夫所说："实验宛如把现象掌握在自己手中，有时让这个发生，有时让那个发生，如此，在人工的、简化的组合中确定现象的真实联系。"

教育实验法因其能够控制条件，有计划地改变某种因素，观测由此而产生的结果，因而有助于探明事物变化的因果关系。实验法对于教育科学研究向着精确化方向发展，具有很大优越性。然而，教育现象是错综复杂的，影响教育效果的因素很多，不易做到完全地控制实验条件，要简化实验因素，突出单一因子，排除干扰比较困难。同时，过于人为的实验会脱离真实的生活情景，所得结果不能完全说明问题，也不易推而广之。幼儿教育实验往往是在日常生活情景下进行的，即采用自然实验法。

以上简要介绍了教育科学研究的几种常用的收集资料的方法。方法的划分是相对的，有交叉重叠的情况。一般地说，不同的研究目的、对象适用于不同的方法，无所谓此高彼低、此优彼劣。进行教育科学研究应根据研究任务，选择适宜方法，收集能够反映所研究对象或现象的客观、真实材料。研究还须综合运用各种方法，以便全面了解情况，获得准确、可靠的结果。

表 1-1　四种教育科学研究方法的比较

	观察法	调查法	实验法	文献法（历史法）
特征	1. 现场直接观察。 2. 在自然状态下操作。	1. 对现状做间接观察。 2. 在自然状态下进行。	1. 在人工控制的环境中观察。 2. 有精确的逻辑关系。 3. 可多次重复。	1. 反顾历史。 2. 以继承为主，在前人研究的基础上创新。
价值	1. 为教育科学研究之最基本方法。 2. 获取直观、生动的第一手材料。 3. 方便。	1. 是运用最广泛的方法。 2. 可以在事先或事后进行。 3. 比较方便。	1. 有益于揭示因果关系。 2. 可简化或"浓缩"自然条件。 3. 可改变条件以查明事件的变异情况。	1. 不受时间与地点的限制。 2. 可揭示事物现象随时间变化发展的规律。
手段	1. 现场记录。 2. 随访。	1. 问卷。 2. 访谈、开调查会。 3. 分析资料。 4. 测查评价。	1. 在自然状况下实验。 2. 实验室实验。	研究文献资料。
局限	只能抓住现象，不易揭示本质。	可揭示"联系""相关"关系，难以确定因果关系。	控制实验条件复杂，一般采用准实验，不易保证结果的准确性；过于人为化则不真实且不易推广。	局限于历史及书面资料。

注：此表参考盛昌兆、解守宗《教育科学研究方法基础》（上海科学普及出版社，1989）列出。

第三节　学前教育科学研究及其现实意义

一、学前教育科学研究是教育科学的一个分支

学前教育指儿童入学前阶段的教育，即幼儿教育。学前教育研究亦即幼儿教育研究。

首先，学前教育科学研究是教育科学的一个分支，幼教科研是教育科研

的一个组成部分。它是探索幼儿教育科学的认识过程，以揭示和发现幼教领域内各种现象的客观规律、研究幼儿教育科学的知识体系为目的，进而用于指导幼儿教育实践，改进幼教内容和方法，提高幼教质量，更好地完成幼儿教育的任务。

其次，幼儿教育的对象是幼儿，同时幼儿又作为幼教科研的对象。幼儿并非小大人，而是有着自身身心发展规律和特点的。例如，身心未完全成熟，正处于迅速发展之中，心理自不随意性向有意性发展，思维具有直觉行动性和具体形象性特征，晚期开始出现抽象逻辑思维的萌芽……幼儿阶段，儿童有好动、情绪冲动性大、易受外界影响、自制力差等特点，语言表达和理解力低等，科研要适合幼儿这一研究对象的特点，采用适宜方法，才能获得真实、客观的结论。

再次，学前教育学是一门应用性学科，应注重研究作为一种社会现象的幼儿教育。在进行学前教育科学研究时，必然涉及与儿童心理学的关系。这里我们提倡这样三句话："明了区别，加强联系，注重应用。"应当认识到，学前教育学与儿童发展心理学为两门各自独立的学科，二者的研究任务、对象不同，各有其特殊性：前者属社会科学，研究作为社会现象的幼儿教育问题；后者则更多属自然科学，研究个体心理现象、心理发生发展的特点与规律。然而，在研究实践中，二者常常紧密关联，表现为：第一，教育学研究要依据心理提供的规律，在此基础上，探讨如何促进发展的问题，而且儿童心理发展往往是教育条件下的发展。第二，教育学研究的是在传递知识和价值观念等过程中的教育现象，有些教育现象常常须通过人的心理现象的观察分析来研究其发展变化，或观照检验其效果，因而须依据并借鉴吸收有关的研究理论和方法。第三，有时在一项科研课题中，既有研究儿童发展的成分，又有研究教育的成分，即在研究对象上有重叠现象，如有关儿童数概念的发展与数教育问题的研究。总之，儿童是"在教育中发展""在发展中教育"的。幼教研究因其学科特点，更应注重和提高其实用价值，解决教育实践中迫切需要解决的问题，而不能仅仅就事论事，停留在儿童个体发展的一般规律上。学前教育科学研究特别需要注重对各种教育条件、影响因素等方面的考察，回答教育上应当"怎么办"的问题，即通过研究，提供有效的教育措施途径和环境条件。应注重考察如何对幼儿实施有效的教育教学，促进其各方面发展，促进教育质量提高的问题。

二、学前教育科学研究的现实意义

(一)进行学前教育科学研究是为了更好地贯彻教育方针，提高幼教质量

幼儿教育是教育的基础，是儿童发展成长的关键阶段的教育。只有通过科研，才能更好地掌握幼儿教育的规律，增强科学育儿的自觉性，避免幼教工作中违背规律现象的发生，减少盲目性，从而更好地贯彻教育方针，有效地促进幼儿德、智、体、美、劳全面和谐发展，提高教育质量。在幼儿阶段为儿童的发展打下良好基础，对于早出人才、多出人才具有重要意义。

(二)进行学前教育科学研究是为了发展学前教育科学、建立和逐步完善学科知识体系

有效地开展学前教育科学研究工作，可以系统地总结我国广大幼教工作者多年来积累的大量实践经验，使之上升为理论，同时探索吸收我国古代及国外优秀的教育思想和实践，在此基础上，建立起具有我国特色的学前教育理论体系，并使之逐步完善丰富。

(三)进行学前教育科学研究是为了提高教育及研究工作者的研究意识和从事科研的能力水平

通过科学研究，可以使幼教工作者和研究人员形成科学的态度，掌握进行幼教科研的技能方法与独立思考、独立工作的能力，增强科研意识，在研究工作中不断提高科学水平和研究能力。

(四)通过学前教育科学研究，可促进教育改革，推进幼教实践的深入

教改的目的是为了使幼教事业更符合教育发展的规律，适应我国经济和社会发展的需要。幼教改革必须以幼儿教育科学研究成果为指导。例如，开展高质量的幼儿游戏就是当前幼教改革的一项重要内容，为此，就须认真开展科学研究工作，从而为相关政策制定和实践创新提供科学客观的依据。广大幼儿园一线的实践工作者目前正在学习教育部正式颁布的《幼儿园工作规程》《幼儿园教育指导纲要(试行)》《3～6岁儿童学习与发展指南》，关于如何贯彻这些法规文件的问题，也须通过科学研究，探索有效的途径和操作化的方法，如此才能推动幼教实践的不断深入。

第二章 学前教育科学研究的历史
回顾及当前研究动向

第一节 学前教育科学研究的历史回顾

一、学前教育科学研究产生的历史背景

学前教育学以及学前教育科学研究的产生基于以下两方面的条件或准备。

(一)学前教育实践的准备

近代大工业的蓬勃发展，为建立专门的幼教机构提供了物质前提，自此社会公共幼儿教育逐渐成为社会生活的组成部分，并逐步被纳入各国学校教育体制。专门的社会公共幼教机构出现后，就有了专职的保教人员对幼儿进行有目的、有计划的系统的教养活动。学前教育实践的发展需要有关理论予以指导，现代意义上的幼儿教育学或幼儿教育科学研究正是在这样的背景下产生和逐步发展的。

(二)科学观念方法的准备

19世纪前半期，自然科学得到了飞速发展。自然科学的发展，为教育学、学前教育学奠定了科学观念与科学方法的基础。例如，达尔文生物进化论思想，推翻了形而上学的自然观，促进了其他各学科的发展；又如近代，培根反对经院哲学，提出面向自然，注重实验，"自然的奥秘在技术的干预下，比在其自然活动时更容易表露出来"，马克思称之为"英国唯物主义和整个现代实验科学的真正始祖"。实验的方法不仅用于研究自然，而且扩展到研究人、研究儿童，产生了科学研究的一次飞跃，摆脱了中世纪以来在宗教神学桎梏下只重神的权威、藐视人的个性的主观唯心主义，唯理性、直觉臆断的普泛的观察也为实验所取代。"实验心理学""实验教育学"正是在这样的背景下出现的。同时，儿童生理学、心理学的发展，也为幼儿教育实践和理论的发展提供了基础。教育研究包括学前教育研究是受到自然科学的启发与刺激而逐渐诞生和发展的，人们开始运用科学观念与方法研究教育现象，从而有可能发现和揭示教育领域的客观规律。

二、幼儿教育实验的开端

在教育学史上，德国教育家赫尔巴特被认为是对教育学科学取向作出尝试的第一人。1808年出版了他的《普通教育学》，一般认为，这是教育学形成独立学科的标志。他在此书中表明了建立科学教育学的志向："我曾要求教育者具有科学与思考力，我不把科学视为一副眼镜，而把它看作一只眼睛，而且是一只人们可用来观察他们各种事情的最好眼睛。"然而一般认为，在科学心理学(以1879年冯特创立心理学实验室为标志)尚未出现之前，教育学未能成为科学教育学。以后，拉伊和梅伊曼这两位实验教育学的先驱受冯特的影响，把实验心理学的成果与方法引入到教育理论与实践中来，创立了实验教育学，提出广泛采用观察、统计和实验等方法来阐明教育现象，才能获得关于教育目的、手段和方法的正确可靠的认识，从而使教育学研究更趋精密化，成为一门严密系统的教育科学。将实验方法引入教育学研究，是教育学的一大突破，标志着它开始迈入现代。在学前教育领域，德国儿童教育家福禄培尔于1840年创立了第一所幼儿园，并创立了幼儿教育理论体系，这样幼儿教育学逐步从教育学中分化出来了。在 20 世纪初世界各国广泛兴起的儿童研究运动中，不少心理学家和教育家把目光投向了幼儿教育领域，并着手进行了大量的实验研究，取得了一系列研究成果，进一步推动了儿童研究运动。意大利儿童教育家蒙台梭利是开创幼儿教育实验研究的先驱。

蒙台梭利于 20 世纪初在意大利罗马贫民区创办了"幼儿之家"，蒙氏关于幼儿教育方法的经典著作《蒙台梭利法》于 1909 年出版。蒙台梭利注重运用科学的方法了解儿童。她认为只有了解儿童，才能教育他们。教师必须培养自己观察儿童的愿望和能力，如此，才能理解和追随儿童的成长，"揭示并支配生命运动的规律"。她提出："通过观察儿童，教师将学会怎样使自己成为一个理想的教育者。"蒙台梭利致力于在自然条件下研究儿童，进而采取适宜的教育方法——"安排一个适合儿童发展的环境"。通过观察，她发现了有关儿童行为的一些极重要的而又未被前人所认识到的事实。例如，儿童在操作教具时，表现出高度的精神集中；儿童完成工作后并不是显得很疲乏，而是表现出满足和快活……蒙氏还致力于在不同条件下研究儿童及其行为表现，并加以重复验证，例如，比较正常儿童与缺陷儿童对她的特殊教具的反应有什么不同等。蒙台梭利主张观察儿童的自然表现，并记录下来。运用自然实验法研究幼儿自此开始。

蒙台梭利设计了《儿童心理观察指南》，主要包括三个方面的内容——儿童的学习、儿童的行为、儿童的意志力和自律能力（包括自动服从的能力）的发展情况，还拟订了详细、具体的观察提纲。

相关资料

蒙台梭利拟订的观察提纲

1. 儿童的学习或工作

要求注意儿童在什么时候开始能长时间地专心于某项"任务"。这里的"任务"行为是指儿童做事有意识，能有目的地完成这件事的行为。

①这个儿童所从事的"任务"是什么？他能持续多长时间（包括该项学习任务的进度和重复同一项练习的次数）？

②儿童在致力于某些特别的学习任务时所表现出来的个人特点。

③儿童在一天中从事了哪些学习任务？坚持程度如何？

④如果这个儿童在一定时间内表现出自发的勤奋,那么这段时间持续多久?

⑤他怎样表现出进取的愿望?

⑥他所从事的学习或工作有没有连续性或联系?他是如何作出选择的?又是如何去完成这些任务的?

⑦当环境中出现可能分散其注意力的刺激时,他是否坚持学习?

⑧当他受到干扰(可特意设置条件)后,是否还能恢复注意力,重新开始学习?

2. 儿童的行为

注重观察儿童的行为是否有秩序。

①观察儿童无秩序的行为。

②注意在学习的进程中儿童的行为是否有变化。

③当儿童养成有秩序的行为时,是否会出现这样一些现象,如高兴地叫喊、片刻的平静、感情的流露?

④注意儿童在活动中与同伴的关系。

3. 服从行为

注意儿童当召唤他或提要求时他的态度怎样及如何做出反应。

①注意儿童是否和在什么时候能够认真地参与小组的活动。

②儿童什么时候能够自动地服从成人的要求或命令?

③注意儿童服从成人要求的情况与学习进度的关系及与行为变化的关系。

蒙台梭利根据她对儿童的研究,创立了自己的"蒙台梭利教学法"。通过对蒙氏研究的介绍和了解,我们能更好地理解她的教学法以及教育观点,即强调儿童的自我教育和发现式学习,教育应增强儿童的内在能力等。

蒙台梭利拟订的观察儿童行为的提纲,至今仍不失启发、借鉴意义。

中国幼教实验的开创者当推陈鹤琴。陈鹤琴开创了(并毕生从事)我国儿童心理和幼儿教育科学研究工作,在幼儿教育科学化方面作出了重大贡献。陈氏从 1920 年开始对自己的子女进行跟踪观察和实验,以文字和摄影方式逐日对其身心变化和对各种刺激的反应做周密的观察和记录,收集积累了大量的资料,从而剖析儿童的身体、动作、能力、情绪、言语和绘画等方面的发展规律，在此基础上，写出了《儿童心理之研究》一书。这可以说是现代中国学者，用科学的方法，探索中华民族儿童心理发展规律的开端。他依据对幼儿特点和心理发展规律的掌握，把幼儿教育工作建立在科学的基础之上，结合对儿童的观察，考察父母对待儿童的态度、方法，总结出一系列家庭教育原则和方法。

1923 年，陈鹤琴创办南京鼓楼幼稚园，以此作为推行中国化、科学化幼儿教育的一个实验基地，以改变幼儿教育照抄照搬外国的模式的状况。陈鹤琴通过大量的实验研究，总结出幼稚园的课程、读法、故事、图画，幼稚生应有的习惯和技能，幼稚园的玩具、设备、用具、教具等一整套经验，并于 1927 年将研究成果发表在《幼稚教育》杂志上。提出了建立适合中国国情的、根据儿童心理和社会现状的幼稚教育的十五条意见。鼓楼幼稚园，1925 年定为东南大学教育科实验幼稚园，是我国第一所幼稚教育实验中心。他提出幼儿园课程应以自然和社会为中心，采取游戏式的教学方法，教师应是儿童的朋友，儿童教育是幼稚园与家庭的共同的责任等观点。陈氏对幼稚园保教内容进行了长期实验研究，确定了幼儿园保教内容体系和五指教学法，即健康活动、社会活动、科学活动、艺术活动、语言活动。通过长期研究和实验，总结出幼儿园课程的十大原则：

一是民族的，非欧美的。

二是科学的，非封建的。

三是大众化的，非资产阶级的。

四是儿童化的，非成人化的。

五是发展连续的，非孤立的。

六是要配合目前形势和实际需要。

七是要适合儿童身心发展，促进健康。

八是能培养"五爱"之公德和民主、团结、勇敢、守纪律等优良品质。

九是要陶冶儿童性情，培养其情感。

十是要养成儿童的说话技能。

陈鹤琴的实验成果成为 1932 年教育部颁布《幼稚园课程标准》的基础。他所创立的以儿童心理为依据的教学法对中国 20 世纪二三十年代的幼教改革起了推动作用。他的研究对创立中国幼儿教育科学是一项奠基性工程，至今仍具重要现实意义。

第二节　学前教育科学研究的当前研究动向

一、研究课题范围的扩展

近年来，随着幼教实践的发展和学前教育概念内涵的扩大，研究的课题范围也在扩展，不仅注重研究正规学前教育，而且扩展到研究各种形式的非正规教育、社会教育，立足于解决幼教实践中各种迫切需要解决的问题。研究课题的总的发展趋势可以归结为三个方面，即面向全体的教育、全面发展的整体性教育，以及多样化教育途径、手段的探讨。

(一)面向全体的教育

近年来，这方面的研究课题为各国研究者普遍关注，人们对以下这样一些课题共同感兴趣。

1. 补偿教育和预备教育

学前教育要面向大多数儿童，不仅包括城市儿童或经济富裕地区、发达国家的儿童，而且更应注重农村、不发达国家和地区儿童的教育。例如，作为发达国家的美国，注重为社会条件不利的儿童提供受教育机会，比较突出的是"开端教育方案"(Head Start Program)，它致力于补偿性教育的研究。其他西方国家如英国、比利时等也注重这方面的研究。比利时有一个全国大学校际方案认为，社会文化缺陷是从学前期产生的，研究通过加强学前教育，以防止儿童入学初期几年中产生的成绩落后现象。

发展中国家即第三世界不发达国家和地区的儿童教育问题越来越得到关注。20世纪80年代以来召开的几次国际会议均提出，幼儿教育如何面向大多数儿童为之服务的问题，提出"低费用、多途径发展幼儿教育"，着重研究幼教发展如何与各国或当地社会、经济、文化背景相适应，开始从费用与效益的关系角度考虑问题，采取适宜的措施。研究者认为，以往的做法(以正规形式发展幼儿教育的做法)不能使幼儿教育面向所有儿童，应由原来的对正规机构教育的注重转向关注面向家庭、社区的非正规教育，设立低费用的幼儿保教设施。对补偿教育的提法也出现了变化，改称"预防教育"，注重提前采取措施，主张幼儿在家中从刚出生起就可以进行教育。又提出，由对儿童的直接干预转向对家庭、社区的干预，即通过对家长尤其是对母亲施教，间接地影响儿童。此种趋势对我国幼儿教育有启发并已产生影响。我国目前全部适龄幼儿受教育的比率据 1993 年统计，全国为 31.5％，农村仅为 24％，在一些老少边穷地区，学前教育很不发达，有的几乎是空白。这些地区经济落后、交通不便，针对如何适应当地社会经济、自然地理条件及文化状况发展幼儿教育，近年进行了一些探索，并取得了成效。例如，农村兴办学前一年的幼教组织形式学前班，多数附设在小学，为较多农村儿童接受教育提供了机会和条件；各地针对实际情况，创办了多种非正规幼儿教育形式，如家庭辅导班、草原流动幼儿园、幼儿游戏小组等。

2. 家庭教育

家庭对于儿童的发展具有重要意义。近年来的研究表明，特别是在学前期，家庭对于幼儿的健康成长发挥的作用是教育机构所不能替代的。许多国家的研究和实验侧重在父母的作用上，人们对父母参加教育过程的必要性日益重视。瑞典的一项研究表明，不进保育学校的孩子与成人交往的机会超过保育学校的孩子，认为在集体教养条件下，不可能建立起有如亲子之间那种一对一的关系，这似乎是对社会公共教育的一种挑战。目前的研究注重考察家庭教育的优势，并发挥其作用。有一种倾向是通过对父母的训练及家访时的讨论、示范，以及设立玩具借用馆等非正规教育方式，来影响家长对儿童的教养态度和行为。

学前教育日益走向社会化是一种发展趋势。因而，近年来的研究不仅注重正规机构教育，而且考察家庭教育、社区教育，研究各种类型学前教育的特色及其间的关系、联系，努力使幼儿受到全方位的良好影响，同时促进幼教事业发展，扩大学前教育的覆盖范围。

（二）全面发展的整体性教育

近年来的学前教育研究不再仅仅把儿童、把幼教作为单一的孤立的现象或领域来研究，而是把幼儿作为发展的整体，同时着重考虑教育的整体功能，进行整体、系统的教育研究。

1. 有关儿童社会性、情感与个性全面发展的研究受到重视

以往的研究注重智力的发展，对儿童某个年龄阶段的某些特征的研究常常采用条件分析的方法：一定的条件会出现一定的结果，条件变了，结果也就变了。近年来的研究注重把儿童作为一个发展着的整体，保育与教育亦为一个整体。20 世纪 80 年代以来几次有关儿童教育的国际会议都提出这样的观点：不能以牺牲儿童的全面发展为代价，仅仅注重智力开发。研究注重考察儿童的情感、社会性、交往关系等。1984 年，默森（P. H. Mussen）修订的《儿童心理学手册》中有关儿童社会化的研究占相当大篇幅，有 600 页，与认知和生理发展并列。目前的一些研究课题有依恋、同伴关系、亲社会行为与道德行为、自我意识和师生关系等。研究者认为，通过研究考察幼儿同周围人的关系，可以探明儿童个性发展的整个脉络，掌握其个性特征。

2. 有关衔接教育的研究受到关注

近年的研究表明，儿童的发展系一个整体，同时又是阶段性与连续性的统一，教育也是一个系统的整体，应全方位、连续地给幼儿以良好影响。目前的研究不仅考察家庭与机构教育的关系和联系，而且注重对各阶段教育的关系、联系的探索，如学前阶段与学校阶段如何更好地衔接、过渡的问题，使前一阶段的教育能为后一阶段做好准备，而后一阶段的教育又能在前一阶段基础上更好地进行，以促进儿童发展。例如，苏联对 6 岁儿童预备教育研究，动员了各方面的研究人员通力协作，取得了较好结果。西方国家探索多种不同形式的衔接及双向衔接。我国 20 世纪 90 年代初由国家教委基础教育司牵头，组织各地研究工作者和幼教、小教一线实践人员共同进行幼儿园与小学衔接教育研究，对幼儿进入小学的准备在任务、内容、活动形式等方面进行了较全面、系统的研究和探讨，并取得了相当的研究成果。

（三）探索有效的多样化的学前教育途径、方法与手段

1. 学前课程研究

近年来有关学前课程研究逐步深入，提出课程是广义概念，有显性与隐性之分，注重探索学前课程不同于学校阶段的特点与规律，研究各种教育理论模式指导下的课程方案，并评价其效果，例如，开端教育及各种补偿教育的课程设计及效果。对补偿教育的效果，有人认为，初期水平最低的儿童受

益最大。出现了在皮亚杰认知理论基础上的学前教育课程研究和新蒙台梭利课程模式等。我国近年贯彻《幼儿园工作规程》深入教改，教育研究者与实践一线的教师共同摸索幼教规律，提出并进行多种课程模式实验研究，如综合主题课程、活动课程、活动区教育等。同时还注重探索能促进幼儿发展的教育环境的研究以及游戏研究等。对农村则侧重研究学前班课程以及其他幼小衔接的课程方案。有关学前课程方面的课题还涉及不同组织形式及其教育效果，如小组活动、混合年龄组织形式的研究。

2. 教师在教育过程中的作用和保教人员培训方面的研究

在教育过程中，教师的态度、教师与幼儿的相互关系，对于儿童身心发展及教育效果均产生了重要影响，这方面的问题也是学前课程研究的一部分内容，越来越引起重视。目前这方面问题开始作为保教人员职前教育或在职培训的重点。职前教育在我国主要是师范教育，近年来对幼师课程结构与内容，以及幼师生特点正在进行系统研究，以便改革幼师课程设置使之更能适应幼教实践的需要。在职培训包括学历教育及各种形式的在岗培训方式，这项工作与管理、评价等紧密相关，如何形成完整的在职培训体系，亦成为研究的重要领域。随着我国农村幼教的发展，依实际需要探索培训师资的有效途径方面的课题日益引起重视。

3. 关于电化教育、社会传播媒介在幼教中的作用

人们对幼儿教育的认识不仅仅局限于机构教育，而是持一种大教育观念、开放教育观念，与此相应，关于电化教育、社会传播媒介在幼教中的作用越来越引起重视，研究广播、电视、报刊等如何作为教育幼儿的有效手段。例如，美国的"芝麻街"电视节目就是一项跨学科间协作研究，其结果得到广泛推广，作为儿童节目在各国播放。不仅如此，社会传播媒介也可以作为培训教师和家长的途径。这方面研究揭示的问题越来越引起人们的关注，包括积极的和消极的。例如，广告、卡通片对儿童行为的影响如何，如何指导儿童收看电视的研究等。

关于学前教育研究课题的扩展，其原因除了教育内部因素的影响以外，还受到社会等教育外部因素的影响。一是社会原因，社会发展对幼教的需要越来越高了。包括社会政治因素，如工业发达国家试图通过幼儿教育缩小教育机会的不平等，给社会处境不利儿童提供较好的生活起步，为培养更多一流人才打好基础，从而在国际竞争中增强自身实力。二是年幼儿童母亲就业率增加，同时妇女对自己的社会地位和作用的看法也在发生变化，这些因素必然对学前教育产生压力。随着社会现代化进程，在都市化生活（公寓、电视等）条件下，家庭已不能为儿童提供足够的经验，以满足其智力与社交方面发展的需要。三是还有教育民主化思潮的影响，把儿童受教育的问题提高到人权的高度，提出了学前教育的宗旨应放在使"所有儿童在进入小学时，能获得同样成功的机会"。

当然，学前教育及研究的发展还得力于社会学、心理学等方面研究成果与方法进展的推动和促进。

二、研究方法的发展趋势

(一)研究技术与方法的演进

对儿童发展与教育的研究在策略和技术方法方面也经历了一个演变、发展的过程。

美国的艾温和布什纳尔（Irwin & Bushnell，1980）将西方有关儿童研究的技法归纳为两种类型：自然研究与实验室研究。实验室的研究方法指对影响儿童行为的环境和条件加以控制和操纵，收集、记录这种特定条件对儿童行为的影响。一般认为，这是心理学研究儿童普遍运用的方法。自然研究是在真实、自然的环境之中，直接观察收集资料的方法。一些自然科学像天文学等惯常运用直接观察，作为寻找事物和现象的意义的起点。又如，社会科学中的文化学、人类学、社会学等也注重运用自然观察的方法，研究者深入到事情发生的自然环境之中，亲临现场进行观察，记录和检验自然的与社会创造的外部条件，研究真实环境的特点及其对行为的影响。

早期儿童研究工作者注重自然观察法，如 20 世纪初的婴儿传记和日记描述对人的发展的研究。

以后，在西方，由于行为主义观点的盛行，自然观察的研究方法显然存在很大局限，而实验研究则能具体、深入地研究影响儿童行为的各个方面的因素，并进行数量化分析，这样就能够比较准确地判定因果关系。这种研究要求"科学家具有发明才能和极大的技术方面的能力"。因而 20 世纪五六十年代以来，实验研究成为进行儿童研究的主要方法，注重研究儿童行为的特定的各个方面。

尽管这个时期实验研究占绝对优势，一些研究者仍未完全放弃在自然环境中对儿童行为做直接的观察。同时，研究者逐渐发现，实验的方法存在不可避免的局限：首先，实验方法不适合他们的课题和被试，学前儿童往往是一些"不合作"的研究对象。其次，实验方法是人工的，不能使人看到真实生活中多方面因素的相互影响与反应。再次，实验研究注重定量分析，然而儿童的发展是很复杂的，很多情况下无法定量，而需要进行定性研究。最后，研究儿童还涉及伦理问题，一些实验研究以儿童为被试，通过创设情境来研究某些不正当的行为，对其心理发展造成的危害是无法弥补的。

近年来，人们普遍注意到这种方法的缺陷。日本的秋山和夫在其《幼儿教育论》中，对这种现象提出了批评："幼儿研究方法中的第一个问题就是非常轻率地使用实验的方法。"他认为："在幼儿研究方面，有一种传统的观点就是为了掌握成人的行为而去搜集资料，选择幼儿作为研究对象，把幼儿作为研究的一种手段。基于这种观点，人们多数是生搬硬套地利用以成人为研究对象的实验程序，来索取幼儿发展的数据。"

美国的布朗芬·布伦纳（Bronfen Brenner，1974）称："我们的学科是这样的一门科学，是一种奇怪的环境因素，或是一个奇怪的人，对一个很大程度上是人工背景中的单一儿童的某个孤立的行为的研究。"又批评道："我们往往长时间地使我们的实验能够对一种行为加以支配，以至于难得有足够的时间对自然情景中的行为的一些方面及其环境作系统的观察描述……"

20世纪50年代以来，在西方，自然研究"过时"，由实验研究取而代之。以后随着测验和测量的日益盛行，又进一步加强了对实验法的重视。然而，自20世纪70年代末至80年代以来，人们对自然的研究重新萌发了兴趣。人们注意到，自然的观察法是能够较好地掌握幼儿特征的方法。正是在这样的情形下，皮亚杰的详尽的自然观察描述方法对研究儿童的价值才真正为人们所认识。

近年来，许多研究者试图吸取自然研究方法与实验方法的优点，通过创造一种"自然的"环境将二者结合起来，在这种创造的"自然的"环境中进行研究，或是以"自然的"方式将某些因素控制起来，而不是对被试加以人为的控制。人们发现，以这种创造出来的"自然的"环境的策略来检验理论和假设，可能是最有效的。这就是研究的"生态学运动"（详见本章"关于研究的生态化倾向"部分）。于是，出现了现场研究、取样研究（包括时间取样和事件取样）等。现场研究指研究者深入到事情发生的真实环境，进入现场，有时须成为参与者，与被试生活在一起，在此过程中进行研究。"夏令营中儿童集体形成的过程和集体内部关系的研究"就是现场研究的一个典型实例。研究者创设了一个真实生活的情境——夏令营活动，作为儿童行为发生的背景，参加夏令营的儿童互不相识。研究者对被试及其生活场景以及相互作用的各种条件和活动进行了控制。例如，创造条件——以竞赛来增强组间的紧张关系和发生敌意的可能性；又如，设置缺水的困境等，造成或引起组间敌意的缓解或消除——全体儿童（或两组儿童）必须共同努力实现一系列目标，克服困境。时间取样和事件取样方法是在自然情景下，对行为及其发生的时间、场所等加以限定、控制，并提高记录的技术策略，从而观察研究儿童某些特定的行为。

苏联教育科研的发展也经历了一定的演变过程。以往，苏联的教育研究注重采用经验的方法，轻视实验方法。凯洛夫的《教育学》在 20 世纪 50 年代几乎被视为经典，认为"教育经验，特别是先进教师、先进学校和其他儿童教育机关以及儿童、青年组织和劳动家庭的经验，是在新生一代教育与教学方面认识新规律的主要源泉"。书中虽然也提到实验方法，但它仅从属于经验，认为通过实验发现的规律只是对经验的补充。我国 20 世纪 50 年代主要学习苏联，这种观点对我们有着较深刻的影响，以至于取消统计学，排斥实验法。

20 世纪 60 年代以来，由于世界潮流的影响，苏联研究者对方法论的态度逐渐改变。1976 年出版的巴拉诺夫主编的《教育学》在论及研究方法时，实验法的地位有了明显上升，与经验方法不再是从属关系，而成为并列关系，并且开始注重经验法中如观察法、调查法的研究技术的改进，如讲究问卷题目的设计，对观察记录的资料要求作质和量的分析，确定观察项目和指标，实验研究注意采用较严格的统计方法。

苏联解体前，有关学前教育方面的研究呈现这样的态势：在研究课题上既宏观又微观。一方面是越来越广泛地运用系统观研究学前教育的问题，如从儿童个性形成和发展的一般问题体系中，研究幼儿德育、智育、体育和美育问题，并注重四育之间关系的研究，从而探索个性全面协调发展的基本规律，创造促进其发展的最佳条件。另一方面是在具体的课题任务上，注重运用实验方法，逐层深入地研究一个个具体细小的问题；相应地，在研究方式与组织形式上，日趋综合化，吸收各方面研究人员协同作战，系统、全面地解决问题，如有关德育研究和小学预备教育的研究。

西方特别是美国，在研究方法与课题领域上，也呈现出从定性到定量，再到更高层次上的定性与定量的结合，由笼统的综合整体性研究到局部的个别分析性研究(注意具体细小问题)，再到开始注意整个系统研究的重要性。

总之，无论在西方或在苏联，儿童发展和学前教育研究及其方法的发展虽有各自的历程与特点，但现在的趋势可以说是殊途同归，即定性与定量结合，综合整体系统性研究与局部微观深入研究结合。

(二)当前儿童发展与学前教育研究总趋向

1. 科学方法与非纯粹科学方法并重

(1)关于研究的生态化倾向。

20 世纪 70 年代末期以来，教育和心理研究出现了生态学现象，强调在真实、自然情境中研究人的心理活动规律与教育规律，提高研究结果在真实生活工作和教育实践中的可应用性和普遍适用性。这一生态学趋势的出现，直接源于对实验室研究模式固有的局限性的反思。

生态学是 19 世纪末在生物科学中成长起来的一门科学，研究生物的生存条件及生物与其生存环境之间的相互关系，探索有机体与环境之间相互作用的规律，在研究方法上，一般采用描述性分析方法。

从生态学的观点看，儿童是在真实的自然和社会情境中成长起来的，其心理发展受多种因素的影响，这些因素之间又是相互作用、相互影响的，是一个完整的系统。儿童发展的水平、特点和行为的变化，都是这个系统中各因素综合起作用的结果。因此，研究从两方面进行：一是儿童在日常生活中的真实行为；二是生态环境对儿童行为的影响。美国著名人类学家和心理学家布朗芬•布伦纳对实验室方法提出了批评。他在 1979 年发表了《人类发展生态学》，研究"主动成长着的个体与其直接生长于其中的变化着的环境之间的双向顺应过程"。他将儿童的发展放在他的生存环境之中，注重研究各类环境对儿童发展的作用。布朗芬•布伦纳认为，儿童的生存环境是一个庞大的生态体系，包括微观环境、中间系统、外部系统与宏观的大系统，人处于整个生态系统的中心。微观环境是指人直接参与其间的环境；中间系统指由多个（可能有的）微观环境同时存在且相互联系作用而形成的新的系统；中间系统的外层为外部系统，发展中的个体往往不直接参与，它是通过各渠道对个体产生影响的；最外层为宏观系统，指大的社会文化背景，以上所有系统均处于这个大的背景中。人的发展就是在这种层层重叠的系统影响下进行的。随着儿童的成长发展，微观环境会增加，当个体进入新环境时，称"生态变迁"。幼儿发展的生态环境以微观环境和中间环境为主，如家庭、幼儿园等。

生态化运动表明，随着研究的进展和不断深入，人们意识到，研究工作要从实验室情景中走向现实环境中，研究分析儿童的真实行为，才能有助于揭示规律，建立和发展理论。否则，其理论是值得怀疑的。生态化运动使儿童发展和教育研究在方法上出现的变化是将实验与自然方法结合起来，将具有人为因素的实验控制应用于自然环境之中，注重内部效度与外部效度的统一。强调研究情景必须是自然的，以增加研究的真实性、适用性和可推广性；同时研究本身又是严格的，结果是准确而可靠的。这就是所谓研究的"生态效度"（R. Vasta，美国）。

（2）关于科学方法与非纯粹科学方法的区分。

以往的研究强调采用科学的方法，即严密控制条件，获取精确数据等。然而近年来，非纯粹科学方法日益受到重视，这与生态化倾向密切相关（同时又受到其他人文科学发展的影响，人们开始思考教育研究中的科学精神与人文精神的问题）。美籍华人许择基曾对科学方法与非纯粹科学方法加以区分，认为二者之间的不同主要有这样两点：一是二者在技术手段方面的区别，如对条件的控制、程序的精确严密程度和定量化，以及研究是否需要确立因果关系的假设上有不同。二是二者在研究目的上的区别，即是否以建立知识体系形成理论为主要目的。尽管存在区别和各具不同特点，但二者之间的共同点都是要求有科学的态度。应当认识到，方法的科学性是相对的，重要的是如何去运用它。有些方法可以认为是理想化的科研模式，但却不适于或很难运用于教育研究。许择基认为："有正确的态度比知道如何搞科研更重要，因为它更有助于探索真理。"如此才能使研究遵循客观的、实事求是的原则，坚持高标准的周密、详细的观察，运用系统的理论和慎重下结论等。因而，近年研究的一个趋势就是研究者更关注科研态度的改进，而不是仅注重数量化分析，其探索致力于将定量分析与定性描述结合，以便增强研究的客观性。

2. 注重发挥科学研究在解决实践中提出的问题、推进教改深入中的功能

近年的研究注重应用性、实践性课题，研究目的为解决在实践中提出的值得研究的问题，探索有效地解决问题的手段、途径，因而行动研究方法日益受到重视。行动研究方法与教育实践息息相关，是将改革行动与研究工作相结合的研究方式。行动研究的最佳方式是研究者深入实践过程，与教育实践工作者共同针对实际的教育活动，不断提出改革意见、方案或确立研究目标，并依教育实践的进展不断提出新的问题，充实或修正方案，提出新的具体目标和任务。行动研究常需多种方法综合运用，注重将思辨的方法与经验描述和实验验证等方法结合。可以认为，行动研究是在教育科研与教育实践之间架起的一座桥梁，可增进二者之间的相互反馈，使研究价值增生。行动研究突出发挥了教育科研在解决实践问题、推动教改深入的功能：教育科研的目的不仅在于认识规律、建立理论、形成能够说明教育现象的知识体系，更在于改进推动实践的发展，使研究更直接迅捷地用于改进实际工作，促进教育质量、效益的提高。同时，行动研究便于开展群众性科研，能够调动广大教育实践一线的教师参加研究的积极性，在研究过程中，增强其事业心和科学育人的热忱，同时有利于改进教育观念与行为和提高研究能力，即"在行动中研究，在研究中提高"，从而有效地改进实际工作，并有益于大面积提高教育质量。

研究方法本身也是学科的认识客体，随着学科的发展，方法本身也有一个不断发展变化的过程，研究方法的改进反过来也促进了学科的发展。学前教育科研方法发展的总趋势表现为以下几方面：

第一，自然研究与人工控制下的研究结合，定性、定量研究结合。一方面将自然科学、数学的定量方法部分地引入教育科研，使教育科研更加科学化；另一方面又需考虑教育科研对象——人的特点以及作为一种复杂社会现象的特点，教育领域很多现象很难量化或不宜量化，片面追求量化反而不科学，仍须采用定性为主的综合描述法。因此，在教育科研中必须将定性、定量的方法相结合。

第二，经验法、思辨方法与实验法的综合互补。三种方法各有特点，研究中应注意结合运用，发挥各自优势，解决教育研究中的问题。

第三，整体性研究与局部分析性研究相结合。

三、我国学前教育科学研究存在的问题

我国近年来，特别是进入 20 世纪 80 年代以来，随着教育实践与改革的蓬勃发展，幼教科学研究有了很大进展，无论是从研究课题上或是研究方法上均有较大的改进和变化，取得了毋庸置疑的成就，但是仍然存在着一定的问题。分析存在的问题及其原因，有助于研究工作得到进一步改进与提高，从而更好地认识教育规律和为教育实践服务。

(一)各类型、各层次的研究尚处于较低水平

我国幼教领域不仅宏观、整体性研究较欠缺，因而未能对比较系统的带有共同性的问题提供指导，而且在微观具体方面未能开展层层深入的研究，以解决教育实际中的问题。研究的科学性即理论水平较低，同时实效性即研究在指导运用于实践解决现实问题方面的实际效果较差。因此，从研究类型、层次上看，幼教科研尚处于较低水平。

一些学者曾对学前教育研究在基础理论和应用研究方面存在的问题加以分析，认为：首先，对学前教育基本事实的研究仍停留在经验性主观臆断上，大量文章仅作一般泛泛而论，限于空洞发表议论，缺乏科学调查和实验，没有采用科学方法在收集事实材料的基础上进行理论思维。其次，在学前基本理论研究方面，理论抽象概括程度低，缺乏内在逻辑联系，研究较零散孤立，不够深入系统。同时，理论的具体化程度也不够，难以有效地解释说明教育现象。再次，儿童发展研究未与教育挂钩，往往就事论事，多就个体发展或一般发展规律研究，缺乏对各种教育条件、影响因素的探索，未能关注教育上应该"怎么办"的问题，即采取什么策略、途径和方法，适宜地加以引导(大约由于这方面研究难度大，须分析各种复杂因素，并予以教育干预，通过实验考察其效果)。总之，与蓬勃发展的幼教改革实践相比，教育理论显得落后，表现在：一是运用现有理论对教改实践的指导不够；二是对教改实践中取得的丰富经验缺乏系统、深入的整理与概括。所谓"经验丰富、理论薄弱"的老问题未得到真正解决。

有关教育技术研究——运用教育理论解决教育实践问题的技术方面的研究仍未引起应有的重视。研究仅限于教育设备、教具等客观因素或物质条

件，对教育实践者的主观因素以及有关教育措施的研究较少。而教育实践者的主观因素正是体现和驾驭教育技术、组织教育过程的核心。目前，我们的科研实践中对教育者与受教育者这两个基本要素的研究比重相差很大。

(二)学前教育科学研究既迫切需要改进研究方法，同时更需注重科学态度的端正和学风的改进

"轻实验、重思辨"，可以说这是我们教育科研传统的薄弱环节，是长期以来存在的问题。不重视教育实验，忽视和缺乏研究的技术手段，这主要是20世纪50年代以来受苏联的影响，也反映了研究人员的习惯定式、学风问题，注重"所谓理论"：空发议论，并无理论深度。近年又表现为研究的急功近利倾向，以实用主义态度对待科研，为匆忙发表论文，多仅就零散小问题进行研究。针对这种状况，当前特别需要强调加强实证性研究、实验研究，强调应用性研究，进而逐层深入地作系统研究。同时，研究者迫切需要改进学风，要认真思考：研究究竟是为了什么？研究应着重解决哪些问题？这是有关教育研究的目的、方向的问题，是决定研究成果的学术质量和理论价值或实践价值的重要前提。应扭转"为研究而研究"的倾向，端正科学态度。当然，在改进研究技术手段、加强实证研究、增强研究中的数量化与科学水平的同时，也要注意避免极端化思维方式，将数量化等同于科学化。要针对研究的任务对象，依据教育研究的特点，考虑适宜方法，达到真实、客观的要求。

(三)结合国情探讨问题不够，研究的争鸣气氛不足

目前的一些研究注重采用新名词，或者从介绍国外情况到引进甚至照搬国外现成的做法或研究，将别人的东西未经消化吸收，直接拿来作为样本，缺乏结合国情的可行性分析和全面评价。例如，没有考虑我国当前发展教育的物质条件、班额、师资状况等，对我们原有的教育特点、经验未能作认真总结，而是一概视之为旧的、传统的、过时的，不加分析，一概排斥。理论上的局限造成实践的盲目与混乱。教师忙于赶潮流，幼儿园趋于样样学、样样试，频于应付以保持形式上的先进不落伍，结果一样也不行。为此，当前强调学前教育科研的本土化、民族化问题极为迫切和必要。我国是有着悠久教育传统的文明古国，要客观、实事求是地认真分析研究已有的教育理论与实践，加以批判性的继承，同时注意消化吸收他人的好的经验，结合国情，

为我所用。研究应立足于解决我们教育实践中的问题和建立、丰富中国自己的幼教理论体系。

再有，幼教科研领域仍存在权威专断与行政干预，如以统一指令的方式推行某种新的改革模式，对不同观点的提出和多种改革的研究探索未能持一种开放心态。这种状况不利于研究的兴旺发展，应注意营造一种认真探讨问题的争鸣气氛。

(四)系统、深入的协作性研究较为欠缺

当前的幼教科研较少联军作战、集体攻关，研究多以个人为单位，各自为战，支离破碎地研究一些零星问题，这对理论的深入及实践指导方面都是没有什么益处的，而且造成人力、物力等的浪费。这种状况需要尽快得到改进，要注重提高幼教科研的效益。进行深入、系统的研究，要求理论研究工作者与实践人员结合，研究工作者之间要共同确立任务目标、联手协作，系统地就某一领域各方面的问题进行综合性研究，并进而逐层局部深入、认真探索，从而提高研究的整体效益，使研究能在理论上立得住，同时又有益于指导解决实践问题。这个问题的解决，不仅涉及幼教科研工作者和第一线教师的积极性的问题，而且涉及幼教管理体制及幼教科研体制改革的问题。

从以上所谈到的幼教科研存在问题可见，"理论与实践结合"这样一个老问题仍未得到很好的解决。新中国成立以来，我国没有出现有重大理论建树和巨大社会影响的教育家，其中原因很复杂，但是否与研究工作尤其是理论研究脱离实践、脱离国情有关呢？这是很值得认真反思的问题。

教育学是一门实践科学，要有所建树和成就，有待于教育工作者的努力，特别是理论研究工作者一定要增强责任感，密切关注实际，深入幼教改革实践，认真分析我们的国情，了解社会需要。同时，又须增强信心，分析我们的有利条件和优势。如我们的教师、工作在实践一线的广大幼教工作者，他们有研究热情和愿望，这是我们开展科研的广泛的群众基础。再有，多年来，我国从中央到地方逐步形成了一定的研究组织网络，这是我们独有的优势，要很好地加以组织利用、发挥其作用。研究工作者必须理论联系实际，增强相互间的协作，并积极与实践人员携起手来，使研究工作能取得更大进展，最大限度地改进、提高教育质量和效益，更好地发挥幼儿教育培养人才和服务社会的功能。这也正是幼儿教育研究的真正价值之所在。

第三章　历史法

第一节　教育科学研究中的历史法

一、什么是历史法

历史法也称资料研究或文献研究法，就是对有关教育资料的收集、整理、分析研究的过程，包括对前人或同时代人的有关教育科研成果（已经发生并已形成文字）的研究，主要手段是查阅文献资料。研究者通过对古今中外有关教育资料的收集、整理，分析和研究人类过去丰富的教育实践与教育思想，借鉴和比较不同时代、不同社会背景下的教育经验、教育措施与效果，从而认识和揭示教育现象之间的联系、探索教育发展规律的一种研究方法。

运用历史法或文献法研究的目的不在于考据，而在于对当前的教育实践提供有益的启示和指导。这就是所谓"前事不忘，后事之师""以史为鉴""古为今用"。

历史法或文献法既是一种独特的研究方法，又是任何科学研究必经的步骤或必备的条件。搞任何教育科学研究，都需要通过分析文献资料，确定研究方向与课题。

严格地讲，历史法与文献资料法是有区别的。文献法不一定研究某一现象的全部过程，历史法也不限于文献资料的查阅分析，有时还要运用教育调查法和比较法等。由于这两类方法比较接近，因而我们在这里仅作笼统介绍。

二、历史法的作用

一是总结并继承历史上教育的经验和遗产，利用一切优秀的有价值的因素，将教育的发展建立在人类已有成就的基础之上，同时辨别错误的东西，吸取经验教训。

二是考察各种教育现象和教育思想的产生和发展，探讨其原因，把握其趋势与倾向，正确地认识教育现象与教育理论的根源与实质。

三是揭示教育现象的因果关系及现象之间的联系，掌握其来龙去脉，从而正确处理教育问题。

四是比较和评价各种教育思想与实践，科学地了解和评判已往的情况，有助于更好地认识当前的情况。

历史法或文献资料的研究，不受环境和具体教育条件的制约，如学校计划，工作的时间、空间，学生、家长等因素的制约，研究者通常不接触教育现场，是以资料的收集、整理、分析研究为主要的活动方式。因而资料的完善与否，资料获得的客观可能性大小，决定了研究课题的大小、深度及成败。

进行历史研究或资料研究，研究者虽然不必亲临教育现场，但必须谙熟当前的教育状况，必须充分掌握有关当前教育状况的资料，研究必须触及当前的教育实践，能够对实际问题的解决有所助益。

第二节 历史法的特点

历史法不同于以当前教育事实的研究为主的调查法等。它与其他方法有一个显著的不同——资料的来源不同。它不是直接从现实研究对象那里获取所需资料，而是去收集和分析现存的、以文字形式为主的文献资料。历史法具有以下特点。

一、历史法具有历史性特点

历史研究的对象是着重研究已经发生过的，并且是已经形成文字的教育现象，研究者需根据史料去进行研究。史料是指某些人对某事件发生与经过的记载，主要为文字资料，包括客观现实材料及思想理论材料（或是与某事件的发生发展有关的遗迹），研究者只能根据他人观察的记述（或事物的遗迹）重建史实。进行历史研究，要求占有大量丰富的史料，通过对史料的透视，把握其性质。研究者应运用历史唯物主义，把教育的历史事件、人物、思想放在特定的历史条件下，进行分析研究，应注意全面地看问题，这样才有助于掌握趋势、预测未来。

二、历史研究是以逻辑分析为主

历史法的研究方式是以逻辑分析为主，注重理论研究。通过逻辑分析、理论概括的方法，研究事物发展过程的矛盾运动，揭示教育历史发展规律，并建立和形成科学的理论体系。研究者要在研究历史发展过程的全部丰富内容的基础上，用抽象再现出其中主要的东西，揭示历史材料的本质。要注意从历史实际中引出原则，揭示历史与现实的联系，阐述理论。在研究过程中，要做到史论结合，史实和文献资料是研究的根据，理论是研究的终结与结果，要处理好史与论的关系、文献资料与观点的关系。

三、批判性与创新性的统一

教育文献史料是一定历史条件下的产物，特别是有关教育的思想、观点往往受到作者政治观世界观的制约，因此，研究者要持批判的态度，取其精华，去其糟粕，不能"照单全收"。要在"扬弃"的过程中，推动教育的发展。即在批判的基础上继承，而不是简单地肯定或否定。

此外，进行历史研究或资料研究，还需要对文献资料加以鉴别和作分析比较，并将它们重新组合，寻找新的联系，以便发现新规律，提出新观点和创造新理论。历史研究一定要以有益于当前的教育现实和发展为目的，即所谓"推陈出新"，这是历史研究的真正价值之所在。在研究过程中，研究者应将历史感与现实感统一起来。

四、历史法具有容量大、费用低的特点

历史法或文献法是对教育资料信息的研究，可看作一种信息法。它不是直接选取人、事物或某种实在的教育现象为对象，而是以文献史料特别是文字资料为研究对象，因而具有容量大、费用低的特点。

历史法和文献资料法也存在一定的局限：文献资料往往带有倾向性，对资料的加工、分析、取舍也受研究者主观因素的影响；而且资料的保存和收集不容易完整；再则是鉴别资料困难比较大，需要花费较多时间。

第三节　历史法的研究步骤

资料研究的步骤通常包括三个阶段：资料检索——资料收集——资料研究与运用。

一、资料的种类及收集

(一)资料的种类

教育文献资料由三部分构成：图书；报纸杂志；学术会议资料、文件、档案等。

教育文献资料按其加工程度、内容性质和使用价值等，一般可以分为三级：

一级文献，指原始性文献资料或第一手资料，如作者本人的论文、文字资料、会议记录、档案材料等。

二级文献，如文摘、书目、索引等工具性资料。

三级文献，如专题性述评、综述、数据手册等。

(二)资料的收集

1. 确定查找范围

研究者要根据课题的需要，确定查找范围的广度和深度。

2. 选择检索工具

常用的检索工具有：

(1)图书目录，包括分类目录、书名目录、著者目录、主题目录等。

(2)期刊目录，包括期刊分类目录、刊名目录。

(3)索引，包括书籍索引、报刊索引、文章索引等。

(4)文摘。

(5)其他工具，如教育大事记、教育年鉴、《辞海》教育分册等。

3. 确定查找办法

(1)检索法。利用检索工具查找。采用由近及远、先国内后国外，先查直接资料、原始性文献，后查间接资料的方法。这是资料研究常用的办法，运用此方法所得资料比较全面、广泛，但往往有一定滞后性。

(2)追溯法。是指参考文献查找法。按有关文章附有的参考文献，追踪查找有关文献。一般是从研究者自己掌握的最新资料开始，追根寻源。运用这种方法，针对性强，可以比较直接、集中地查找所需资料，因而效率高。但往往不容易查全。

(3)普查法。利用目录或索引，逐一查找所需的文献资料。

文献资料的收集还需注意这样几条原则：

第一，从文献发表或存在的时间上，注重采用由现在到过去的逆时方法查找，因为文献发表的时间越近，越能反映新情况和研究的新进展，对先前研究成果的含量也越大。

第二，尽量收集第一手材料，保证资料准确、可靠。

第三，注意收集不同观点的材料，以便全面、深入地考虑问题。

(三)计算机检索

现代科学技术的发展，使文献资料的数量与日俱增，加之学科之间互相渗透、交叉，使知识之间的关系日益复杂，这就给手工文献检索带来许多困难。近年来，计算机的广泛应用、教育信息软件的开发，为文献检索开辟了新途径。

目前，我国计算机情报检索事业已初具规模，并开始实现国际网络化。为教育科研和幼教科研服务的局部性信息中心、数据库已建成，全国性教育信息网络正在形成之中，不久的将来，研究者就可通过计算机网络的检索系统查找自己所需的信息。网络检索，不仅检索速度快，而且内容新、范围广、数量大。这对研究人员确定选题、制订研究计划和提高研究水平具有重要的价值。

因此，教育科研者应注意到教育信息的这一发展趋势，要学习和掌握利用电子计算机进行检索的知识与技能。

二、资料的阅读与积累

(一)资料查阅步骤

文献资料的查阅通常分这样几个步骤或阶段：

第一步，搜索。查索引卡片、图书刊物目录等，查找与研究课题有关的书籍、刊物、文章等。

第二步，浏览。高速度地粗读，以便较快地了解全书或文章的全貌，为重点阅读做准备。在浏览这个阶段，只要求研究者了解资料的基本内容和大致特点即可。可以阅读书籍总目录、前言，如果是论文、文章等，可以看论文报告的导言与结论部分，从而迅速掌握情况。浏览阶段，涉及对资料的筛选与鉴别。

第三步，详读。这个阶段，要求研究者认真详细阅读，了解书籍或文章的实质内容、作者的观点，在此基础上，对资料进行初步评价。研究者需要运用自己的思考力、批判力，细细研读，边阅读边推敲，对所阅内容评判优劣、鉴别真伪。

第四步，记录、做读书卡片或笔记。研究者在详读的基础上，选取有价值的内容，制作文献卡片或做读书笔记。"好记性不如烂笔头"，研究者在平日应养成做记录的习惯，这样在需要的时候，就可以凭卡片或笔记迅速查找，再进一步认真研读和运用。一般地讲，制作卡片比较方便。

(二)如何制作卡片

1. 卡片记录的方式

(1)摘录。抄录下原文的重要内容。例如，文章中或书中某句精辟的阐述，某个有代表性的观点等，将它摘录下来，以便日后直接引用。

(2)摘要。扼要记述有关内容。作摘要时，研究者通常要根据自己的理解，对所阅内容加以归纳整理。如果阅读中产生个人的感想、见解等，应加以注明，不要与原文意思混淆。

(3)提纲。以纲要的形式，摘下原文的小标题或目录、层次及主要内容。

(4)索引。只记下书名或文章题目名称以及作者、出处、时间即可。

2. 卡片记录的内容、项目与格式

(1)编号。记卡片最好有编号，便于归类、整理。随着时间的推移、资料的积累，使资料系统化，使用时也便于查找。可以像图书馆那样采用分类编号等较正规的方式，也可以自己设计一些便于使用的编号。例如，有关教育学方面的编成教1、教2，或幼教1、幼教2；有关心理学方面的编成心1、心2。也可以按照学科、专题、发表或出版的时间、作者等，设计适用的编号。

(2)书名或文章名称。

(3)作者。如果是译文，应有原著者及译者的姓名。

(4)出处。文章如出自某杂志、刊物，要有杂志、报刊的名字。如果是书籍，应当注明出版社，还应注明出版日期和出版地点。如果是杂志，应有某年第几期第几页，报刊也要标有年、月、日及第几版。

(5)存放处。卡片上最好写明这本书或杂志是存于某个图书馆或资料室，或是在某人家中看到的，这样以后需用时，可以很快查找到。

(6)内容简介。这部分可以根据研究者的需要，可多可少。卡片的写法可以按研究者的需要和实际，或详或简，但一般均须提供必要的项目：编号、书名或文章名称、著者、出处及存放处，以便查阅运用。书目索引卡就仅记下这些内容，文摘卡则可以是摘录、摘要或提纲等。

(7)卡片记录的格式举例(见表3-1)。

表 3-1 卡片记录格式范例

幼 4: （本人：幼儿园教育实践中此种现象较普遍。特别是很少注意幼儿创作的情感因素。）	幼师学校应加强学生对幼儿美术 活动过程和作品鉴赏能力的培养 王波 ——《学前教育研究》1993.4. 许多教师在组织幼儿美术活动时常从成人的直觉经验、方法、意志和审美情趣出发对待孩子。在美术评价上，倾向于使用单一标准，重结果、轻过程。由此导致两个后果：①幼儿美工活动成人化，其创造力与艺术潜能受到束缚。②使幼儿知难而退，过分依赖教师。 目前幼师美术教育现状：以培养学生美工技巧为主，对幼儿美术鉴赏力和组织幼儿美术教育的能力方面的培养较忽视。作者曾用问卷法调查 29 名幼师四年级毕业生对幼儿美术作品的鉴赏倾向，发现他们虽经 4 年学习，但并未获得从儿童的立场来观察、欣赏、评价幼儿美术的能力及基本知识。 解决对策：加强并突出有关幼儿美术活动过程和美术作品鉴赏的课程。课程内容和原则：在成人儿童美术和幼儿自己的美术中，重点为后者；在幼儿美术活动过程和作品中，重点在过程；对比地讲解成人与幼儿在观察、欣赏和评价相同美工作品及其创造过程的共同特征与不同特征。

注：此卡片为北京师范大学教育系学前教育专业 1992 级学生王海珊制作。

3. 卡片记录注意事项

(1)记卡片最好用统一规格的卡片或活页纸。

(2)每张卡片只记录一条内容。

(3)注意采用统一的记录形式。例如，在固定位置书写主题名称、类目编号、出处，用固定的方式和符号表示内容是照原文摘录的，还是提要、摘要，或者哪些是自己的意见。

(4)如果一条内容需要占用两页以上的卡片，应在每张卡片上都书写主题名称，并在旁边用括号标明顺序，如"(之一)""(之二)"等，在最后一张卡片上记"(续完)"。

(5)资料的记录内容应十分准确。为此，研究者一定要先将原文意思弄懂弄通，再作摘要，否则宁可不做卡片，避免歪曲原文原意。

(6)将抄写减到最低限度。如果所查阅的内容不是将来要用的或是极难得的资料，不作内容卡，只作索引卡。如果不是将来需要直接引用或分析的资料，不必照原文摘录，可只作摘要。文字尽可能简明扼要。

（7）记录卡片时应注意留出适当空白，记下个人在阅读时萌生的一些想法、评论或得到的启示等，从而使阅读过程成为研究思考的过程。有关个人观点的文字应与原文区分开来，可以用色笔或加括号等以示区别。

要进行历史研究或资料研究，研究者应在平时注重对资料的日常积累，以便为研究创造良好基础。可以依研究者个人的专长与兴趣，有重点地收集有关资料，也可以在较广泛的范围内，对凡是有价值的东西进行一般化的收集。资料的日常收集与积累，一方面可以使研究者开阔视野、了解研究概貌、掌握动态；另一方面也可为日后的课题研究引出一些初步的线索，作为选定和进入课题的基础。

三、资料的研究与运用

（一）资料研究的前提条件

进行资料研究，研究者必须首先切实掌握与研究课题有关的基本理论和基础知识，使资料文献的收集与研究能够在一定理论的指导下、在最先进的科学知识的基础上进行。研究中不论是题目的选择、方法的设计、材料的搜集处理还是对材料的分析概括，始终与理论密切联系，理论发挥着决定性、渗透性的作用。否则，不仅研究很难深入，而且难免发生种种错误，甚至使研究工作寸步难行。选用历史法和进行文献资料工作一定要打好理论的基础。

在研究一个具体课题或问题时，研究者还需要在广博的科学基础上，对这一问题直接涉及的基本知识作进一步的钻研、推敲和探讨。要将有关的基本概念与基本规律搞清楚、搞透彻，同时，还需要掌握课题所牵涉的一切科学知识。

研究者只有具备充分的基础修养，才能顺利地研究具体资料、敏锐地洞察问题。研究者要通过系统地读书来掌握基本知识，做好理论准备。刚刚开始搞科研的人，可以选择比较完善的读本（如教科书），来攻克基本知识这一关。

(二)资料的研究与运用应着眼于比较与借鉴

1. 分析资料要注意定性的方面与定量的方面

在定性方面，要搞清概念，搞清楚关键词或一些专业术语的含义、用法，其用法在以往和现今是否有所区别，如此，才能做到准确定性。此外，研究者还应努力从文字资料中挖掘数量化的因素，要注意数据资料处理的统计学意义，进行数量关系的分析。

2. 以资料和事实为主

研究者应注意将资料所提供的信息放在相应的时代与社会背景的大系统中加以研究，在研究事实的基础上阐明观点。

3. 全面地分析和研究问题

研究者要在全面收集并鉴别资料的基础上，注意对例外资料和相反资料的分析研究，从而全面地进行分析研究，辩证地提出自己的观点。

(三)提出观点并撰写论文或文献综述

研究者要在对文字资料和事实进行汇总和分析研究的基础上，得出观点，推导出科学的结论，撰写论文或文献研究综述。

1. 研究综述的写法

研究综述或称文献综述。研究者在大量阅读文献资料的基础上，对教育学、学前教育学中某一研究领域或某个问题在某一时期内的研究成果进行比较系统的、全面的综合叙述与评论，即对有关文献资料进行综合述评的简称。

文献综述要能够全面、系统地反映国内外某一学科专业或研究专题在某一时间阶段的发展历史、当前状况和发展趋势。撰写文献综述，应通过对大量资料的阅读研究，系统地加以总结，同时结合本地区当前实际与需要提出见解，从而能够为当前的教育实践与教育研究提供启示和服务。在研究过程中，需要对材料进行分析、综合、归纳和整理，研究者主要可通过逻辑论证、比较与评价的方法，理清资料的脉络及内在的逻辑关系。

应当注意，文献综述并不是对过去科研成果加以简单堆砌的资料辑录，也不是简单地对某一阶段的科研进展或动态作介绍。

2. 文献综述的基本要求

一是注意全面搜集有关资料（包括事实材料与数据等），应注意资料与数据真实可靠。

二是注重材料与观点的统一。要言之有据，以客观材料为基础，作出评论。

三是综述要具有针对性，文献研究要为当前实际服务。研究者一定要紧密结合当前的研究实际与需要，进行资料分析与综述，从而使之能够为当前教育的实践与研究提供启示，如"我国学前教育研究现状的文献调查与评价""近年来我国幼儿游戏研究现状的文献综述"等。

第四章 观察法

第一节 观察法是幼教科研的最基本方法

一、什么是观察法

观察有广义、狭义之分，又有直接、间接之别。广义的观察，包括直接观察，还包括收集资料的其他一些方法，如调查、问卷、测验，或是与被研究对象的父母、教师及其他抚养人进行谈话等。间接观察是指研究者不直接目睹观察对象，而是通过某些中介来观测调查对象。例如，"幼儿在家庭中自我服务态度及能力表现调查"就是通过家长的观察获得有关幼儿的情况。狭义的观察指直接观察，即研究者在自然条件下，直接用自己的眼睛、耳朵等各种感觉器官去感知和观察研究对象的方法。随着现代科技的发展，当今的观察研究还可以借助仪器等"延伸的感官"来进行，克服人类感官的局限性，增强和延伸人类的认识能力，提高观察效率，使获得的观察资料更加客观、精确。本章内容主要涉及狭义的观察。

科学的观察法不同于日常生活中的一般观察。日常生活中的观察往往是偶然发生的，是自发的和无目的的，也不做严格的记录。科学的观察法要求将被观察对象置于自然状态下，研究者有目的、有计划、有系统地对被观察对象或现象的外部表现做直接观察，并进行详细的记录，收集有关事物的资料，然后加以分析解释，获得对所研究的问题的认识。

科学观察必须具备以下几个特征：

一是有一定的研究目的或研究方向。观察那些对研究任务来说具有科学意义和实践意义的事物。

二是预先有一定的理论准备和较系统的观察计划，并能按预定计划进行系统、连续、细致的观察。

三是有较系统的观察或测量记录。对所观察对象的一切具体表现准确地加以掌握，如时间、场景、反应状况及次数等，及时做详细的观察记录。

四是观测结果可以被重复验证。主要指被观察对象的一般性特征。

五是观察者受过一定的专业训练。观察者的素质和水平关系着研究的成败。

二、观察法最适合于幼儿，是幼教科研的最基本方法

观察法是研究教育现象的最基本方法，特别对于作为学前教育研究对象的幼儿，是最适宜的方法。

首先，观察法不需要幼儿作出超出自身水平的反应。幼儿因其年龄特点和身心发展水平，言语表达和理解力低，行为的不随意性强，自控力差等，这就对一些研究方法的使用具有一定制约。而观察法可以了解在自然状态下幼儿行为的真实表现，无须他作出超出自身水平的反应，从而考察其心理的外部表现。

其次，观察法可以直接了解并客观记录幼儿的行为，所得资料较少受研究者主观因素的影响。

再次，观察法可以捕捉发展中的过程，并考察幼儿与周围事物相互作用的过程。幼儿处于身心迅速发展之中。观察法并非像测查法那样仅限于对行为结果的考察，而是可以了解到行为的过程。

最后，幼儿不容易受观察者在场的干扰，不会掩饰自己的行为，因而观察的结果比较自然真实。

三、观察法的作用

观察法无论是对于教育实践工作者还是对于研究工作者都具有极重要的意义，是教育和研究必须具备的能力。通过观察可以了解儿童的行为，分析其心理特点，考察检验教育的效果，提出有针对性的教育措施、计划方案；通过观察可以掌握第一手资料，进而加以分析，提出观点和创立理论，用以指导实践。

观察法的作用具体体现在以下几方面：

首先，观察可以获得较真实和具体的信息。例如，幼儿可能会唱数、数数，然而教师通过观察却能够发现这个幼儿对数的实际意义的理解的具体情况。观察能获得所研究问题的第一手资料。

其次，观察能够较深入地考察和理解幼儿行为的各个方面及个别差异，了解每个幼儿的具体表现，获得真实、完整的形象。例如，同样是学习成绩不好的幼儿，经观察可知，有的是因注意力不集中，有的则反应较迟钝，或是存在其他健康或情绪方面的原因。又如，初入园幼儿往往容易产生分离焦虑，认真观察就会发现，幼儿的分离焦虑有不同表现，有的哭闹，有的虽无激烈反应但不参与活动。例如，北京市光明幼儿园开展自选游戏研究以来，教师观察了解幼儿的机会增多了。教师发现一个平时特别是在集体教学活动中很不起眼的男孩，在游戏中很活跃，他特别喜欢插塑并能插出多种造型，边说边插，还向别人讲解展示。教师通过观察改变了对幼儿的原有看法。

再次，在观察基础上，可以对幼儿的行为作出正确评价判断，还可进一步提出有效的解决问题的措施。例如，"格赛尔量表"的制订，就是通过大量观察，并借助仪器（相机等）记录下大量胶片，进而加以分析研究，制订出幼儿各年龄阶段发展的行为量表。又如，要想研究幼儿的依赖性、攻击性行为、社会性能力、做事习惯等，就需要对幼儿有关行为的具体表现进行详尽观察，加以分析评价，判断其行为特点与水平等，进而寻求有效、适宜的教育方法和有针对性的教育措施，促使其行为得到改进或培养提高。

最后，观察是假设、观点和理论产生的手段。教师通过对幼儿的兴趣、动机、个性及认识能力的观察，才能作出判断和有的放矢地提出教育方案。在研究过程中，观察是必不可少的手段。许多重要理论的创立，研究假设的提出或确立，都是研究者通过对教育现象和儿童行为的观察得出来的。例如，皮亚杰的儿童认知发展阶段论，就是通过观察自己的孩子，进行分析研究提出来的。又如，我们通过与幼儿的接触和观察，发现幼儿在群体中的社会身份各异，如所谓明星儿、人缘儿、讨嫌儿和孤独儿；进而又观察到，幼儿的交往行为有着不同表现，例如，明星儿童往往交往愿望强烈同时社交技能较强；而不受欢迎的或讨嫌的儿童虽有较强交往愿望，但社交技能差；因而提出"幼儿在群体中的社会身份与其交往能力密切相关"的假设，进而通过进一步观察和实验加以证实。

第二节　观察法的基本原则

观察的原则，是指研究者在进行有价值的观察活动时必须遵循的基本要求和准则。观察原则是在对科学观察的特点及规律深刻认识的基础上提出来的。因此，遵循观察原则，才能尽可能地驾驭或控制观察过程，使之真正成为我们正确认识客观事实的有效途径，从而提高观察质量及科研水平。

具体而言，运用观察法应遵循以下原则。

一、观察要有严密的组织计划

研究者要在明确观察的目的和任务的基础上，制订严密的观察计划。即指观察者对观察活动的时间、顺序、过程、对象、使用仪器、记录方法、设计表格等预先做好充分的安排和准备。观察时严格按照计划进行，提高观察的效率和质量，增强所得资料的准确性、可靠性。

为了提高观察的科学价值，在制订观察计划时，应考虑观察的角度问题。同一行为，可以从多个角度、多种侧面搜集信息，这样才能获得观察对象某种行为全面的真实的资料。另外，还应充分考虑观察的次数，保证足够的观察量。充分的观察次数和时间，有助于捕捉到研究对象的大量信息，从而加大观察的行为事件的样本，以保证所获资料的客观真实程度，否则，不充分地观察所得信息很可能是偶然情况的反应。

二、观察要有一定的知识准备

首先，研究者在观察之前要做好必要的知识准备。例如，观察幼儿的自主性行为，要预先对这方面的问题有一定的认识。又如，要观察幼儿园活动室的环境，就应预先对环境中的影响因素及其教育作用有所研究认识，并对幼儿园教育实践中的环境创设的现实状况有所了解。有人提出，观察结果的正确率与研究者是否明确观察目的并对所观察的问题有较清楚的认识成正比，这是很有道理的。否则，就有可能"视而不见"或"见怪不怪"。做好知识的准备，才能使观察者具备一双"发现的眼睛"，才有可能发现值得研究探讨的问题。

其次，研究者还要做到三勤，即勤观察、勤思考、勤阅读，要注意将观察与阅读和思考相结合，这样才能通过观察，透过现象，抓住本质的东西。

三、观察要消除干扰

观察一定要尽可能客观，因此，就必须消除干扰。要特别注意避免以下两种现象：

一是"观察反应性"现象。这是来自观察对象的影响客观性的因素。所谓观察反应性，指的是，当观察对象知道有人在观察他时，会改变自己的行为，做出不正常、不自在的反应。要消除或避免这方面的干扰，可以采取观察者预先熟悉被试的办法，提前来到现场，持续观察一段时间，使被试不再有陌生感，并对观察者在场感到习以为常，因而自身情绪和行为得以稳定下来，在这种情况下，再进行观察，才能获得较真实、客观的材料。

二是"观察者放任"现象。这是来自观察者本身的干扰。观察者在观察记录了儿童的部分行为后，会觉得自己对儿童的反应已经"有数"了，其行为不外是如此这般，因而产生不耐烦情绪。这样，就会有意无意地凭着前面的印象来判断儿童的行为和用概括性语言简略记录，不再严格依据客观性原则，一丝不苟地详细做观察记录。这样，资料的积累便逐渐失去精确性。因此，观察人员在整个研究过程中必须始终持一种严肃、认真的科学态度，否则，材料不客观、不准确必然导致研究结果不可靠和不科学。

四、观察记录力求系统、准确

观察记录是确保观察到的事实材料准确、客观的重要一环。因此，要讲究观察中记录方法，力求观察记录全面、系统和准确。做好观察记录要注意以下问题。

(一)尽可能详尽记录客观事实，避免主观性记录

有人曾建议观察时要注意这样六个方面的内容(6W)：

——谁(Who)：行为者与行为对象。

——什么地方(Where)：行为或事件发生的场景、地点。

——什么时候(When)：日期和具体时间。

——什么事(What)：哪种行为或事件？

——怎样(How)：行为或事件的具体表现及过程如何？

——为什么(Why)：判断思考行为事件的原因等。这部分属于主观推断，应当与前面的客观事实的记录加以区分，通常用括号括出。

前面五项内容是对客观事实的记录。研究者特别要注意了解研究对象——作为行为者的幼儿的具体行为表现，包括其行为活动、言语、表情以及动作姿态等，要尽可能作详尽描述，并注意当时的情景，即行为发生的环境、背景等。还应注意与观察目标有关的全部重要信息。当观察完毕后，研究者在事后翻阅记录时脑中如能够再现观察时的情形，那么观察记录便准确有效。

(二)根据观察的目的、任务，选择适宜、有效的记录方式

观察记录的方式有多种，以下介绍几种常用的方式。

1. 文字描述记录

这种记录方式运用最多，所获资料可长久保留而不失其价值。通常是现场实况详录。在观察现场，由于观察对象的行为往往是呈动态的，且转瞬即逝，研究者要边观察边记录，会觉得十分紧张，顾及不暇，因而可能会遗漏一些内容或错过某些细节。为了使记录达到快、细、全，可以采用速记法或用电报语言，也可以采用自创的简化记录的方式，迅速、及时把握全部重要

信息，事后注意趁印象仍新鲜时，将记录补充详尽、完整。

2. 列表查核式记录

这是将所要观察的行为预先列出项目清单，观察时，对照行为项目打钩或填某一符号进行记录。

3. 等级评定式记录

预先列出行为标准，观察者要在观察的基础上，对儿童的行为或教育现象加以评定。

4. 图示记录以及录音、照相、录像等通过仪器加以记录的方式

选用记录方式要依据观察目的和任务。研究者应注意无论采用哪种记录方式，都应力求做到快、细、全，尽可能全面、迅速、准确地将与所要研究的问题有关的内容记载下来，以便日后分析研究。

五、预备性观察与观察信度检验

研究者在进入正式观察之前，应做必要的预备性观察。预备性观察的作用有以下几点。

一是选择和确定观察的内容和考虑适用的方法。例如，要研究幼儿的任性行为，应预先通过预备性观察，了解幼儿有关任性的行为表现，弄清该行为易于发生在什么场景，确认观察研究的对象即任性的行为类型和项目，确定操作定义和观测指标等，并将其修订完善。在预备性观察的基础上制订观察计划。

二是预先考察和了解观察的现场及环境，同时通过预备性观察，使观察者适应环境场景和要求，并熟悉观察对象，消除其反应性。

三是作为观察人员培训的手段，通过预备性观察，使观察者掌握观察方法，明了注意要点，对所要观察的行为及其类型在观察者之间取得统一认识。例如，要观察幼儿的社会交往行为，观察者要进行预备性观察，在观察中理解该行为的操作定义，确认其行为类型、表现方式等。通常要进行反复观察和讨论分析，从而对所观察行为达到一致性认识，统一观察标准，使观察结果一致可靠。利用预备性观察培训观察者的要点在于，对所要观察的行为记录得越详细越好。一般而言，观察信度是随观察次数的增加而逐步提高的。

四是建立观察的信度检验。观察信度检验也叫作观察的可靠性检验。观察信度通常是指对同一行为或现象的两个以上的观察的一致性程度。换言之，就是两个以上观察者观察同一现象的一致性程度，即相关程度。

观察信度的计算可以有以下简便的方法和步骤：

首先，每个观察者计算出每类行为出现的次数。

其次，计算出观察者之间对每类行为记录相同的次数。

再次，用观察者观察记录的行为总次数去除记录相同的次数。

最后，将结果乘以观察者的人数。

例如，一位研究者奥尔森（Olson）对儿童的某种心理行为问题——神经嗜癖症进行观察研究。其信度检验如表4-1。

表4-1 奥尔森关于神经嗜癖症的观察研究记录

行为序号	类 别	观察者1	观察者2	相同数
1	咬指甲	5	4	4
2	将大拇指放在口内	16	11	11
3	挖鼻子	1	3	1

观察时间内行为出现的总次数：22　　18　　16

观察信度＝[16/(22＋18)]×2＝0.8

一般认为，当观察信度即相关系数≥0.8时，即为观察可靠，观察记录的资料是有效的。

第三节　观察的类型

教育科研中的观察法类型很多，我们可以从不同的角度来划分观察的类型。

一、自然观察与实验室观察

这是依据观察的情景与条件的不同进行分类的。自然观察是在一般的日常情景中，随着行为或事件的自然发生与进程进行观察，不采取任何人为干预手段。实验室观察则是在实验室有控制的条件下的观察，需要设置特定的情景，规定刺激的性质，观察特定条件下的特定行为。

二、现场参与性观察与客观观察

这种区分主要是根据观察者的不同参与身份而作出的。现场参与性观察要求观察者作为事件发生的现场成员之一，深入实地场景，参与到当时的生活、活动之中进行观察，身临其境地关注和理解所需观察研究的事物；在客观观察中，观察人员是以旁观者的身份去观察的。

三、系统观察与局部的个别观察

这是根据对观察内容方面的不同要求而区分的。系统观察要求全面整体地了解所观察的现象或对象，通常需要一个较长的观察过程和预先做好较周密的计划。局部、个别观察是只侧重了解某一个方面的情况，获得有关局部问题的认识。

四、封闭式观察与开放式观察

这主要是指在观察记录方式上能否将原始的资料信息保留下来而划分类别的。封闭式观察通常指表格记录，须预先选择行为及其项目类别，观察时视线集中于所选择的内容，而且较大程度上依观察者的判断作记录，在观察表格上画记号或打钩。开放式观察是随事件的自然进程作实况描述，其特点在于记录保留了较多细节和事件行为的顺序。事后仍能通过文字记录重现所观察的事情和现场情景。

五、正式观察与非正式观察

这两种观察类型主要是从观察的性质、结构以及对观察过程控制程度的不同而言的。正式观察结构比较严谨，观察前要做大量准备工作，如需预先做周密的计划，且通常需要严格确定行为定义和编制记录表格，还需预先训练观察者和建立观察的信度，对观察结果可以进行数量化统计分析。正式观察实际上是指比较系统的有控制的观察。

非正式观察则结构比较松散，但较易于实施。非正式观察也就是通常所说的自然的描述性观察。通常正式观察均应在非正式观察基础上才得以进行。研究者往往须通过非正式观察，将感性经验归纳提炼，使观察逐步集中于一定的目标或焦点，并在非正式观察中确定完善行为定义和观测的项目指标，设计适宜的观察表格和记录方式等，为进一步正式观察和深入研究做好充分准备。

六、叙述性观察、取样观察与观察评定

这是根据观察记录的方式及对所观察的行为的选择控制程度之不同而加以区分的。美国的艾温和布什纳尔在他们所著的《儿童行为的观察设计与策略》一书中，将观察法按照基本目的与功能的不同角度，进行了分类。从这种分类方式，我们可以较好地了解不同的观察法的不同特点，及其运用的不同技术性要求。

本章着重从这一分类角度，对叙述性观察、取样观察、观察评定三种观察法逐一加以介绍。

第四节　叙述性观察法及其运用

叙述性观察法也称描述性观察法，它是随着行为或事件的发生，自然地将它再现出来，观察者详细地做观察记录，然后对观察资料加以分类，进行分析研究。

叙述性观察包括四种类型：日记描述法、逸事记录法、连续记录法和实例描述法。

一、日记描述法

日记描述法是早期研究儿童行为的主要方法，较普遍的名称叫"婴儿传记法"，研究者要在较长的时间阶段内，反复观察幼儿的行为，持续地记录

变化，记录新的发展和新的行为。这是一种纵向的观察描述，主要用于研究儿童的成长和发展，简称"日记法"。

日记法既可以记录儿童的一般发展状况，也可以侧重观察记录发展的某个特定方面，如语言的发生发展或感知运动技能的发展。一位研究者曾对他的儿子在 3～5 岁阶段提出的问题做观察记录，进而加以分析，写出"对一个幼儿提出的 4000 个问题的分析"研究报告。日记法要求长时间地、经常地与儿童接触，因而通常是由家长做观察记录。

最早使用这种方法的是瑞士哲学家、著名教育家裴斯泰洛齐（1740—1829）。他于 1774 年出版了第一部婴儿日记——《一个父亲的日记》。在日记中，裴斯泰洛齐记录了自己孩子的生长、发展情况，同时对母亲在育儿中的作用以及其他对儿童生活有重要影响的因素进行了分析。

以后，又有德国哲学家提德曼的《一个婴儿的日记》问世（1787 年）。

自然科学家也注重日记法的研究。查理斯·达尔文（1809—1892）曾观察记录了他的儿子都德成长的最初三年的日记。他还致力于把对婴儿的观察同对其他物种的观察加以比较。他在著名的《物种起源》（1895 年发表）中提出，儿童是动物与成人之间连接物的观点。他认为，通过观察婴儿的发展，可以窥见物种与人种本身发展之一斑。

1882 年，第一本儿童心理学教科书问世，这就是德国心理学家普莱尔所著的《儿童心理的发展》。这是普莱尔花了 3 年时间，在对自己儿子的发展情况作了不间断的详细而科学的日记的基础上写成的。书中详细地描述了婴儿行为及心理各方面的发展过程。

普莱尔结合观察，也进行一些小小的试验或实验。他通过一定的方式引起婴儿的反应，并对之作出解释。他最先观察到婴儿出生时的吸吮反射。他在日记中是这样描述的：

"1870 年 9 月，这个小婴儿的头出现后的 3 分钟，他的嘴一张开就发出了微弱的哭声。我触摸他的舌头，用手指在他的舌头上面滑动着，这孩子立即不哭了，开始用力地吸吮着我的手指。"

一般认为，19 世纪末 20 世纪初，这种记录有关儿童成长和发展的儿童传记形式的日记描述法，是研究儿童的一种主要方法。以后，尽管随着其他研究方法的相继出现，并在儿童发展和教育研究领域发挥越来越大的作用，然而日记描述法仍不失为一种有效的研究手段。

对日记描述法的评价：

一是日记法可以全面、详尽地了解儿童各方面的发展。

二是日记法通过长期不间断的记录，可以掌握儿童的发展过程，了解儿童发展的顺序、行为的连续性。

三是日记法是把儿童的发展置于真实生活的情景中加以考察。

四是日记法记录简便。

日记描述法也存在一定的局限：

一是研究对象缺乏代表性，观察易带主观倾向性。被观察的儿童往往是研究者自己的子女，即通常是来自较好的家庭条件的孩子，因而缺乏代表性；同时，观察者就是被观察对象的父母，观察容易有主观偏见。

二是观察的案例有限，较难概括出一般。日记往往是对单个儿童进行的观察记录，仅根据对较少儿童的观察研究，是不大容易概括出儿童行为的一般特点的。

三是日记法需长时期持续记录，比较费时费力。

日记法是研究儿童及其教育的重要工具，当前被作为个案研究和从生态学角度研究儿童发展的主要手段。对于教育工作者，日记法可以作为在教育实践中研究儿童和改进教育方式、探索规律的途径。

二、逸事记录法

逸事记录法也是早期研究儿童的一种观察技能，用于记录不同种类的资料，最早用于培训教师的观察能力。

逸事记录法与日记描述法有所不同，它不是连续地记录某一个特定儿童的行为及其发展，而是着重记录某种有价值的资料或信息。例如，有人对儿童如何解决问题感兴趣，特别注意有关行为的发生和表现，并及时加以记录。这是有主题的逸事记录。又如，有人专门研究儿童的模仿行为，可以将儿童最喜欢模仿成人的哪些行为和如何模仿记录下来。这里有一段逸事记录儿童模仿行为的例子：

3 岁的却利和他妹妹在玩过家家。却利说他自己是爸爸。当他走进厨房时，他的大姐姐要给他一块蛋糕，姐姐知道他很爱吃蛋糕。但却利拒绝了，说："我要蛋糕做什么？大人是在吃饭时才吃它的。"十分钟后，却利来了，说："姐姐，我现在可以吃蛋糕吗？我现在不是爸爸了，是却利。"

逸事记录也可以是没有主题的，例如，收集一段时间里发生的事情。观察者也可以运用逸事记录法观察记录某个特定儿童，积累有关他的一些典型事例或异常的行为事件的资料，留待日后进行分析研究。

可以认为，逸事记录法是各种直接观察法中最容易、最简便的一种。它不受任何条件的限制，随时随地都可以记录，可以在当时做观察记录，或是事后加以追忆。凡是观察者认为有价值、有意义的行为或事件，均可随其发生，加以观察记录。这种观察法事先不需要对行为进行编码或分类、制表等，没有特别的技术上的要求。观察者只要及时将有价值的内容记录在一块纸头上收集起来备用即可。要注意记录儿童的基本言行及一些必要的信息，并尽可能及时、准确地做观察记录。

例如，教师带儿童去附近散步，碰到一些事情，儿童的反应很大，而且事情的内容又正好与我们感兴趣的课题有关，儿童可能对周围的草木、蓝天白云等展开想象、谈话。教师可将事件记在脑中，回来后立刻用文字把当时情景写下来；又如，教师在家访中，可能观察到幼儿在家中的行为表现的事例较有代表性，或是感受到反映其家庭成员相互关系等的事例，事后可立即付诸文字。

逸事观察记录可以帮助我们考察儿童的行为特点，了解儿童是如何与周围事物相互作用的，更深入地理解儿童的思维及其概念的形成，有助于我们站在儿童的角度，了解他们是怎样看世界、怎样认识周围事物的。

一位教师曾经提到这样一件事，这是一个很好的逸事记录的例子：

"为开展自选游戏，我们重新设置了活动室环境，提供了娃娃家、积木区、美工区、自然科学区等各类游戏活动区域及相应的玩具、活动材料。科学区设在有阳光的一面窗前，有一些动植物如金鱼、花草、种子等。一天，张磊很高兴地跑来告诉我，他发现了'七色光'，并拉着我来到科学区。只见孩子们聚在金鱼缸旁，正兴奋地喊着'七色光''七色光'。孩子们对七色彩虹如何产生纷纷发表着意见。原来，太阳光照射在盛满水的鱼缸上，反射出七色光。张磊说，是他先看到并告诉大家的。张磊这孩子在班上最顽皮，平时捣乱惹事的总有他，拿他简直没办法。今天看到他这么认真的样子，真为他的进步而高兴。"

这件事可以使教师认识到环境对儿童的影响作用，启示教师应注意创造适宜幼儿发展的条件，要使环境能够激发和促进幼儿积极思维，发现问题和探求答案。幼儿正是在他们的生活和游戏中不知不觉地学习的。

教师可以将教育过程中发生的有意义的行为、事件记录在教育笔记上。用逸事法进行观察，可以帮助教师分析儿童的成长和发展，了解每个儿童的个性特征，以便有针对性地采取教育措施，促进其成长进步。

如果能将教师和家长做的逸事观察记录收集起来，进行归纳分析，对于探索和揭示儿童发展和教育的规律将是很有意义的。

三、连续记录法

连续记录法较之逸事记录法要难一些，要求对儿童的行为做更详细、完整的记录，并要求对所观察的情景以尽可能精确、连贯的语言进行描述，因而当其他人在阅读这份记录时，能够想象得出当时的情景。它所记录的资料应能使观察者和其他人在以后的分析中可运用到。

连续记录法是在一定的时间范围或阶段内，如半小时、一小时、几小时甚至半天、一天等，做持续不断的观察记录。观察者要按自然发生的顺序详尽地描述行为。一般情况下，观察者不介入当时情景和被观察的行为之中。

一位研究者（Charlotte Buhler）曾和他的两位同事运用这种观察法记录了69名1岁以内的婴儿在24小时内出现的新行为，他们3个人轮班，每人做8小时观察记录。

连续记录法是从日记描述法和逸事记录法发展而来的，也是早期研究儿童的一种有效手段。连续记录比逸事记录更详尽完整，力图尽可能地获得行为或事件的最重要因素。运用连续记录法，不需要预先制订计划，也无须对观察者进行专门的培训，因而可以为教师广泛地使用。研究人员可以运用这种观察法来检验观点，测量儿童的发展和进行分析性研究等。

第一个采用连续记录法的是 B. 德斯拉的"观察婴儿的一个早晨"，文章发表在《教员养成所》(1901 年 9 月)这本教育论丛上，记录了作者于 1895 年 1 月 19 日对他自己的 13 个月 19 天大的孩子所进行的连续 4 小时的观察：

"……他把刚捡起的一只瓶子扔下去，模仿他妈妈的样子说：'坏孩子！'又捡起那只瓶子，坐下来，啃它。然后，右手拿着瓶子爬到左边，起身，丢下瓶子，朝他妈妈那儿走去，拿了他那装有食物的瓶子，向左转，往回走，走回他丢下的另一只瓶子那里。他试着把一个瓶盖盖在瓶子上。之后，他爬到钢琴罩子下面，用瓶子敲打钢琴。他被拉开，驯服地接受惩罚。他又躺下来吃东西，站起来，走了几步，又向左转，走了几步到钢琴前，往琴罩子下爬，又从罩子下钻出来。他拿起娃娃，弄得它哇哇叫，又扔下娃娃，去拿软木塞和锡盒，再次试图把它们装在一起，一边摆弄一边自言自语地咕噜着什么。他站起来，用右手玩钢琴，坐下，起来，又坐下……"

当人们阅读这段细致、具体的描述时，真好像有一个活泼可爱的不停地活动的小不点形象，生动地再现在眼前。

连续记录法的另一个例子，是贝克和怀特(Baker & White)1955 年的一项研究"一个男孩的一天(One Boy's Day)"。研究者在 4 月里的一天，自早上七时直至晚上八时半，对一名 7 岁男孩雷蒙特·伯奇在家里和学校里的活动做不间断的观察记录。由 9 名观察人员每人轮流观察记录半小时，要求对这 30 分钟时间内发生的行为事件做要点记录，并尽可能记下每一分钟的细节。之后，将详细记录的内容转述到录音带上。转述过程中，有一位负责听的人就不清楚的地方询问观察者，以便充实观察记录。经过一番编辑提炼，获得一份 420 页的有关学龄儿童一天活动的资料。这是一个教育生态学研究的例子。它对于我们考察儿童在真实日常生活中的行为，研究生态环境对幼儿行为的影响是很有价值的。

在我们的学前教育实践和研究实践中，也可以采用连续记录法。例如，可以对幼儿园的半日活动，即教师如何组织幼儿的半日生活做连续观察记录，进而研究分析半日活动中师幼相互作用的情况，考察教师的职业素质以及一日活动中各种教育因素的利用情况等，从而发现存在的问题，提出调整改进教育的建议和方案。又如，采用连续记录法，对幼儿园大班儿童与小学一年级儿童24小时活动量加以考察，了解在这两个学段之间的坡度状况，为解决幼小衔接问题提供研究依据。

四、实例描述法

实例描述法亦称样本描述法。这是根据一些预先确定的标准，尽可能地对所发生的行为、事件及其背景做详尽而连续的观察描述。

实例描述法与连续记录法的不同之处在于，前者是对某一行为、事件做持续的记录，侧重事件本身；而连续记录法则是在较长的连续的时间阶段内，对所发生的行为事件做持续的记录。实例描述法要求有更详尽的细节以及提前确定的标准和一定的记录格式，例如，一天里的时间、人物、场景与情节等。这里提供一个运用实例描述法观察记录的例子：

人物：玛格丽特·雷特（中西部人，女，社会阶层4，年龄4岁）
事件：玛格丽特打布莱德雷
有关的人：布莱德雷——玛格丽特的弟弟，1岁半
时间：1946年6月2日 下午1:03

玛格丽特一直缠着她妈妈带她到邻居那儿去玩。但雷特夫人坚决地拒绝了她的请求，进屋去了。这时，布莱德雷正在院子里玩。

布莱德雷捡起了一个罐头洋铁桶，摇晃着，桶里有块石头"咣啷咣啷"地响起来。

玛格丽特转过身，走上去打布莱德雷的腿，打他的背，又打他的后脑勺。布莱德雷似乎知道她会这样做，当她向他走过来时，他好像知道会发生什么，畏缩起来，好像在准备挨打。

玛格丽特没完没了地打布莱德雷。

开始时，她每打他一下，他都要哭一下，但不太大声，但最后终于放声大哭。当看到布莱德雷真的大哭起来，玛格丽特就丢下他不管了。不过她还是念叨着："我能打你，也能把你给扔了。"

这是巴克尔于20世纪40年代进行的一项有关儿童行为及其文化背景关

系的研究中的记录(《中西部儿童的研究》,1955 年)。

这段文字读起来更像一部戏剧片段,对人物、场景、行为、事件及情节的发展都进行了详尽的描述。

在运用叙述性观察法即描述性观察法对儿童行为进行观察和记录时,应注意这样一些问题:

一是说明观察开始时的场景,包括时间、场合、环境背景,注意被试的行为的发生及其背景。

二是准确全面地了解被试所说、所做以及对环境的反应,详细记录被试是怎样做的。

三是注意描述其他人对被试的影响与反应,记录相互交往和相互作用的情况。

四是按行为和事件发生的原有顺序进行描述。

五是用日常语言尽可能准确地作记录。

六是分层次对行为事件描述记录。以下三个层次的行为事件描述可提供参考:

——主要活动单元:说明主要的活动或行动,表明观察对象在做什么。例如,明明和小红一起在桌前玩拼图。

——次级动作单元:进一步说明大的活动或行动中的小的动作单位。例如,明明正第三次把动物拼图拼在一起;而小红则刚刚完成一副拼图,拿起另一副。

——分子的动作单元:具体描述主要的动作是怎样进行的。例如,明明仔细地把每一块拼板一一嵌放到适当的位置,边拼边念叨着:"这块放在这儿,这块好像应放……"即做进一步的补充说明,确定行为或事件的性质特点。

七是将观察者所作的说明或解释性材料括上括号,以便与客观事实的描述区分开来。

研究者在运用叙述性观察法时,一定要注意观察的客观性,这样才能确保所得资料的可靠性、有效性。因此,要认真、仔细地观察实际发生的事情,具体地记录被试做了什么、是怎样做的、背景如何以及其他人的反应等,而不是猜测这个行为或事件的原因。注意不要用观察者的概括性判断或标签式的说明代替实际发生的行为事件,应尽量避免解释性文字。

要能够区分主观记录与客观记录。例如，"明明看见妈妈来了很高兴"，与"明明看见妈妈来了，跳起来，笑着"。这两种描述相对而言，前者不如后者更真实、客观。一位儿童研究专家曾告诫观察人员，"我只相信我的眼睛"，即只记录所看到的，而不是记录所想到的。这对于克服记录的主观性显然是有益的。

综上所述，叙述性观察法的特点是手段简便、易行，所获得的资料完整、自然、真实生动，适用于较广泛而多样的研究课题；其局限是记录和压缩分析资料需耗费大量时间，不易做到数量化统计分析，所观察的对象有限，多用于个别儿童或小范围群体的观察研究。

叙述性观察法是一种定性研究的方式，比较适合教育这类实践性强的学科，特别对于幼儿发展与教育是一种有效的研究手段。通过观察获得大量的资料可作为进一步分析和数量化研究的基础，也是提出新观点、建立新理论的基础。例如，陈鹤琴、皮亚杰均基于对自己孩子的叙述性观察研究，建立起有关儿童发展与教育理论。苏联著名教育家苏霍姆林斯基也极重视运用叙述性观察方法，详细描述儿童行为从而深入了解每个儿童。进入 20 世纪 70 年代以来，苏联的教育研究注重采用实验方法，但同时并不忽视描述方法的运用，在一些有关幼儿发展与教育的实验中，注意将定性和定量很好地结合，得出科学的结论。叙述性观察法当前仍被广泛地运用。

随着研究生态化运动的兴起，人们越来越注重将儿童发展与教育的现象置于其所存在的环境背景中，在自然情境中进行动态的研究考察，而不是仅仅作孤立静态的分析，研究儿童行为和特定的教育现象与环境中各种因素的相互作用，既分析又综合，更深刻地认识和揭示条件与现象的相互关系，研究对象与现象发展变化的规律，使研究的可应用性和普遍适用性得到提高。

第五节　取样观察法及其运用

取样观察法是一种比较严格、系统的观察方法，相对来说，可看作正式观察或正规观察，属封闭性观察。如前所述，正式观察多为科研所用，结构比较严谨，需要周密计划，对所研究的现象做有控制的系统的观察。取样观察法在研究的技术手段方面要求比较高。研究者不仅需要控制条件，严格规定行为定义，讲究记录方式，还须预先训练观察人员，建立观察信度等。

取样就是对行为或事件的选择。研究者需要选取一部分有代表性的行为或事件作为研究对象，用来代表相同条件下的一般行为或事件。

取样观察法不像叙述性方法那样详细描述行为，保留行为事件发生的顺序等原始资料信息，而是依据预先确定的标准，选取行为的若干方面作为样本，即"目标行为"，进行观察研究。取样方法的运用要求观察前做大量的准备工作，包括选择行为样本，确定其操作定义，决定观察所运用的结构或形式，以及设计记录表格等。

取样观察法是一些研究人员针对叙述性观察方法的缺陷提出的一种新的观察方法。取样观察法是一种以行为为样本的观察法，可以减少记录所需的时间，研究者能够在较短的时间内获得更大量的有代表性的资料，且便于统计整理。取样观察法常用于对较多被试做观察。一般认为，这种方法可以满足研究在客观性、可控性及有效性方面的要求。有人认为，取样方法也是随着集体儿童教养机构的出现，为适应于研究儿童群体而产生的；而叙述性方法如日记描述法等大多用于集体儿童教养机构出现之前，表明这两类方法发展的历史、社会条件有所不同。20 世纪 50 年代以来，取样观察法成为研究儿童的基本方法，曾一度取代叙述性方法的地位。

取样方法又可以分为两种：时间取样观察法和事件取样观察法。

一、时间取样观察法

(一)时间取样观察法的意义

时间取样观察法是专门观察和记录在特定的时间内发生的特定的行为。即，在一个确定的较短的时间阶段里，选择一定的行为事件样例或样本进行观察，将儿童在每个时间段内的行为事件看作他们通常行为的代表。时间取样法对行为的记录不是描述性的，而是在对行为编码的基础上，记录行为是否呈现、呈现的频率及持续时间。因此，人们认为，它是一种测量行为的方式。

时间取样观察法有两个限定条件：一是所观察的行为必须是经常出现的，频度较高，每15分钟不低于1次的才适于运用时间取样法来研究；二是必须是外显的容易被观察到的行为。

运用时间取样观察法，研究者需要预先选择所要观察研究的行为——目标行为，并对行为进行分类，规定操作定义，在此基础上编码。所谓操作定义，是指：把必须观察或测定的行为或活动给予具体而详细的说明、规定，确定一个行为或现象的测量与观察记录的客观标准，即观测指标。这样，一方面便于观察人员对所观察的内容作出客观判断，减少观察的主观性；另一方面可以作为"共同指导语"，使观察人员在对行为术语有共同理解的基础上进行操作和测量，同时有利于研究的重复验证。例如，有的研究者在研究儿童的注意力过程中，需要对一个大班幼儿在一堂活动中注意力变化情况特别是幼儿"注意力分散"进行观察。将"注意力分散"的操作定义规定为："手、脚的小动作，视线指向不应该看的地方，面部表情呆滞。"可见，取样方法具有一定的实验因素，通过对所要研究的对象下操作定义实现控制条件，增强研究的实验性特点。又如，研究亲社会行为，规定操作定义：试图满足另一个人的需要，从身体上或情绪上给予支持，包括安慰、分享、帮助。

运用时间取样法做观察研究，还需要预先确定观察的时间结构和记录形式。研究者要依据观察目的决定记录哪类指标，如行为的呈现或行为的呈现频率、持续时间。

时间取样观察法的记录形式有两种：一种为查核记号，打"√"，记录行为的出现与否；另一种称为记录记号，画"卌"等，记录在限定的时间间隔内行为出现的次数或频率。例如，可以运用时间取样法研究较小幼儿的依赖性，观察记录在3分钟时间间隔中发生的所有依赖的(包括寻求爱护、要求帮助、跟随成人等)、独立的或独自游戏的行为次数。如果一个幼儿在3分钟时间间隔里向教师寻求爱护4次，那么就在依赖性行为的寻求爱护这一栏中画上"卌"，表明行为的频率或经常性。

帕顿(Parten)关于"儿童游戏的研究"(1932～1933年发表)是采用时间取样法的最著名的早期研究之一。

帕顿于1926年10月～1927年6月，观察了2～5岁儿童在游戏中的社会参与性行为。他预先将儿童参与社会性活动或群体活动的行为分为6类，并确定各类行为的操作定义：

●无所事事(Unoccupied Behavior)：儿童不是在玩，而是在注视着突然发生的使他感兴趣的事情。如果没有什么有意思的事情发生，他就摆弄自己的身体，或是从椅子上下去又上来，到处乱转，跟着老师，或是坐在一个地方东张西望。

●旁观(Onlooking Behavior)：儿童大部分时间是在看其他儿童玩。他可能与他们交谈，提问题或建议，但自己并没有表示出要加入这个游戏。这类行为与无所事事的不同在于，旁观的儿童是在观察某个特定的儿童或群体，而不是注视偶然发生的有趣的事情。旁观的儿童往往是站在或坐在这群儿童讲话所能听见的范围之内，这样，他就可以看到和听到那里发生的事情。

●独自游戏(Solitary Play)：儿童独自玩玩具。他玩的这些玩具往往与周围儿童玩的是不一样的。他专注于自己的活动，不管别人在做什么，没有做出接近其他儿童的尝试。

●平行游戏(Parallel Play)：儿童独自在玩。他玩的玩具同周围儿童玩的是类似的，这样很自然地使他成为其他儿童中的一员。然而，他玩那个玩具是因为他愿意玩，并不是试图影响或改变周围孩子们的活动。实际上，他是在别的孩子旁边玩，而不是同他们一起玩。

●联合游戏(Associative Play)：儿童和别人一起玩。他们进行有关这个共同活动的交谈，还有借游戏材料，孩子们相互追随或模仿。对谁可以、谁不可以参加这个活动有一些试图加以控制的倾向。所有成员都在进行着相似的活动。儿童个人的兴趣并不附属于这个群体，而是做自己愿意做的事情。通过他同其他儿童的谈话可以看出他的兴趣主要在于同其他儿童的联合，即凑趣，而不在于他的单独活动。偶尔可能出现有两三个孩子并不进行什么持续的活动，而仅仅做些能突然吸引他人注意的事情。

●合作的或有组织的游戏(Cooperative Organized Play)：儿童在一个小组里玩。小组组织起来是为了用材料做成某种产品，或是为了努力去达到一些竞赛的目的，或是扮演成人或社会生活的情景，或是玩有规则的游戏。存在着一种属于或是不属于这个小组的标志感、归属感。小组通常控制在某一两个成员的手中，这一两个人指导其他人的活动。活动的目的以及达到目的的方法都要求小组成员必须分工协作，担当不同的角色，以便进行有组织的活动，大家齐心协力达到活动目的。

帕顿选择自由游戏的时间来观察儿童的行为，因为这时候，儿童可以自由活动，自由地与其他人交往，没有成人的干涉或专门的指导，每个人的特点能够得到充分表现。在帕顿的研究中，对每个儿童每次观察1分钟，检验或判断他所从事的是哪一类社会参与性行为，记录下来。他还附带记录儿童在这一分钟内的具体行为或谈话等细节。

经过观察分析，他发现，儿童的社会性行为呈现出一种发展的顺序性：较小的幼儿最初更多的是独自活动，以后随年龄增长，出现平行游戏；年龄较长的幼儿更多时间是在进行联合游戏，甚至是社会参与程度较高的协作性小组游戏活动。

帕顿的儿童游戏研究已经成为考察儿童社会性能力与水平的经典性研究，其成果得到其他研究者的多次重复验证，并为各国教育学家、心理学家所公认和利用。他所设计的 6 种社会参与类型的行为术语也已经成为儿童发展词汇中广为熟知的内容。

这里还有另一个采用时间取样法进行研究的例子。这是弗雷德里克和斯坦(Frederic & Stein)1973 年所做的一项研究——"不同类型电视节目对儿童行为的影响"。在这项研究中，研究对象是幼儿园 4 岁至 5.5 岁幼儿。要求他们观看三种类型的电视节目：第一类节目是有关亲社会性的内容；第二类节目是侵犯性的如"醉汉"或"超人"卡通片；第三类节目则为中性的，如旅游纪录片。观察者在幼儿自由活动时间，对他们的行为进行观察。共计观察 9周，分为三个阶段：首先，在幼儿观看电视节目之前，观察幼儿 3 周；接着，在幼儿观看电视期间(每天看电视 20～30 分钟)观察其行为 4 周；最后，当幼儿停止观看电视后，再观察幼儿行为 2 周。

观察者每天要在不同的时间里观察幼儿 3 次，每次 5 分钟，以 1 分钟为单位做记录。要求注意观察儿童有关社会性行为的所有表现，如身体侵犯、语言侵犯、合作、关心、遵守规则、能够等待及坚持完成任务等共 18 项行为。

(二)时间取样观察法的运用指导

1. 明确观察目的，制订观察计划

研究者首先要在明确观察目的的基础上制订观察计划。须明确观察任务是什么、观察哪些内容、观察范围如何，是观察儿童个人还是观察集体，需要观察的时间以及场景等。例如，帕顿每天观察 1 小时，连续达 9 个月之久，收集有关儿童游戏的社会性特点的资料。

2. 确定所要研究的行为的操作定义

即对如何观察或测定某一特定行为做出具体的规定和说明。

3. 注意时间取样观察法的适用性

通常，研究者要通过预备性观察，对所要研究的问题摸底，了解这类问题的研究是否符合时间取样法的两个限定条件：行为是外显的和经常发生的。

4. 设计和编制适用的记录表格

时间取样法可以说更主要地是一种测量和记录的方法。研究者要在观察前做大量的准备工作，记录表格的编制为其中重要一环。编制记录表格要考虑以下内容。

（1）确定所需的资料种类和记录方式。研究者要依据观察目的，考虑是记录行为的呈现或记录有关行为呈现频率，还是行为持续的时间。

（2）确定观察的时间单位。包括单位时间长度、间隔和观察次数。例如，每日1小时，对每个幼儿观察1分钟，以及总计需要观察的次数和总的时间阶段。例如，帕顿在对儿童游戏进行研究时，对每个儿童观察总计60～100分钟。

（3）权衡三方面因素。研究者在设计记录表格时，要注意考虑三个因素：所需观察记录的行为类型、观察的时间单位和观察人数，要在这三者之间取得平衡。一般地，观察所需记录的内容越多，在一定时间间隔内可观察的对象就越少；如果观察的时间长度和间隔较短，人数和行为类型则不宜过多，否则会造成记忆和记录困难。再有，在特定的时间内，观察者所能够观察和判断的行为类型是有限的，一般不超过10类。因此，研究者如果需要对儿童群体进行观察，当班级人数过多（有的超过40人）时，可抽取一部分作为全班的代表进行观察。

（4）将所要观察的行为或事件编码。前面谈到，时间取样观察首先需要选择目标行为，进而对行为加以分类并在此基础上编码，建立编码系统。编码系统的建立或制订，涉及把大的行为单位分解为具体的行为成分，进而设计简化记录的方式。建立行为类型系统需要注意两点：①行为类型是单一的、相互排斥的，即各类行为是各不相同的，而不是相互交叉重叠的。一个儿童不可能在同一时间内从事两种类型的行为。②根据研究目的和需要决定应包括的行为类型。研究者或是对行为的某一方面加以考察，只记录主要的或经常的行为类型；或是对有关的全部行为类型或系统加以研究，除了常出现的，还包括不常出现的，将幼儿做出的所有有关的行为都加以记录。例如，帕顿关于幼儿游戏的社会参与水平的观察就属于后者，要将有关幼儿社会参与的全部行为记录在案，不仅包括4种水平的游戏行为，即独自游戏、平行游戏、联合游戏、协作游戏，还包括无所事事和旁观这两类与社会性有关的行为类型。

研究者还需要将行为类型系统编码——设计简化记录的形式。编码可以是它所代表的词语的缩略语。例如，帕顿的6类社会参与性行为就是用每类行为的英文字头来编码的：U——无所事事；O——旁观；S——独自游戏；P——平行游戏；A——联合游戏；C——合作的小组游戏。我们也可以用汉语拼音的第一个字母来作为各类行为的编码符号。这种形式的编码系统为人们提供了记忆的线索，比较便于记忆和记录。也可以创设其他适用符号，如数字、象征图示标记等。例如，有人研究学前儿童的跨性别间协作游戏，制订了这样的编码系统：S——独自游戏；PS——平行游戏（同性别）；PO——平行游戏（异性别）；CS——协作游戏（同性别）；CO——协作游戏（异性别）。观察者要预先理解操作定义，并熟悉编码系统，才能准确地做观察记录。

记录表格要留有空白，以便记录预先未曾想到的其他重要信息以及随时产生的想法及评价等，应与客观记录相区分。总之，记录表格的设计是时间取样法中的一个重要步骤，必须仔细考虑，设计出简明适用的表格。

5. 保证观察信度

运用时间取样法做观察，通常需作预备性观察培训观察人员，并进行信度检验，以保证观察结果是可靠和有效的。可以由两个以上的观察者同时对某一行为进行观察，并计算观察信度即观察的一致性。指标一般不得低于0.80。

(三)时间取样观察法的评价

时间取样法是一种较新的观察方法，在研究的技术手段方面要求比较高。观察者必须在事前做大量的准备工作和严密周详的计划，才能进入正式的观察。正是这种大量而充分的准备工作，使得观察任务本身变得简单了，同时也有益于事后对资料的压缩分析工作。

我们可将时间取样法的特点概括为四方面：控制性、定量化、省时省力和自然真实。具体体现在：

第一，研究者增强了对所观察的行为或事件的控制，如较明确地确定所观察的行为内容和时间。

第二，能够确定行为发生的频率，便于检验和测量指标，所得资料易于进行定量的统计分析。

第三，能够在较短时间内，收集到较多有代表性的资料，特别是有关研究对象群体的资料，观察简便易行，省时省力。

第四，观察可以在不影响被试的自然正常活动的情况下进行，结果较真实、准确和客观。

时间取样观察法也存在一定的局限，主要在于：

第一，时间取样法系在对行为预先分类并确定定义的基础上进行，因而观察记录往往不能说明在具体情境下行为是怎样的、性质如何。

第二，不易确定行为之间的联系，会割裂行为及其背景之间的关系。时间取样法通常要把大的行为分解为小的成分，使得观察仅集中于特定的行为，忽略行为的起因等线索。

第三，仅适用于经常发生的行为或事件。

第四，观察要在预先归类制表的基础上进行，即属封闭式观察，容易忽略其他有重要意义的信息。

时间取样观察法过于人为地将所要观察研究的行为做简单化分类，并将观察限定在特定时间间隔内，记录不能保留原始资料，这对于进一步深入分析事物的性质、特点是不利的。

二、事件取样观察法

(一)事件取样观察法的定义

事件取样观察法也需要预先选取行为或事件作为观察样本，但它与时间取样法不同，它的测量单位是行为事件本身，而不是行为所发生的时间间隔。运用事件取样观察法，研究者须等待所选行为、事件的发生，然后做记录，侧重事件的性质、过程及起因如何等，可以是叙述式的观察记录，也可以做编码记录。时间取样法与事件取样法之间的主要区别在于：时间取样法获取的资料重在事件行为的存在；而事件取样法则着重于行为事件的特点、性质，以此作为观察者注意的中心，而时间在这里仅仅是说明事件持续性等特点的一个因素。事件取样观察法不受时间的限制，因而可以研究的范围更广泛。

达维（Helen C. Dawe）对学前儿童的 200 例争执事件的研究分析，是在自然情境中运用事件取样技术的早期经典性研究。这项研究是在保育学校，在自由游戏时间里，对儿童自发发生的争执事件做了观察描述。时间自 1931 年 10 月 19 日至 1932 年 2 月 19 日。观察对象为 40 名 2～5 岁的幼儿，其中 19 个女孩、21 个男孩。

运用事件取样观察法，也需要预先确定目标行为，如观察研究"争执"行为，要对它下操作定义。研究者还要预先考虑观察记录所需的内容。例如，观察"争执"事件，需要记录这样一些内容：争执发生前的情景，各种争执的行为类型包括攻击者、卷入者、攻击性行为、报复性行为等身体的与言语的活动，争执持续时间，行为结果及其之后的反应等。要求尽可能记录幼儿之间的真实谈话。观察者在观察现场等待着争执事件的发生。当它发生时，秒表立即开始计时。

这是达维的研究报告中的一部分内容：

"在 40 名幼儿中间，每小时要发生 3～4 次争执。这些争执都很短暂，平均不超过 24 秒钟。在 200 次争执中，只有 13 次超过了 1 分钟。室内的争执持续时间比室外的要短，而且都被教师及时地制止了。与男孩子相比，女孩子很少卷入争执，攻击性水平也较低。争执常常发生在不同年龄、相同性别的幼儿之间。然而，一旦男女幼儿之间发生争执，却只有三分之一能够像相同性别幼儿间争执那样得到和平解决。随着年龄的增长，争执行为的出现有所降低，而攻击性行为的程度和报复倾向都有所增长。在大多数的争执中都有为了占有某种物品而发生的争执，几乎所有的争执都伴有动作，诸如冲击、推、拉等。尽管有时在争执中也会出现哭泣和阻止等有声的情况，但无声的争执占主要地位。大部分争执是由参与者自行解决的，往往是年幼的幼儿被迫服从年长的幼儿，或是年长些的幼儿自愿退出争执。在四分之三以上的情况下，幼儿在争执发生之后，能够迅速复原，很快就显得很兴奋，而不是不满。"

这段报告，对幼儿争执发生的频次和持续时间，特别是年龄差异，争执的行为类型，争执的解决及其后果进行了分析。

(二)事件取样观察法的使用原则

第一，确定所要研究的行为或事件，确定其操作定义。

第二，了解这类行为或事件的一般状况，以便在最有利和适当的时机和场合进行观察。如欲考察有关儿童的交往行为或游戏等，就须在非集体活动的时间，如自由分散活动时间进行；研究儿童的语言通常需选择有成人或其他儿童在场的情景下进行观察。通常，研究者需要通过预先进行预备性观察选择所要研究的行为，确定其操作定义，并了解这类行为发生的一般状况。

第三，确定所需记录的资料种类与记录形式。事件取样观察法的记录较灵活，可以采用提前编码记录法，也可运用叙述性记录法。例如，前述达维对幼儿争执的研究，就是采用后一种形式记录所需要的 4 个方面资料。有时，研究者还需编制简便、适用的记录表格。

例如，李少伟对儿童任性行为的研究就是运用事件取样观察法进行的。研究者首先需要对"任性"下定义，进而使之操作化。通过查阅资料和了解教师、家长对任性的描述，在分析研究的基础上，对任性的定义作出了这样的概括：任性是指幼儿经常表现出的以自我为中心，不顾客观条件、社会行为规范和周围人的正当要求，非要达到自己目的的不加约束的行为。

通过预备性观察，研究者了解到，在幼儿园中幼儿的任性行为主要有这样几方面表现——不服从老师或其他小朋友的正当要求，犯了错误不承认，抢别的幼儿的玩具，玩时争先，争座位，以及破坏性行为和支配别人等，从而确认了任性行为类型。

由于任性有时与攻击性行为很难区分，研究者在取样过程中作了人为的规定：以抢玩具为例，甲抢乙的玩具，如甲一抢便到手，乙没有争执，不算任性；如甲一下没抢到，遇到乙的反抗，甲接着还抢，那么便算是任性行为。

在为期两周的预备性观察中，研究者考察了幼儿在园生活中任性行为的多发时间，发现在上课、用餐、自由活动这三大部分活动中，幼儿的任性行为表现主要集中在自由活动这一段时间中。通过初步观察和分析记录得到的资料，发现幼儿的任性行为大多数是针对同伴的，针对老师的任性行为则很少，因而决定把注意力放在考察幼儿园自由活动时间幼儿针对同伴的任性行为上。

观察的内容和记录的要求：①任性者与任性行为的对象。②任性行为的起因。③任性行为的表现形式（双方的语言、动作及表情等）。④行为结果，即任性者是否达到目的等。⑤持续时间。

又如，有人运用事件取样法研究儿童的专断行为。在确定观察的目标行为及其操作定义的基础上，建立了行为类型系统并加以编码，决定采用描述记录并与编码记录结合的方式，以便尽可能多地保留原始资料和作出深入分析。研究者设计了以下记录表格（见表4-2）。

表 4-2　专断事件记录表

事件第＿＿＿＿号　　场景＿＿＿＿　　日期＿＿＿＿　　时间＿＿＿＿

　　　　　　　　　　　　　　　　　　　　　　　　观察者＿＿＿＿

专断儿童(姓名)＿＿＿＿　年龄＿＿＿＿　　　　　性别＿＿＿＿

专断对象(姓名)＿＿＿＿　年龄＿＿＿＿　　　　　性别＿＿＿＿

情景(描述)：

　　　　　　　　　　　　　　　　专断行为：

　　　　　　　　　　　　　　　　C ＿＿＿＿

　　　　　　　　　　　　　　　　PL ＿＿＿＿

　　　　　　　　　　　　　　　　ID ＿＿＿＿

专断行为表现(描述)：　　　　　行为结果：

　　　　　　　　　　　　　　　　COMP ＿＿＿＿

　　　　　　　　　　　　　　　　REF ＿＿＿＿

　　　　　　　　　　　　　　　　＋C/N ＿＿＿＿

　　　　　　　　　　　　　　　　－C/N ＿＿＿＿

　　　　　　　　　　　　　　　　IG ＿＿＿＿

注：表中 C、PL 等编码符号的含义如下：C——命令；PL——身体指导；ID——暗示指令；COMP——服从；REF——拒绝；＋C/N——协调而达积极结果；＋C/N——协调而达消极结果；IG——不予理睬。（详见本书附录）

(三)事件取样观察法的评价

事件取样法的特点或优点主要有这样几点：

首先，保留了事件发生的背景。"观察是建筑在自然情景之中的"，而不是仅关注孤立的行为，因此不仅可以获得有关行为或事件"是什么"的资料，还可以了解其背景、起因，得到有关"为什么"的线索，有助于分析可能存在的因果关系。

其次，收集资料所用的时间比较经济。事件取样法是对特定的行为事件做观察，研究者要在预先了解其易发生场合的基础上进行，而不是持续记录，在观察现场随时等待特定事件的发生，观察记录之。例如，前面谈到的达维对 200 例争执事件的观察总计观察时间为 58.95 个小时。如果运用预先编码的记录方式，还有助于集中观察和组织压缩资料。

最后，可用于研究比较广泛的行为事件。事件取样观察法没有特别限制的条件，因而适用性较广。

事件取样观察法的缺点在于，这种观察法较之时间取样观察法，主要注重收集定性资料，不太容易进行定量化统计分析；事件取样法集中观察特定事件本身，注重行为的当时状况，对导致其发生的条件和情境等有关行为事件全貌的信息不能充分了解。

第六节　观察评定法

观察评定法要求研究者在观察的基础上，对行为或事件作出判断。例如，上海教科所李洪曾等的儿童发展评估研究，就要求教师对幼儿在自然状态下在幼儿园的游戏、活动和日常生活中的行为进行观察，进而评价其发展特点与水平。观察评定法包括两种类型：核对表法与等级评定量表法。

一、核对表法

(一)核对表法的定义

核对表是一些简单的行为项目表，亦称查核清单。主要是用于核查有重要意义的行为或事件的呈现与否，即对行为的存在与否作出判断。核对表法是教育科研中常用的一种观察记录技术，列举了观察对象在所要研究的特定情景中，有可能出现的行为或发生的反应的项目表格，有助于观察目的具体化。观察者只需对照表上列出的项目，将观察对象的真实反应记录在案即可。在时间取样法与事件取样法中，都可以运用核对表观察记录特定行为的出现。

(二)运用核对表法的步骤

运用核对表法进行观察研究，一般要依以下三个步骤：

1. 列出主要项目

研究者首先需要确定所研究的问题包括哪些内容、有哪些方面的表现。例如，要研究 5 岁幼儿关于数概念的知识技能，先要确定需要观察的有关幼儿数学技能的主要项目。例如：

——能对几何形体(圆、三角形、正方形等)正确辨认。

——能够对几何形体正确命名。

——能从 1 数到 10。

——能一一对应数 10 个物体。

——知道数的相对性(如"大于""小于""长于""短于"等)。

——理解先后、理解时间的顺序性(开始、中间、最后)。

——理解"多于""少于"。

……

2. 根据主要项目列出具体项目

列出各项目或各类行为的详尽表现，将各方面观察内容或主要项目具体化。例如，关于幼儿对几何形体的认识，可具体化为：当教师说出几何形体名称时，儿童能正确指出。可依次将各项目具体化：

任务		正	误
——能根据名称指出相应的图形	圆　形	____	____
——能根据名称指出相应的图形	三角形	____	____
——能根据名称指出相应的图形	正方形	____	____
——能根据名称指出相应的图形	长方形	____	____

3. 按一定逻辑顺序排列项目编制观察表

将所要观察的内容或项目按照一定的逻辑顺序加以排列，使之规范化。例如，可以按难易程度排列，或是按字母顺序将所需观察的主要项目和具体项目排列出来。有关幼儿数学技能的观察，可按难易顺序排列项目并制表。

表 4-3 幼儿数学技能观察核对表

儿童姓名：李成功 观察日期：××××年×月×日

任务	能	否	第一次出现时间
①能否根据名称指出相应的图形			
圆	✓	—	——
正方形	✓	—	——
三角形	✓	—	——
长方形	✓	—	——
②能否从 1 数到 10	✓	—	——
③能否给下列图形命名	✓	—	——
圆	✓	—	——
正方形	✓	—	——
三角形	✓	—	——
长方形	—	✓	10 月 2 日
④能否举例说明下述关系概念			
大于	✓	—	——
小于	✓	—	——
长于	—	✓	10 月 19 日
短于	—	✓	10 月 26 日
⑤能否一一对应地计数			
两个物体	✓	—	——
三个物体	✓	—	——
五个物体	✓	—	——
十个物体	—	✓	11 月 9 日
十个以上物体	—	✓	11 月 9 日
⑥能否在指导下理解下述概念			
最先	✓	—	——
中间	—	✓	11 月 16 日
最后	—	✓	12 月 13 日
⑦能否举例说明			
多于	—	✓	3 月 7 日
少于	—	✓	4 月 2 日

表 4-4　婴儿行为发展的"第一步"记录表

姓名	认识手	认识脚	爬	站立	独自走	咿呀语	单词句	物体概念
				行为表现				
×××	77d	169d	34W	48W		6W	12M	10M
××	54d	136d	31W	45W	11M	5W	11M	8M
××	61d	145d	32W	46W	11M	6W	11M	9M
×××	59d	140d	32W	45W	10M	6W	10M	9M
×××	45d	133d	29W	40W	9M	4W	9M	7M
××	81d	180d	43W	53W		9W		12M
⋮								
⋮								
平均	65d	148d	34W	47W		6W	10M	9M

注：d＝日　W＝周　M＝月

表 4-5　幼儿动作能力发展观察清单

观察对象＿＿＿＿＿＿＿＿＿＿＿＿

幼儿年龄＿＿＿＿＿＿＿＿＿＿＿＿

观察地点＿＿＿＿＿＿＿＿＿＿＿＿

观察日期＿＿＿＿＿＿＿＿＿＿＿＿

动　作	能	不能
①用三块积木搭出一座桥	＿＿＿	＿＿＿
②用双手扶住方木搭成"塔"	＿＿＿	＿＿＿
③用剪刀剪东西	＿＿＿	＿＿＿
④画圆圈	＿＿＿	＿＿＿
⑤画平行直线	＿＿＿	＿＿＿
⑥画"＋"或"×"	＿＿＿	＿＿＿
⑦用匙子自己吃饭	＿＿＿	＿＿＿
⑧在成人协助下自己穿衣脱衣	＿＿＿	＿＿＿
⑨自己系鞋带	＿＿＿	＿＿＿
⑩原地跳起	＿＿＿	＿＿＿
⑪骑三轮自行车	＿＿＿	＿＿＿
⑫自己洗手并擦干	＿＿＿	＿＿＿
⑬拍球至少三下	＿＿＿	＿＿＿
⑭用拇指、食指和中指握笔	＿＿＿	＿＿＿

表 4-6 幼儿参与室内游戏活动清单

日期____ 活动类型 幼儿姓名	猜谜	变戏法	数的游戏	绳画	拼贴	触摸板	过家家	积木	木偶	阅读	备注
①	√		√	√	√		√		√		
②		√	√		◎	√	√		√		
③											缺席
④		√	√	√			◎	√			
⑤	√			√	√			◎	√		
⋮											
总计											

核对表法还可以结合图示作记录。例如,要记录儿童对室内各项游戏的兴趣与选择情况,可以预先绘制好室内游戏区设置平面图,在游戏时间内每隔 10 分钟将儿童从事何种游戏记入平面图。

(三)对核对表法的评价

核对表法的突出特点是使用方便,能迅速有效地记录所需观察的内容,并检验某一新的行为呈现与否,提供诊断性信息,以便进一步采取适宜的教育措施。例如,关于幼儿数学技能核对表,可以有助于教师了解幼儿数学能力的发展、各行为出现的顺序及时间间隔等。

其主要局限在于不能提供有关行为事件性质的资料。核对表法限于记录行为之有无或存在与否。例如,表 4-4 可显示儿童何时会坐、会爬、咿呀学语的出现等,仅提供相对简单的资料。对于幼儿怎样咿呀学语、幼儿是如何参与活动等均未能作出说明。

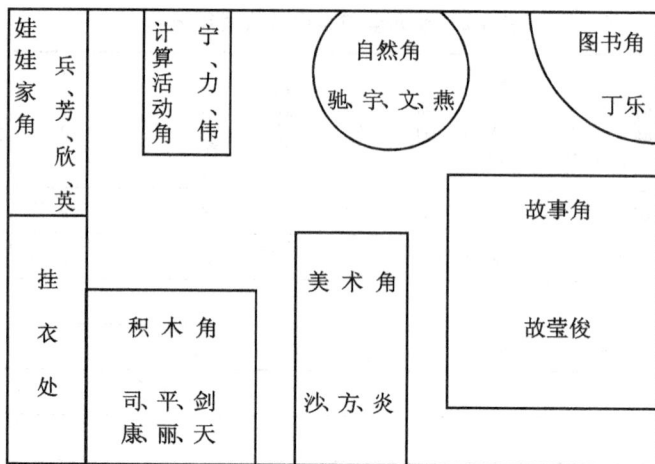

图 4-1　幼儿参与室内活动图示记录

二、等级评定量表法

(一)等级评定量表法的意义

等级评定量表法是一种简单的观察测量法，能够将观察所得印象数量化。等级评定量表法与现场直接记录法不同，它往往是在事后依赖记忆作出评定，是对行为事件作出评估，而不是描述。等级评定量表法与核对表法的不同在于，前者是对行为事件如何呈现及其在程度上的差别作出判断，确定等级，即将观察所得信息数量化；而后者是对行为呈现与否进行判断核查。

等级评定量表法可以用于测量其他方式所不及的行为特征。例如，社会态度、性格、内倾或外倾行为特征等。

(二)等级评定量表法的几种类型

1. 数字量表

将行为类型以数字(一定顺序的数字)形式确定下来。观察者选择最适宜的数字来说明被评定的行为。例如，测量在集体活动情景下幼儿参与活动与集中注意力的情况，可运用以下 5 点量表：

(1)公开的破坏活动或离开集体。

(2)不注意，但无公开破坏活动。

(3)跟着老师看。

(4)视线跟随老师，并伴有面部表情。

(5)视线追随着老师，并伴有相应的语言与动作。

这5个数字所代表的行为自消极而至积极，而且参与活动的程度逐步提高。

2. 图示量表

在一条直线上标上刻度，提供有关行为状况的线索，评定者沿着这个直观的尺度，从高到低迅速而简便地作出判断。这种量表不是用数字作评估。它的使用比较广泛。

例如，关于儿童之间社会交往情况的图示量表：

(1)发起活动总是

　　　　总是　　常常　　一般　　较少　　从不

(2)邀别人一起玩

　　　　总是　　常常　　一般　　较少　　从不

(3)分享物品

　　　　总是　　常常　　一般　　较少　　从不

(4)……

　　　　总是　　常常　　一般　　较少　　从不

图示量表中的一种常用类型，是反义词图示量表。这是依据"语义分化"情况而设计的，量表的两端是相反意义的形容词或描述词语，中间是代表其程度的数字单位。通常有5个单位或7个单位。

例如，评定儿童行为的反义词量表：

	1　2　3　4　5　6　7	
a. 合作的		不合作的
b. 主动的		被动的
c. 发起的		反应的
d. 整洁的		混乱的
e. 大方的		自私的
f. 友好的		敌意的

也可以用代表等级的符号或词语作为评定的方式。

3. 标准评定量表

将观察对象的行为与总体作比较，以标准分数或百分位数等相对分数加以评价判断。如为申请人写推荐信，可将申请人与相应的群体相比较而作出判断。具体参见下表：

	最好的 1%	好的 5%	好的 10%	好的 25%	中等 50%	较差的 25%	差的 10%
智力							
创造力							
独立性							
责任感							
写作能力							
做教师的潜力							
做研究者的潜力							

又如，在 IEA 调查中，要求作为被调查者的教师对某一儿童发展的一些方面，依其日常观察了解，与班级总体作对照，进行程度上的判断。

4. 累计评定量表

累计评定量表由一系列评定项目所组成，每个项目作为全部特征的一部分独立表现。评定者分别对各个项目作出判断，最后以各项得分的和或平均数作为总得分。例如，要对一名实习教师处理课堂纪律情况作评定，可以列出与课堂管理有关的积极或消极的行为表，视导员据此评分：

A 栏（肯定、积极的）	B 栏（否定、消极的）
——给予明确指导	——指导含糊不明确
——能从儿童角度看问题	——仅从成人或教师观点出发
——有明确而一致的行为要求	——教育要求上不一致

5. 强迫选择量表

给出一系列描述性短语，可以是积极肯定的，或是肯定加否定的行为项目，评定者必须从中选出一个最符合被评定者的描述。这种评定法也称作人物推定法。

教师可以用强迫选择量表评定幼儿在课堂上的行为。例如：

● 最符合这个孩子的描述是：

——友好

——合作

——一个好的领头者

——努力做事

● 这个孩子在集体中的表现是：

——集中注意力，听从教师指导

——招惹别的孩子

——安静地旁观别人的活动

——要求带头做每件事

(三)对等级评定量表法的评价

等级评定量表法的优点是量表比较容易编制和使用，与现场观察记录相比，可在较短的时间迅速作出判断，易于进行定量化分析。此方法可以研究测量的行为比较广泛，常用于测量其他方法所难以测量的行为或特征。

量表法的局限也是显而易见的。它是依靠评定者个人作出判断，而非实际行为的客观记录，因而主观性较高，而且容易带有个人偏见；还有，评定量表所用术语较模糊，易造成因评定者对术语理解的不一致而出现评定等级的偏差，且不能说明行为的原因。

(四)运用等级评定量表法应注意的问题

第一，注意避免成见效应。针对评定法主观成分强易带偏见或成见，克服的办法是要求在实地观察的基础上作出评定。

第二，进行必要的重复评定。可以在规定的时间期限内，在不同时间作多次观察评定，最后求出平均值；或由多个评定者作判断进而计算平均值。

第三，对评定等级尽可能拟定具体标准，如对表明评定等级的数字或词语应附有意义说明，降低术语的模糊性。例如，对幼儿社会性情绪的评定量表的设计(见表4-7)。

第四，研究者应重视量表的设计和编制，要以能够全面、真实地反映观察对象实际情况为目标，编制量表，要使词语及其意义与被评价的特征相一致，能够对所考察的问题作出较准确的表示。一般而言，须经反复试用和多次修订后，再正式确定和运用。

附：幼儿社会性情绪观察评定表

表 4-7 幼儿社会性情绪观察评定表

观察评定指标	等　　级
1. 发起活动	A B C D
2. 注意力长度	A B C D
3. 好奇心	A B C D
4. 挫折忍耐力	A B C D
5. 与教师的关系	A B C D
6. 与其他成人的关系	A B C D
7. 遵守日常规则	A B C D
8. 与其他幼儿的交往	A B C D

评定标准：

1. 发起活动

A. 总是自己选择活动并热情投入之。

B. 有时在发起活动时需要帮助并乐于接受建议。

C. 经常在发起活动之前长久犹豫不决。

D. 很少自己发起活动，也不听建议。

2. 注意力长度

A. 能较长时间地持续从事已选定的活动，有时甚至第二天还接着干。

B. 能在同龄幼儿一般可维持的时间内持续从事活动，直至活动结束。

C. 需要鼓励，才能把活动进行完毕。

D. 很少把活动进行完毕，常常改变活动。

3. 好奇心

A. 对新鲜主意或新事物很感兴趣。

B. 主动积极地探索教室内的新事物。

C. 对极有趣的东西才感兴趣，一般无兴趣。

D. 对任何新东西不感兴趣或很少感兴趣。

4. 挫折忍耐力

A. 能有创造性地解决实际问题，遇到较大困难挫折时，表现出成熟的行为。

B. 通常能努力尝试并忍耐挫折，但在困难挫折较大时，可能表现出不成熟行为。

C. 遇到并不严重的困难挫折就舍弃努力，哭闹或发脾气等。

D. 不能忍受任何程度的挫折，稍有困难就哭闹，放弃努力或发脾气等。

5. 与教师的关系

A. 能力较强，常主动帮助老师。

B. 与老师关系较好，但只在需要时才要求老师帮助或注意自己。

C. 有时要求老师过分地帮助和注意，或常要求与老师的身体接触，或有时攻击性地对待老师。

D. 持续不断地寻求老师的注意、接触或帮助，或常常攻击性地对待老师，或完全不理睬、忽视老师的存在。

6. 与其他成人的关系

A. 对任何其他成人的到来感兴趣，喜欢和成人讲话。

B. 不主动发起与其他成人的交往，但如老师吩咐，便愿意与其他成人接触，或跟人离开房间。

C. 对别人发起的交往无反应，或拒绝跟人离开教室，直至与该成人相当熟悉，或过分急切地希望得到别人的注意。

D. 当陌生人接近时，哭叫或躲起来，或表现为直接要求陌生人对自己过多地注意。

7. 遵守日常规则

A. 明智地理解并遵守常规，即使老师不在场也这样做。

B. 通常能遵守常规，但有时会打折扣。

C. 经常试图检验常规的限制范围，或不能遵守常规，或有时会对常规的改变感到焦虑、不适应。

D. 经常不遵守常规，或对常规有过分强制感，对常规或作息制度的任何改变都感到焦虑。

8. 与其他幼儿的交往

A. 经常主动发起合作性游戏。

B. 有时主动发起活动，通常接受并参与别人发起的游戏活动。

C. 经常拒绝别人的劝告或建议，或常常独自玩而不和别人一起玩。

D. 大多数时间拒绝或回避其他幼儿。

第五章 调查法

第一节 调查法是运用最广泛的教育科研方法

一、调查法及其特点

（一）什么是调查法

调查法是教育科学研究中常用的基本方法之一。调查法是通过各种形式，有目的、有计划、周密地去了解教育工作某一方面的实际情况，通过调查了解已取得的成绩、经验与教训，弄清存在的问题。从对调查到的大量事实的研究分析，概括出有关教育现状的规律以及教育现象之间的联系。在调查研究基础上，预见教育发展的趋向。广义的调查包括直接观察在内的在自然状态下研究有关教育现状的途径或手段。

调查法适用于研究现实的教育问题，与其他方法相比，调查法更适用于描述一个大的总体的性质、倾向，和用于研究人们对教育的态度等问题。

（二）调查法的特点

这里我们从调查法与其他研究方法的区别，谈谈它的特点：

首先，调查法侧重于研究当前的教育现象，它与历史法不同，后者是以研究过去的教育历史事实为主要研究对象的。

其次，调查法是以间接的方式，研究当前的教育事实。它与观察法有别，后者是依靠感官直接感知现实。例如，研究者在研究现场，直接观察儿童的行为和心理的外部反应等，并及时做观察记录；调查法则不一定通过直接感知，也可以用间接的方法去收集关于研究对象的材料。例如，学生的思想活动及兴趣爱好、家长对园所教育工作的意见、教师的教养态度等，有关这些方面的情况用直接观察的方法是不容易了解到的。

再次，调查法所收集的是自然状态下反映出来的教育实际情况的材料，即在自然进程中搜集事实材料，对研究对象不加任何干预操纵。它不同于实验法，需要对研究对象加以一定的人为控制，然后观察记录其变化。

调查法是在自然进程中，以间接方式研究当前的教育现象的一种教育研究方法。由于调查法具有这样的特点，因而它比较适用于研究那些范围比较广、涉及面较大的、时间较长的教育现象。

教育史上最早的一项调查是1892年美国的赖斯所做的有关小学生拼写练习的调查。

(三)调查法与其他方法的关系

在教育研究实践中，调查法与其他研究方法不是截然分离的，而往往需要相互补充、综合运用。

例如，为了了解某一问题的当前现状，有必要去考察一下它的历史，了解它是如何产生发展的，弄清来龙去脉。例如，有人要运用调查法研究有关儿童的合作意识的发展及特点，就需要先弄清这个问题的研究历史、已有研究状况、研究问题解决的程度。

通过调查掌握了某些材料后，还要用观察法去核实一下，看看是否符合客观实际。例如，我们曾对幼儿教师的素质进行问卷调查，为避免问卷的主观性，又辅之以现场观察，了解教师在从事实际教育工作中反映出来的素质状况。

调查法还常常需要与实验法结合，以便确定和证实某些材料或情况，并为实验法提供研究课题和分析的基础。例如，通过调查，发现活动室环境的创设与幼儿行为存在着一定的关系，进而可设计实验方案，对活动室的环境创设进行分析性研究，如分别创设开放式与封闭式活动室环境，观察儿童在不同环境中行为的变化，探求确切的条件与现象的因果关系。又如，调查中了解到，教师对儿童游戏的不同态度与指导方式会对儿童的活动兴趣、行为水平等产生影响，于是可以以此为课题设计实验方案，再加以研究验证。另外，调查中选择调查对象、确定调查样本是重要的一环，取样技能常常带有实验的因素，通过对研究样本的控制，避免无关因素或偶然因素的干扰，增强研究结果的可靠性。调查中的测查方式本身就具有较强的实验因素。可见，调查法不是一种孤立的研究手段，而与其他研究法存在着有机的联系。

二、调查法的要求

一是从调查的目的任务出发合理选择调查对象。调查对象应是典型的、具有代表性的。

二是通过各种可能利用的手段，尽量全面、客观、公正地收集材料，注意综合运用各种不同的方法，取长补短。

三是一切材料都应准确无误地记录，注意量化材料的收集，保证最大限度的精确性。任何质量都有一定的数量表现，要注意基本的统计，并掌握数据统计分析的方法（见本书第九章），注意事物的质量界限，以便得出科学的、较有说服力的结论。

四是调查中要特别注意事物之间的相互联系、制约关系和可能存在的因果关系。要深入调查，做到脚勤、手勤、口勤、脑勤，从而获取全面的材料，认识事物之间的相互联系，揭示其本质和寻找事物发展的规律，而不能浮于表面。

五是参加调查的工作人员必须采用统一的调查标准和要求。例如，采用统一的记录表格、统一的记录方式，使研究工作规范化，以便获得准确的材料。

六是保持在自然状态下的调查，注意不影响正常教育活动的进行，以免影响材料的真实性。

七是重视对材料的鉴定工作，对每一件材料都应鉴别其所反映情况的真实性，避免带有主观成分、夸大或缩小的情况。

第二节 调查法的主要手段及其运用

在调查研究中，用于收集资料的手段主要有问卷法、谈话法、测查、评价以及书面材料分析等。下面就这几种手段及其运用逐一介绍。

一、问卷法

问卷法是指研究者将所要研究的问题编成问题表格的形式，分发给有关人员填写，从而收集资料的一种调查手段。这是用书面方式进行的调查，具有间接访问的性质。它包括问卷和调查表两种形式，前者主要用于征询被调查对象的态度、看法、意见、建议等；后者则偏重于了解一些必要的事实或数字，因此亦称为"填表法"。

运用问卷法，首先要选择和拟订调查题目。研究者要根据调查目的，确定调查内容，拟订具体的问题项目，并编制调查表格。

(一)问卷题目的编制

问卷题目的编制有三种类型。

第一种，不定案型问卷

也称作"无结构型问卷"或"开放式问卷"。即只提问，不提供预先作出的答案，而由被调查者自行填写答案或对问题作出回答。这种类型的问卷调查往往适用于研究初期，或是对不同文化背景下的教育状况的调查，研究者对情况不大了解，不能确定调查对象会作出怎样的答案，而调查对象可以有较大自由作答。这类问卷亦称"自由记述法"。例如，我们曾在一定范围内对幼儿教师作调查，试图了解教师对自己所从事职业的认识，只提问，如"你对目前所从事的幼儿教师的职业怎样看""你认为，应如何提高教师的社会地位"等。收回问卷后，通过归纳分析，发现教师对自身职业认识的几种看法。

又如，要研究什么样的教师受到学生的敬爱，可以这样设计问题：

你喜欢哪一位老师？请写出喜欢的理由。

要调查有关幼师毕业生适应幼教工作的情况，可采用向本人问卷，编制问题：

你走上工作岗位后，感到最困难的是什么？

如欲调查幼儿园开展游戏的状况，可设计问题向教师问卷：

你在指导幼儿游戏中，感到最大的问题是什么？

以这种不定案方式设计问卷，材料收集来以后，需要进行分析归纳。尽管材料的处理有一定的难度，但往往可以收到比较详细、具体的事实材料，调查对象能够依据实际作出较真实的反应，而不是受到某种限制。

第二种，定案型问卷

亦称作"结构型问卷"或"封闭式问卷"。研究者列出一定的问题和可能的答案，由被调查者选择答案，或是按一定的要求、标准作答。

定案型问卷答案的设计可以有多种方式。

(1)是否式(二择一或二分质问法)。每个问题均提供两种答案，即是或否，由调查对象从中选择一个作答。

例如，调查儿童的自卑感，可以列出一系列问题，每个问题只提供是或否两种答案，让被调查儿童加以选择。

对下列问题凡是符合你的情形的，在"是"字上打√，不符合的在"否"字上打√：

● 你小时候和别人摔跤或角力时，常输给人家吗？　　　是　否
● 兄弟姐妹中，你的成绩是最差吗？　　　是　否
● 你常常会羡慕别的孩子的家庭吗？　　　是　否
……

对以上问题的回答情况统计时，凡"是"占多数者倾向自卑，"否"居多者则不自卑，二者相当的为较普通的。

(2)选择式(多择一或多项选择)。被调查者从问卷所提供的答案中选择1个或几个。

例如，调查教师的择业动机及其对职业的认识。问题举例：

●你为什么选择幼儿教师的职业？请在最适合你的情况的答案前打√。

①教师职业有意义。

②本人性格(如喜欢孩子等)适于从事教师工作。

③接受他人的建议或劝告。

④当教师工作稳定，有假期。

⑤干不成别的，只好干这一行。

●你对教师职业的看法如何？请在最适合你的答案前打√。

①教师工作是为社会培养人才。

②当教师责任大，受限制多。

③教师待遇低，工作辛苦。

④教师工作是看孩子，琐碎、乏味。

⑤教师工作富于创造性，有利于发挥个人才能。

(3)排列式(或称顺位法)。被调查者按问题的重要程度或符合自己情况的程度对答案排列顺序。例如，在一项有关小学生的学习动机的调查中，有这样一类问题：

●你每天在家里读书时，抱怎样的兴趣？请按从1到10的顺序排列下列答案，把号数填在括号内。

(　　)a. 因为对读书有兴趣。

(　　)b. 因为得好成绩时，心里高兴。

(　　)c. 没什么想法，只是默默地读。

(　　)d. 能获取新知识，懂得新事物，觉得很快乐。

(　　)e. 将来要升学或就业，参加考试才不会慌张。

(　　)f. 读书得来的知识，能够应用到有益于日常生活的地方。

(　　)g. 不愿输给其他同学，才努力读书。

(　　)h. 不读书会挨父母责骂。

(　　)i. 成绩好，会受老师器重，很快乐。

(　　)j. 想学习各种知识技能，做一个有作为的人。

注：答案中，a、c、d、i 为兴趣本位的读书欲；b、g、h 为竞争与奖赏的读书欲；e、b、j 为有明确目的、意识的读书欲。

又如，关于对托幼机构任务的看法的调查：

●对于建立幼儿园的必要性，请依你的看法在下列 8 项原因中找出 3 项最重要的，并按 1、2、3 标在项目前面。

a. 在学业上给儿童一个好的开端。

b. 减少父母的宠惯。

c. 解放父母，使他们能从事工作。

d. 使儿童有机会和别的儿童一起游戏。

e. 使幼儿开始走向好公民的道路。

f. 使儿童获得作为集体一员的经验。

g. 为幼儿提供好玩的场所。

h. 培养幼儿的独立性和自信心。

●请排列儿童在幼儿园学习的 3 件最重要的事。

a. 坚持性。

b. 合作以及成为集体中的一员。

c. 同情或关心别人。

d. 创造性。

e. 开始学习阅读和计算。

f. 文雅。

g. 自主性和自信心。

h. 艺术或文化。

i. 语言技能。

j. 体育技能。

k. 良好的健康、卫生和文明行为习惯。

(4)评定量表式。将答案分成一定尺度或等级由被调查者作出评定，也是定案型问卷的一种形式。例如，关于托幼园所教养状况的一项调查研究中，有这种类型的问题：

●请对你刚刚看过的这所幼儿园按下列问题作出评定，即在1、2、3、4、5中任选一个画圈。

①每位教师照顾的儿童数

1	2	3	4	5
太多		合适		太少

②教师的态度

1	2	3	4	5
过于慈爱		合适		不够慈爱

③教师对儿童的活动和游戏的指导

1	2	3	4	5
太多		合适		不够

④教师对儿童行为的限制和约束

1	2	3	4	5
太多		合适		不够

⑤玩具、教具、图书、设备等物质材料的提供

1	2	3	4	5
过于丰富		合适		不足

⑥设施和安全卫生

1	2	3	4	5
过分		合适		不够

⑦儿童独立按自己的步调游戏

1	2	3	4	5
太多		合适		太少

⑧儿童自己处理伙伴间发生的问题

1	2	3	4	5
太多		合适		太少

⑨儿童的活跃程度

1	2	3	4	5
太疯		合适		太抑制

⑩对集体意识的强调

1	2	3	4	5
太多		合适		不够

⑪幼儿园总的气氛

1	2	3	4	5
太混乱		合适		太抑制

定案型问卷的特点是易于回答，资料收回后，也比较容易统计整理。

第三种，半定案型问卷

或称作"半结构型问卷"。这类问卷题目的编制是综合了前面两种问卷形式，研究者提问并列出部分答案，由于问卷的答案不能预先想得很周全，或是考虑到存在着其他例外的情况，再列出"其他"一栏，由被调查者写出自己

的答案。

（二）对问卷法的评价

问卷法的优点是简单易行，而且往往可以在较短时间内收集到范围较广的材料，能大面积地调查，材料也比较容易整理。特别是定案型问卷，问题及答案的设计较规范。如果采用无记名方式作调查，可获得较真实的材料。

问卷法也存在一定的局限：

第一，如果问题稍有含糊，就不可能获得应有的答案，而是会出现所答非所问的情况。

第二，发出的问卷或问题往往不能全部收回，会影响调查对象的代表性。一般地，如能收回70％的问卷，即为有效。

第三，存在不真实的答案，不易鉴别，使材料失去可靠性。

第四，问卷一般只限于对相对简单的问题和有关具体事实问题的调查，提供一般性材料，较难深入。

（三）设计问卷题目时应注意的问题

问卷题目的设计和编制是问卷调查的关键，要获得尽可能全面、真实的材料，避免问卷法的局限，应注意以下几方面问题。

第一，问题的内容与问题用语要比较现实，明白清楚，没有难懂或含糊之处，不要让被调查者产生误会或是凭猜想做推测，要便于回答。设计问题时，对一些专业术语要通俗化。为使题意简明，应注意避免多重含义的问题和多重否定的问题。前者指一个问题中包括两个以上不同含义，如"您班幼儿中年龄较小者往往缺乏自信，而且动作能力低下。是＿＿否＿＿"，对此，一般无法明确作答，此类题应分为两个问题。后者如"你是否反对在非学习日，包括周末与假日，不实行按时熄灯的规定？是＿＿否＿＿"，这个问题中含有多个否定词，容易造成理解混乱，致使答案似是而非，缺乏真实意义。这个问题如果改为肯定问句"你是否赞成……"意思就很清楚了。

第二，问题不宜过多，要注意问卷的长度适当。可问可不问的问题不要问，较复杂难答的问题也不要问，以免被调查者随便敷衍，使答案不真实。

第三，问题的措辞要避免主观倾向性，问题及答案不宜带有暗示性或诱导性，应注意避免"社会认可效应"——被调查者依社会评价标准作答，而非提供真实答案。就是说，问题与答案应是中性的，不存在社会道德评价意义，不会使被调查者产生社会认可与否的顾虑，真实作答。还可以采取以下措施避免主观性与社会认可效应：

一是使题目或答案涉及"一般人"而非调查对象本人。例如：

"有时候，孩子会和父母产生不同意见，而发生争执或冲突。遇到这种情况，父母应该怎么办？"（而不是"你该怎么办"）

a. 决不允许这种事发生。

b. 通常禁止此事发生，但有时也可不必在意。

c. 试用平和的方式制止这种事发生。

d. 不必放在心上。

e. 其他（请写明）。

二是在题目中阐明这类问题为客观存在，因而没有什么不正常，打消调查对象的顾虑。例如：

"许多家长说，他们觉得自己很难与孩子交流思想和感情。你认为这种情况是否真的存在？（请家长作答）"

a. 肯定存在

b. 有时存在

c. 几乎不存在

d. 根本不存在

三是采用列举形式设计问题。例如："有人认为……还有人认为……你认为如何？"

四是问题的排列顺序应采取由简单到复杂，由一般到特殊，由易引发兴趣的到牵涉个人及引起紧张的，即采取"漏斗式"问题设计。使被调查者愿意回答并且也较容易回答，而不是从一开始就产生挫折感，因而放弃答题。

五是答案应尽可能简单具体，便于回答和统计。例如，要了解家长在子女身上的消费情况，可以这样设计问题：

●你们这半年为给×××买玩具大约花了多少钱？

●你们这半年为给×××买书大约花了多少钱？

将问题限于一定的时间范围，所需的材料就出来了。

六是正式调查前要做必要的试行工作。可以找几个了解情况又愿意合作的人，向他们提出问卷上的问题，了解他们会作出怎样的回答，以及如何作出反应，从而检验调查提纲或问卷编制是否恰当，加以调整完善。研究人员也可以通过试行，熟悉调查过程，在提问、记录及评分上取得一致。

七是问卷前面最好附有扼要说明，使被调查者了解调查的目的、要求，取得其信任，以便能够认真协助配合，提供所需的材料。

二、谈话法

谈话法是最古老而且最常用的一种获取资料的方法。这是指研究者通过与调查对象或有关人员进行面对面的接触和有目的的谈话，直接收集材料的一种研究手段。通常用于研究儿童的个性，探索其行为表现的根源，了解家庭情况，家长对儿童的态度、教养方式等。这种方法也可以用于了解教师的教育观念、教育教学方法、工作经验，以及对幼教工作的意见、建议等。例如，在对"贫困地区社区、家庭、教育机构共同促进学前儿童发展项目"的效果作调研时，研究者设计了对村主任的访谈提纲，如："你们村的群众对这个项目的态度是怎样的？""你认为实施该项目后，村里老百姓在文明程度、支持教育力度、对子女关心程度及教育方式方法上有什么变化？""你认为今后在你村继续发展学前教育，最关键的因素是什么？"

对于年龄较小、缺乏书面语言能力的调查对象，谈话法具有独特的优越性。曾经有这样一个例子，一个 5 岁儿童做了这样一道题：$15-8=13$，仅从字面上，无法知道这是怎样做出的，把孩子找来问了，才知道其思维过程，原来孩子认为：5 比 8 小，没法减，用 8 减去 5，再加上 10，就得 13。

(一)谈话法问题设计的类型

运用谈话法也需要预先编制设计问题。其问题的设计与问卷法类似，也存在三种类型。

1. 结构式谈话

结构式谈话也称标准式谈话。研究者事先拟好谈话的题目、提问的顺序及问题，谈话时，严格按预先拟订的计划和遵循统一的标准进行，具有正式访问的形式。

这种调查可以在较短时间里获得所需材料，但比较刻板，被访者常常会感到被动、勉强，有时不大愿意说心里话。访问者与被访者之间不容易沟通，常常机械地一问一答，因而在一定程度上会影响材料的真实性。

2. 自由式谈话

自由式谈话也称作无结构型谈话或开放式谈话。研究者确定一个谈话的主题，或是依大致的想法考虑要谈的内容，没有预先准备好的详细问题，问题顺序也不确定，没有固定的表格。研究者与被访问者在自然接触中进行谈话，谈话气氛比较亲切、随便，被访问者有很大自由作出回答。一般地，研究者不当着被访者做记录。自由式谈话往往能够获得比较多的真实情况，但材料不一定系统，往往需要进行多次谈话，才能获得所需材料，因而比较费时费力，材料整理也比较困难。

例如，弗洛伊德的精神分析法就是自由式或开放式谈话的典型。即通过谈话，激发患者的"自由联想"，使其毫无约束地说出一切出现在脑子里的事情，研究者根据他的述说，揭示其病症所在。

教育工作者和教育研究人员也常常运用这种手段了解情况。例如，教师在幼儿晨间入园时，同家长谈话交流，了解幼儿的有关情况等。这种手段比较适合于进行探索性研究，就是当研究者对问题不大清楚时，运用自由谈话掌握情况，初步调查摸底。

3. 半结构型谈话

这是介于结构型谈话与自由式谈话之间的一种折中方法。研究者可以事先拟好谈话的主题和问题的一些具体方面，提问顺序不固定，谈话时围绕主题即席提出问题，根据被访者的回答情况与当时实际，决定问题的多少以及深入的程度等。这种方式有一定灵活性。

(二)谈话法的形式

谈话法依对象范围的不同可分为两种形式：

1. 个别谈话

研究者与调查对象逐一单个地进行面对面的谈话。调查中较多地采用这种方式，逐一与被调查者进行谈话是为获取个别对象的资料和情况。

2. 座谈

座谈也是团体谈话。研究者根据调查目的，召开有关人员座谈会，一般指几个至十几个对象同时进行谈话，可使研究者在较短时间内获得较多信息材料。同时也比较便利易行。参加者在交谈中可以集思广益，相互启发，彼此补充印证。座谈法在教育研究中运用得也比较广泛，有助于使研究人员迅速掌握情况，并为进一步深入研究提供必要的线索。

例如，在有关"幼儿社会性发展"研究中，研究者需进行问卷设计，以便对幼儿教师和家长进行调查，按问卷的要求依据他们平时对幼儿行为的观察来做评估。为了使问卷题目具有典型性和代表性，研究人员在查阅有关资料的基础上制订出一个初步方案。然后，召集教师、家长的座谈会，请他们谈谈平日观察到的幼儿某种行为的表现情况，如好奇心、对人的态度、独立性等的具体表现，并请他们对研究者设计的初步方案加以讨论。结合实地观察，最后，将所有资料进行综合分析，编制出问卷。

又如，"幼儿在园遵守集体规则中存在问题及原因的调查"，研究人员在设计研究方法时，也采用了座谈会的方式。先由参加调查的 9 所幼儿园分别组织本园教师学习《幼儿园教育指导纲要（试行）》中有关思想品德教育的部分，在此基础上，研究者组织教师召开座谈会，要求结合实际领会、讨论，进而提出幼儿在园应遵守的集体规则的内容，研究者汇总讨论结果，加以归纳，形成幼儿在园应遵守的 25 条基本规则，以此作为调查项目。

再如，在进行"幼儿教师职业观念的调查"中，研究者在搞清基本理论的前提下，组织教师座谈了解情况并实地观察，从而设计出调查的问题项目。

（三）对谈话法的评价

谈话法的主要特点：一是手段简便易行；二是灵活性较高。研究者通过与被访问者的直接接触，不仅可以掌握对方的言语信息，还能够获得非言语信息，如动作表情等；结合现场观察，研究者能够依据对方的反应，调整谈话方式，作出适当解释，或变换问题的角度，引导其谈出所需的内容；研究者可以随机应变，消除其顾虑。

谈话法的局限也是显而易见的：比较费时费力，它通常是对单个人逐一进行的，一般不适合于大范围的调查；再就是所得材料往往有水分，未必真实。谈话所获资料的有效性、科学性往往取决于调查者本人的研究素质和技能。进行正式的有结构的谈话，通常需要培训调查人员。

在运用谈话法作调查时，应将采用其他方法收集的资料加以对照比较，以便准确地作出判断。

(四)谈话法运用中需要注意的问题

为了使谈话取得较好效果，应注意这样几点：

第一，根据调查目的，准备好谈话的计划、提纲，拟订好适宜的谈话问题。届时，调查者应控制谈话的主动权，始终围绕问题提纲进行，要点明确，避免东拉西扯。

第二，注意营造宽松、自然的谈话气氛，取得被访问者的信任，谈话双方感情融洽。

第三，预先尽可能对被访者的一些具体情况有所了解，以便采取适当方法，使谈话顺利进行。

第四，谈话的问题要简单明白，易于回答。问题的内容与用语设计应符合被访者年龄、文化水平等，使之能够理解。注意不要带有倾向性或暗示、诱导，问题顺序由易至难(参见问卷部分)。

第五，及时记录谈话内容。

三、测查

测查或测量、测验是以数量化形式表明研究对象的特征或水平的研究过程。研究者根据某些规则或标准，把所调查或观察的对象的属性予以数值化，作为表明其特征或水平的量的过程。

例如，对幼儿的身高体重进行测查，了解其生长发育的状况；对幼儿智力、语言等方面作测查，考察幼儿掌握知识、技能的情况等；也可以通过测查检验教育教学的效果，了解教师的教育教学水平等。

教育和心理测量是一门专门的系统学科，内容远非此处三言两语可及，这里我们仅作为调查的方法手段之一，作一般性介绍。

(一)测查的类型

测查有标准化和非标准化之分。

1. 标准化测查或测量

标准化测查或测量是指经过客观地精心设计的测量或测验量表，从取样直到检验都经过统计处理，因而无论由什么人主持测量或评分，都能够获得同样的结果。标准化测量量表通常是可靠的和有效的。例如，《中国比奈智力量表》《中国3～6岁儿童发展量表》均为幼教研究的重要而且有效的工具。测量量表包括有关智力方面的测验，如《中国比奈智力量表》，可考察儿童智力发展情况，计算其智商，还包括个性测验、社会性发展测验等，可分别了解儿童某一方面的实际发展水平。

2. 非标准化测查或测量

非标准测查或测量是指研究者根据研究目的和所要解决的具体任务，自编测验试题或量表。这是未经标准化的测验。通常，任何研究都需要对结果加以检验，因而就需要选择、确定测量的项目标准或指标进行量的分析。研究人员要根据研究的目的任务，考虑确定需要测查的内容，在认真分析研究测查对象和对象特征的基础上，设计出适宜的观测指标。

例如，要研究儿童在绘画过程中创造性的表现这方面的课题，对儿童创造性的测量就是其中重要的一步，需要设计好观测指标。例如，可以从儿童绘画主题、情节所表现出来的创造性，以及造型、色彩、构图等方面创造性的表现加以考察，确定测量指标。

(二)测查的方式

根据测查对象的规模、范围，可以分为个别测查与团体测查。前者是逐一单个地进行测查，后者是对测查对象全体同时测查。

根据操作方式的不同，又可以将测查分为口试、笔试、操作式等。

采用哪种测查方式，通常要依据测查任务、测查研究的对象以及对象的特征等具体情况而定。

(三)测查时应注意的问题

1. 要根据研究目的任务确定测查的对象和测查范围

测查对象指测什么。研究者必须认真考虑，所拟订的测查内容或题目应能确实反映所要研究的问题，同时还要根据研究目的和问题，确定测查问题与取样方法。例如，要了解全园儿童生长发育情况，就要在全园做全面调查；如要进行某种教学方法的研究，就要选择参加实验的班级，先做摸底测查，实施实验之后，再进行复测。有的研究课题不可能全面测查，而必须抽样测查，研究人员就需要预先考虑好怎样抽样、样本大小等。

2. 测查的内容和方法必须符合研究任务，符合测查对象的年龄特点、生活与知识经验范围

运用测查的方式研究幼儿，一般地，测查内容只能稍高于幼儿现有水平，不可过深过高。例如，对较小年龄的幼儿，测查时间以 10～15 分钟为宜，不亦过长。有的量表测查所需时间达到 40～50 分钟，显然是不适宜的。对幼儿进行测查，一定要注意兴趣性、多样性和动静配合。幼儿年龄越小，越要注意让他有机会通过对物体的摆弄操作来作出反应。例如，要测查小班孩子对事物异同的感知比较能力，测查幼儿对颜色的感知，可以用彩色笔，让他们把相同颜色的摆在一处；关于形状的，可以用积木或彩色拼板等，让幼儿摆弄。测查幼儿的空间知觉，可以用一个洋娃娃和一些玩具，让他们按要求把小碗摆在洋娃娃的前面或后面，或者摆放在它的左边或右边等。这样测查符合幼儿的年龄特点和兴趣，能够使他们在活动中、在玩中完成测查任务。

又如，在一项"5～6 岁幼儿有意注意的稳定性"研究中，测查材料是一张校对纸，上面印有△、○等符号，这些符号随机排列在纸上，每行 15 个，共 32 行。测查时，要求幼儿按照录音机播放的正确答案，在校对纸上加以校正。如果对中小学生做有意注意稳定性研究，测查材料就需增大难度。研究者设计了 6 种符号：110、101、001、010、100、011，随机排列，要求被试予以校正。总之，测查内容和方法一定要符合儿童的年龄特点以及他们的知识经验水平。

另外，在测查时对城市的幼儿和农村特别是处于边远贫困地区的幼儿，要考虑他们生活知识经验的不同，设计适宜的调查测量的内容。例如，有人研究幼儿看图讲述能力，需要进行测查，找来测查城市幼儿的材料"小猫钓鱼"的童话和图片，将这些用在农村幼儿身上。农村幼儿因其生活经历和知识经验的限制，不明白为什么猫穿起了人的衣服，有的幼儿以为这是兔子，有的说这是娃娃拿着赶鹅棍。这样所得结果显然也是不真实的，因为农村幼儿较少接触童话，没有这方面的知识经验。

3. 认真仔细地设计测查时运用的指示语

测查时，提问的问题和要求就是指示语。设计指示语一定要认真考虑，要符合测查对象的理解水平，要能使每个幼儿明白研究者的要求是什么。例如，有人研究儿童的空间知觉，用两个红色圆纸板，一大一小，或是用两个相同形状和颜色的积木，一大一小，提问儿童。问题是："这两个纸片（或积木）有什么不一样？"结果，幼儿回答说是一样的。因为他不明白这是要他排除颜色、形状相同的因素，而专门去比较大小不同的因素。可见这样的要求对于较小的幼儿来说太高了，无法使他们理解。如果将指示语改为："这两个圆纸片哪个大，哪个小？"幼儿就能一下子指出来。否则，幼儿有可能并不是真的不能识别物体的大小，而是因为不理解指示语才作不出适当反应。

四、评价

(一)评价是调查的一种手段

调查中的评价方法，是指研究者根据调查对象所具有的特征，确定调查的项目和标准，调查时按照标准逐项作出判断。评价一般采用填表的形式进行，预先确定评分标准或等级，评定者依要求在表上填写符号或数字。评价法比较适用于具有明确特征和客观标准的事物。例如，对于教育设备设施的调查，采用评价法比较便利，可以取得较统一的规格，进行详细、具体的调查。例如，园舍结构布局是否合理，场地面积如何，玩具器械是否充实，件数与比例如何，新旧程度、安全系数如何，以及使用情况等。

在"两省一县农村幼儿教育的调查"中，研究者依农村实际，将村办园或班的设备情况分为三类：

Ⅰ. 房舍的窗户是玻璃的，每个幼儿占地 0.65 平方米以上，有适合幼儿的桌椅，有户外场地。即条件基本符合农村幼儿园的要求。

Ⅱ. 基本符合Ⅰ类条件，有一条不具备，主要是桌椅不适合于幼儿。

Ⅲ. 缺桌子或椅子，或是桌椅由幼儿自带，房屋条件过差，如危房，室内光线阴暗或是空间窄小过于拥挤。这类园的条件不符合办园要求。

对于玩具、教具等条件也分为四等，即凡是有图书、挂图、小玩具（数量不限）为Ⅱ等；除此之外，还有风琴或大型玩具的为Ⅰ等；不足Ⅱ等或基本没有玩具的为Ⅲ等；一无所有的为Ⅳ等。这是按调查研究当时(1989)的实际情况，把Ⅱ等作为最起码的条件来考虑的。

近年来，随着教育改革的深入和幼教管理的加强，一些地方幼教行政实行对所辖托幼园所的分级分类管理，确定了级与类的指标。有关"级"的标准主要是指一些客观方面的条件，如环境设备、园所规模、人员文化与受专业培训情况等，属硬件指标；"类"的标准则为主观努力情况，涉及有关教养工作、卫生保健、行政管理手段方法等，属软件指标。

(二)评价法的特点和运用中应注意的问题

评价法的特点在于简便易行，便于比较和统计。调查时只要按照所列项目和预先确定的标准进行评定记录，就可以获得比较系统的结果。

运用评价法作调查要注意以下问题：

第一，评价法比较适用于具有明确特征和客观标准的事物。如果所评定的事物较难精确量化，或是需要辅之以主观印象作判断的，应考虑使用模糊数学的方法进行评判和对结果作处理，以便得到较准确的评定与分析。

第二，要根据调查对象所固有的特征，拟定项目和标准；同时评定项目和标准一定要符合研究目的和任务。

第三，拟订的项目和标准要明确，要规定出统一的评价标准或项目等级，为此往往需要确定明晰的定义或是订出统一的标准说明。例如，活动室面积与班级人数相比是宽裕的，评为"5"；比较适当的定为"4"；勉强能容纳的则为"3"；较拥挤的为"2"；拥挤不堪，严重影响教育教学活动的定为"1"。

第四，每次调查由2~3人同时进行，评定后，相互核对结果。一般地，如能达到较高评定信度——评定一致性程度，结果就是比较准确有效的。

五、书面材料分析

(一)书面材料分析是调查的一种手段

这是通过收集能够正确反映研究对象情况的文字或书面材料等，进行分析研究的方法。这种调查方式在幼教研究中以及儿童发展研究中运用较多。例如，收集园所的工作计划、总结、会议记录、规章制度等，调查了解园所的行政管理工作；收集教师的教育计划、教案、工作总结、教育笔记等，了解教师的教育工作情况及其素质和教育技能。又如，要了解儿童的学习成绩、智力发展状况等，也可以收集他们的作业、试卷、绘画、手工制品，以及结构造型等加以分析考察。

特别是在对儿童进行个案研究中，书面材料分析是一种重要手段。例如，我国著名儿童心理学家、教育家陈鹤琴就曾收集并积累了他的第一个孩子陈一鸣的绘画，从1岁开始涂鸦直至8～9岁的绘画作品，并进行分析论证，从而考察儿童心理发展的进程。

（二）书面材料分析的特点

书面材料分析法的优点主要表现为：

一是研究对象是实物材料，客观性较大，分析时也比较容易取得统一标准。

二是研究分析书面材料可以不受时间限制，材料也容易保存和积累，便于随时查阅。

三是研究不会妨碍教师与幼儿的正常活动，比较方便易行。

书面材料分析方法的局限主要有：

一是书面材料是间接的东西，不可能完整地表现出所要研究的现象。

二是有些书面材料不能完全真实地反映客观情况。如一份总结，往往带有一定主观色彩。又如，绘画作品是儿童绘画的结果，它有时对于绘画过程，如题材的确定、技法的掌握以及其他影响因素无从反映。

（三）运用书面材料分析法要注意的问题

一是对书面材料的收集要有目的、有系统，要与研究课题密切相关，注意收集一定数量的较有代表性的样品。

二是注意收集多方面的材料，以便从各个不同角度全面、准确地反映所研究的现象或情况。

三是分析整理书面材料前，要拟订出统一的标准。

四是注意对书面材料加以鉴别，确定其客观真实程度，避免夸大和缩小的情况。

五是对某些问题的研究，可以以书面材料分析作为主要手段，但在更多的场合或情况下，这种手段应作为综合方法的一个组成部分，或是作为一种补充方法加以运用。

可以说，几乎在所有调查研究中，书面材料分析均占有一定的位置。例如，在对"幼儿教师组织幼儿一日活动"进行观察的同时，还需查阅有关书面材料，如教育活动计划、教案、笔记等，它可以用于补充观察法的不足，从而了解研究现象的全部发生发展过程。研究者必须防止过分热衷于通过间接材料去研究教育现象，而不去直接接触教育实际本身的偏向。

第三节　调查法的组织类型

调查研究方法根据研究课题的性质以及研究目的的不同，可以分为三种组织类型：现状研究、区别研究和发展研究。

一、现状研究法

现状研究即研究某种教育现象或对象的目前基本特征。例如，"两省一县农村幼儿教育调查""闸北区独生幼儿与非独生幼儿个性行为特点的调查""幼儿独立性的调查""北京市 15 所幼儿园玩具提供与利用情况的调查""幼儿教师职业观的调查"等。这种类型的调查在教育研究中运用得最多、最普遍，是调查法的基本类型。通过现状调查，可以掌握有关问题的基本情况，也有助于发现问题，以便提出有针对性地实施教育和改进现状的建议，同时，还可以为进一步探索教育现象之间的特定关系提供线索和依据。在现状调查的基础上，可以进一步运用发展研究法和区别研究法作深入的探索。

二、区别研究法

区别研究法是考察教育现象之间有无联系或联系是否密切，旨在发现实际存在的各种变量之间的关系的调查研究。区别研究又可以分为两种类型。

(一)相关性研究

相关性研究是寻求教育对象或现象的各个特征之间的差异的调查类型。通常是通过对一组对象的两种(及两种以上)特征的调查与测定,确定这两者之间有无联系、是怎样一种联系以及联系程度如何。例如,可以研究幼儿的性别与他们的学习成绩有无关系;又如,"幼儿性格与家庭教育的关系""师生关系与幼儿学习效果的联系""幼儿视力与收看电视时间的关系"等均属相关性研究类型。如果要考察幼儿视力与收看电视时间的关系问题,可以选定一组幼儿,分别调查他们在某一时间阶段内收看电视的时间量以及他们视力的变化量,然后计算相关系数,并且可以绘出直观的相关图,来表明这两种特征之间的相关程度。

又如,有人想要研究幼儿的创造性思维能力与智力发展的关系,可以选一组有代表性的幼儿,对他们分别进行创造性思维能力与智力发展水平的测定,进而计算这两种特征的相关系数。再根据相关系数的大小与正负性质,对两者的关系作出判断。

(二)因果关系的比较研究

因果关系的比较研究是通过调查与比较,寻找产生某些特征的可能原因的调查研究类型。通常,研究者需要通过对不同的教育对象或现象的调查,了解他们之间有什么不同特征,从而对形成不同特征的可能的原因作出推测。

例如,如果我们想要研究"高创造型幼儿形成的原因是什么",可以将一组具有较高创造型特征,即创造性思维能力较强的幼儿,与另一组不具备这类特征的,即一般中常幼儿进行比较,看这两组幼儿之间有什么不同特点。可以对我们所能估计到的各种情况加以比较,如家庭环境、教育条件以及幼儿个性特征等。如果这两组幼儿在某些方面的差异是显著的,那么这些显著不同的方面,就是之所以有的幼儿创造性思维能力强而有的则较弱的可能的原因。注意,这里要强调的是"可能"的原因,而不是必然的因果关系。在此基础上,研究者可以提出假设,并进一步通过实验加以验证,最后找出其间确切的因果关系。

又如,在对"108名独生与非独生幼儿的性格特征的调查"研究中,研究者发现，在"对别人的态度和对自己的态度"以及"对劳动和劳动成果的态度"方面，独生幼儿中"表现好"的人数少于非独生幼儿。为了探讨造成这种状况的可能的原因，研究者又进行了 7 个项目的调查比较，即家庭周围的环境风气、父母文化修养、幼儿物质生活条件、幼儿文化生活条件、父母教养方法、父母对幼儿的态度、父母对幼儿的要求严格与否，研究发现，在其中一些项目上，独生幼儿与非独生幼儿有显著差异。于是提出，造成独生幼儿在以上性格特征方面异于非独生幼儿的可能原因在于：前者的家长较多地考虑物质生活条件的提供，对子女要求少而迁就溺爱多，并且缺乏良好的教育方法。

三、发展研究法

发展研究方法是考察和了解教育对象或现象的某一特征如何随时间延续（或年龄增长）而发生变化的调查研究类型。可以用于研究不同年龄阶段的儿童在某些方面的发展特点与规律。例如，"不同年龄幼儿（3～6 岁）创造性思维发展特点""儿童语言能力发展的年龄特征""不同年龄班幼儿游戏内容与水平的特征"等。

进行发展性调查研究，可以有两种方式：纵向追踪研究和横断研究。

（一）纵向追踪研究

这是指对同一组对象在不同年龄阶段进行某一方面特征的测查，了解其发展进程的研究类型。例如，要研究"幼儿创造性思维能力如何随年龄增长而发展变化"的课题，研究者可以在小班幼儿中选出一组有代表性的幼儿，每年对他们进行一次创造性思维能力的测定，得出各年龄幼儿创造性思维能力的平均水平，在此基础上，绘出幼儿创造性思维发展曲线。

这种方式须多次追踪考察，研究的时间跨度比较长。

（二）横断研究

这是相对于纵向追踪研究而采用的调查方法。指研究者同时对不同年龄组儿童就某一特征进行测定，求出平均数，进而加以比较，绘出发展曲线。上述课题如采用横断研究，其做法是在幼儿园小班至大班各取 100 名幼儿组成3个年龄组，在同一时期内同时测定各组儿童创造性思维能力，通过对结果的统计整理，探索幼儿创造性思维能力的发展规律。

这种调查研究方式可以在比较短的时间内得出一定的结果。

如果能够将纵向研究与横断研究这两种方式加以结合运用，可以增强结论的准确性。

第四节　调查研究的步骤

一、确定调查范围和选择调查对象

调查范围指的是样本抽取范围。确定取样范围，首先要明确总体界限。可以以一个市或区作为调查单位，或者以某园所及园所中某一部分作为调查单位。要根据调查的目的确定调查对象。通常，样本抽取范围的大小是由课题决定的。研究者需要考虑所研究的问题对总体和样本的适宜性，还要考虑研究结果将在什么范围内应用推广。例如，"闸北区幼儿自我服务劳动能力与习惯的调查"，研究的总体就是闸北区全体幼儿，这就是样本抽取的范围，同时也是研究结果的适用范围。

根据调查研究的范围，我们可以将调查分为三类：全面调查、典型调查、抽样调查。

(一)全面调查

全面调查也就是普查。这是对符合课题要求的全部对象（即总体）进行调查，调查结果能够全面地反映总体本身的情况，可靠性强。但全面调查在时间、人力、物力上的耗费很大，因此，通常在小范围内是可行的，如对一个园、一个班或各年龄组幼儿的智力发展和健康水平等作调查。调查项目应尽量简单、明确。

(二)典型调查

典型调查指对总体中的典型单位或个人进行调查，即个案调查。这类调查比较适用于涉及范围较小但具有明显特点或典型事例的调查。个案研究不仅包括对特定儿童即教育对象的调查，还有对特定的较先进的教育机构及教育者的调查。考察分析先进教师的经验，属于开发性应用性研究，通过对他们所担任工作方面的具体研究，可以更好地认识目的与手段之间的辩证统一关系，认识特定条件与教育教学经验的普遍内在联系。其先进经验所具有的具体的实际的实用价值，便于广大教师在直接的教育实践中学习，结合具体情况，综合运用多种方法，把一般经验方法改造成个人的方法，进行创造性的工作，使教育教学不断取得成功。这对于当今我国的教育改革与发展，无疑具有特殊意义。

(三)抽样调查

抽样调查是教育科学研究中运用较多的一种方法。抽样调查是指从符合课题要求的全部对象即总体中抽取部分组成样本，仅对样本进行调查，把调查的结果作为总体的概括。简言之，就是通过对样本的调查研究来判断总体的情况。

在抽样调查中，需要注意样本的代表性问题。因为样本本身是否能够代表总体是调查能否成功的关键。要保证样本的代表性，应注意以下三个环节或三方面的问题：

一是要考虑取样范围（如前所述）。

二是要确定样本容量，即样本的规模大小、样本所容纳的人数。一般来说，样本容量越大，代表性就越大；反之，如果样本过小，产生误差的可能性就比较大。但是这并不等于样本越大越好。因为样本过大，也会带来如同全面调查那样的问题，造成人力、物力、时间方面的困难，而且样本过大，还会使调查的控制程度降低，因而影响调查的准确性。通常，样本容量与研究条件的控制程度有关，条件控制得比较严密，样本容量可以小一些。例如，教育实验比心理实验人数应多一些；实验研究比调查研究取样人数可以少一些。进行实验研究，人数可以在 30～50 人；调查研究的样本规模要尽可能大于 100 人。

三是要选择确定取样方法。取样方法可以归为两大类：随机取样和有意取样。

1. 随机取样

随机是指"机会均等"，即从总体中抽取任意一部分，要确保总体中每个个体都有相等的被选择机会。每个研究对象之所以被选择，完全是出于偶然，没有任何主观因素的影响，不带任何有意成分。这就是取样中的"随机原则"。这样，通过对样本的研究所得的结论才可能代表和应用到全体对象中去。随机取样又可以有几种不同方式。

（1）简单随机取样。

依随机原则用抽签法或随机数表法抽取所需的样本。

（2）机械取样或称系统取样。

先将总体的全部单位排序并编号，然后将总体分成等量的组，组数等于抽取数目，再从每组按预先规定的办法，抽取一个单位，组成一个样本。这种方法仍能保证总体中每一个对象均有同等的被选取机会，因而被看作简单随机法的一种变通。

（3）分层取样或称类型取样。

取样时还应当考虑"分层原则"。即当总体规模大且具有多样性时，可以按某些原则或特征把总体分为若干类型，也就是若干层，然后在每一层按比例随机取样。

例如，要研究"独生幼儿与非独生幼儿行为特征"，研究者预先确定层次：独生与非独生，男女两种性别，共计四个层次，再依各层在总体中的人数及比例，分层随机取样。

又如，对"两省一县农村幼儿教育的调查"，研究者根据经济收入水平分层，将两省各县人均收入在 $X \pm S$ 范围内列为"中"等；$X + S$ 以上的则为"上"等；$X - S$ 以下的为"下"等，然后分别按上、中、下三种水平的比例随机抽取县、乡和村。分层取样是通过人为的方式，对可能影响研究结果的一些因素或特征进行了控制，因而可以较好地保证样本的代表性。

（4）整群取样。

个别抽样与整群抽样的区别在于，前者是从总体中抽取一个一个对象组成样本的方法。前述几种取样方法都是对个别抽样而言。整群抽样则是指抽取整群的单位作为样本，而不是从总体中逐个地抽取单个对象组成样本。这种抽样方式，对象比较集中，便于组织和实施研究过程，而且特别适合于研究教育现象，即在真实情景中研究。可以把一个个整群的单位，如一个个幼儿园或一个个班级排序编号，然后用随机法、机械法或分层法抽取样本。把抽取出来的幼儿园或班中的全部幼儿作为研究对象。

2. 有意抽样

这是指按一定的目的要求抽取样本。通常是研究者根据自己对研究对象的了解和经验，主观地指定一些对象组成样本，或者是依据一些客观条件，指定调查对象。从理论上讲，这种方法主观性大，不符合统计学随机性的要求。但是，当调查研究的对象数量很少时，有意取样的代表性反而会大一些。

二、制订调查计划

调查计划的制订是调查研究中关键的一环，研究者一定要详尽周密地加以考虑。在制订计划中，进一步明确所要研究的问题，认真考虑调查的内容和具体调查项目的设计、收集资料手段的选择确定以及调查工作程序的安排。

这里着重谈一谈调查内容的设计。

研究者要在明确研究课题即研究目的和任务的基础上，考虑调查内容。要明确研究所要解决的问题是什么，是关于对象本身的特点或对象目前基本状况的调查，还是要了解对象平时经常接受的教育影响的情况，或是对象在一定环境和教育条件下的反应情况；在确定调查内容时，还要进一步将调查课题具体化为可实施调查的具体项目。有的调查还需要确定指标等。

(一)对调查内容作具体的规定

设计调查内容的首要环节是对调查内容作具体的规定。例如，关于"幼儿在园遵守集体规则"的调查中，研究者明确限定，这是一种行为准则，特指幼儿在幼儿园集体活动中必须遵守的行为准则。这种集体规则与一般规则的区别在于：如果这类规则得不到遵守，就会影响其他小朋友的活动，或是使教师的正常教育教学活动停顿下来，从而影响集体活动的开展。又如，要调查幼儿教师的职业素质，研究者就须对它作明确的限定。

(二)确定调查项目，把调查内容具体化

这个环节如同观察法中需将所要研究的大的行为分类，分解为具体的行为成分，研究者需要考虑具体实在的调查项目，进而紧扣调查内容和项目设

计一系列调查问题。例如，研究者根据对幼儿园集体规则的理解和当地幼儿园教育实际，认识到集体规则存在于幼儿园生活的三个环节，进而提出各环节的具体规则，如"桌面游戏时轻声进行""游戏时不争夺玩具""上课能安静听老师讲话""场地活动时不乱跑乱窜""小便、洗手时不争先恐后、推推拉拉""午睡醒来保持安静"等共计 25 个项目。

（三）确定指标

如何测定调查对象的反应？有的调查在确定了调查内容项目和具体问题后，还需要对调查对象的反应情况规定出观测和判断的指标或标准。例如，在对"幼儿在园遵守集体规则"的调查中，对幼儿在每一项集体规则的遵守情况到底如何判断？看什么？以什么为标准？如何掌握？为此，研究者对幼儿一星期内的表现组织观察评定，从而确定了三方面的观测指标：

一是幼儿对该项集体规则有无明显不遵守表现。

二是不遵守的程度。

三是不遵守的次数。

在此基础上，研究者进一步将幼儿对每项集体规则的遵守情况又分为 3 个等第：Ⅰ能遵守；Ⅱ基本遵守；Ⅲ不能遵守。并且确定了三个等第的具体评判标准：

Ⅰ．能遵守：凡是没有明显不遵守表现的为"能遵守"。

Ⅱ．基本遵守：指出现过明显不遵守表现，但程度不严重，或是次数不多的。

Ⅲ．不能遵守：指出现过明显不遵守表现，而且程度严重；或是程度虽不严重，但经常发生的。

在确定调查内容过程中，指标问题很重要。特别对于有些调查课题，其调查项目很单纯，问题的解决办法关键就在于确定指标。例如，"5～6 岁幼儿有意注意稳定性的调查"，调查内容即"有意注意稳定性"这一具体而单一的项目，研究者限定了它的操作定义，为"幼儿在紧张地注意从事某项活动所能够持续的最长时间"。在此基础上，确定了这样的观测指标：幼儿在依录音对校对纸上的符号进行校对的"最大连续正确符号数"。将这个"最大连续正确符号数"，除以录音中播报符号的速度，即为该幼儿在这一活动中注意力集中持续的最长时间。

　　在制订调查计划，设计调查内容项目和确定手段方法后，还需要对材料的统计处理及分析方法预先加以考虑。

　　关于第三步"调查计划的实施"和第四步"调查材料的汇总分析"，可参见本书第八章第五节和第八章第六节，此处不再赘述。

第六章　教育实验法

第一节　教育实验法及其特点

一、教育实验法及其类别

（一）什么是教育实验法

教育实验法指的是：研究者根据研究目的，有组织、有计划地逐步变化条件，观察记录测定与此相伴随的现象的变化，从而确定条件与现象之间因果关系的方法。

可见，教育实验是一种经过特别安排的研究活动，研究者适当地控制研究对象，以便在最有利的条件下来研究某种教育教学内容或方法的一种研究方法。

运用教育实验的主要目的就在于确定某一教育影响与它的结果之间的因果关系，或是检验某一理论或假设的实际效果。为此，研究者需根据自己所提出的研究目的，创造或改变必要的条件，以便引起或改变某种现象，突出某一实验因子的影响，排除另一些因素的干扰，以便得出准确可靠的结论。

实验法又可称为有控制的观察法。即一种有目的、有计划、更为精确的观察，可以准确地记录实验情况，对实验结果作统计处理。

一般认为，运用教育实验法，可以找出理论与实践的有机结合点，因而有人称教育实验为"教育科学研究的灵魂"。

教育实验的形成有两个源头：一是近代与现代教育教学改革的实践，如裴斯泰洛奇、赫尔巴特、欧文等教育实践家的改革教育的活动。近现代教育改革从教育教学的实践出发，又高于一般的教育实践水平。它在实践之前，经过思辨的理论设想，及对教育实践途径与所达效果的构想，试图通过自身实践来试行自己的主张，实现预先的构想。这是一种研究探索活动，即自然状态下的教改实验，可以看作实验的雏形。二是近代自然科学实验促进了教育实验作为一种独特的教育科研方法的诞生。20世纪初欧美的"实验教育学"思潮，其特点就在于运用自然科学实验的方法来研究教育问题，从而确立了实验法在教育研究中的地位，这就使以往教育理论研究中思辨加例证的缺陷得到了克服，促使人们用科学的方法研究教育问题，因而促进了20世纪初的教育学逐步演变为教育科学，并逐步走向成熟完善。

近半个世纪以来有影响的较为成熟的教育实验如巴班斯基、赞可夫等的实验，一方面是在现代教育理论指导下进行的；另一方面又通过实验性的探索与检验，修正、丰富、充实、完善了各种教育理论，因而教育实验成为经验总结与理论推论两条路之间重要的杠杆和桥梁，改变理论与实践脱节现象。

教育实验对教育理论建设的推动作用表现在这样三个方面：

一是教育实验可以提供通过其他方法难以收集到的感性材料。

二是教育实验能够对理论、假设的形成提供必要的基础。

三是教育实验能够检验教育理论的真理性。

(二)教育实验的类别

1. 自然实验与实验室实验

根据研究人员对实验条件控制程度与范围的不同，可将教育实验分为自然实验与实验室实验。实验室实验通常是在特设的实验室内，在严格控制条件的情况下进行的。实验人员需要对实验情景与条件予以较严密完善的操作，并须对无关因子作严格控制，利用精密的观测仪器较准确地记录实验的程序与结果(指施于被试的影响与反应结果)，因而其效果的精确程度较高。

然而，实验室实验的情景和条件是人为的或人工创设的，而不是自然真实的，与教育的实际情况或实际生活情境的差别较大，因而研究结果的应用推广的价值不高，这类研究难以对教育实际状况作出说明或应用于实际。

自然实验是在自然状态下，在现实的教育教学情境中，在不影响正常教育教学秩序的情况下，依研究目的，控制和改变某些条件，观察由此带来的现象的变化，了解被试的行为表现。自然实验是在正常的现实生活中进行的，其研究结果也比较接近教育实际，因而比较容易应用和推广。但正是由于研究是在自然状态下进行的，对条件的控制不可能很严密，因此研究的精确性不够高。运用自然实验法得出结论需比较慎重，对研究结果须进行重复验证。幼儿教育研究具有明显的应用性、实践性，其结果必须运用到教育实践中去，指导更为自觉的科学的教育实践。幼儿教育实验往往不能脱离教育实际，因而，较多情况下采用自然实验的方法。当然，以上两类实验的划分也不是绝对的，而是相对的（见图 6-1）：

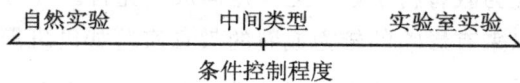

自然实验　　　　　中间类型　　　　　实验室实验

条件控制程度

图 6-1

2. 单因子实验与多因子实验

这是依据实验因子的多少而划分的。单因子实验指可有多个自变量同时存在，但所要测定的因变量只有一个。多因子实验指可有多个自变量和多个因变量。此种实验结构复杂，对资料的统计处理难度高。

3. 探索性实验与验证性实验

这是依据对因果关系的探索进程而划分的，即对问题的已知程度来划分的。探索性实验指在对研究的问题知之有限时，一般是提出非正式的探索性假设，目的在于揭示各种变量的因果关系。验证性实验是指在实验前具有明确的假设，实验的目的在于验证所得的结果是否符合假设的预测。

4. 测查性实验与教育干预性实验

教育实验又可以分为两种情况，一是旨在确定与教育有关的事物的内在规律性，即测查性实验或称"教育的实验研究"，例如，研究教育对象思维的一般规律的实验；二是旨在为达到特定教育目标而探索富有成效的内容、方法与途径，这是与教育活动发生直接联系的实验，即教育干预性实验或称"教学的实验研究"，例如，探索为培养幼儿思维能力而使用的教育教学内容、方法与途径的实验。严格地说，这两类实验是有区别的，研究的角度不同，问题的出发点不一样；但二者又不是彼此孤立进行的、没有联系的。教育干预性实验的假说，往往是从教育实验或测查性实验的研究成果中产生的；从教育干预性实验的研究成果中，又可以引出对与教育有关的事物的一般规律的新课题。

二、教育实验法的特点

同其他研究方法相比较，教育实验法具有以下一些特点。

1. 实验法能够充分发挥人的主观能动性

实验法的一个突出特点就在于它能够主动干预研究对象。研究者人为地创设情景，引起某种现象的发生，进行观察研究，特别是对某些自然状态下观察不到的现象或是不易观察到的情景。实验法能较好地体现人的积极作用，是"致物以变"，而不是消极地"待物以变"，像其他方法如观察法或调查法那样对事物不作任何干预，被动地等待其发生，观察了解事物在自然状态下的外部特征。实验法通过"干预""控制"，可以大大加速研究进程。因而，有人认为不作任何控制的"实验"，不能称为实验。

例如，美国的一项研究"教师的言语指导（暗示）对幼儿行为的影响"，就是人为创设条件，从而观察在日常生活中不易看到的情景。研究者随机将幼儿分为两组，研究分三个步骤进行：

第一步，教师对两组的每个幼儿单独谈话，谈的是一些无关紧要的内容。例如："老师昨天带你去动物园，你是喜欢大象还是猴子？"

第二步，幼儿作答后，教师对凡是第一组的幼儿作这样的暗示："啊，你喜欢大象（或猴子），因为你愿意与人合作"。对第二组的幼儿则这样表示："你喜欢大象（或猴子），那么你一定喜欢当第一名！"

第三步，让每个幼儿分别与另外一位幼儿共搭积木 3 分钟，教师指示："你们两个要轮流搭，一人搭一块。并让两位幼儿一人拿红色的积木，另一人拿黄色的积木。"

结果，凡被暗示喜欢合作的幼儿，与另一幼儿搭得又快又好；而凡被暗示要争第一名的，两人均搭得慢而少，互不相让。

还有一个例子也可以很好地说明实验法的这个特点，这就是著名的"婴幼儿对母亲依恋的研究"。这是一项实验室研究，通过实验室情景，对外界无关因素，如人、环境、活动等进行联合控制。研究旨在考察幼儿在陌生环境中，当陌生人在场或不在场时，对母亲依恋的情况与性质，探求幼儿对母亲的依恋是安全型依恋，还是焦虑型依恋。

研究者特设了实验室环境，室内有地毯、两把椅子，地毯上有一些玩具。步骤如下：

(1)婴幼儿与母亲进入室内。

(2)母亲坐在椅子上，小儿去地毯上玩玩具。

(3)陌生人进入，坐在母亲身旁。

(4)母亲离开房间，室内仅有陌生人与小儿。

(5)陌生人离开，只剩小儿一人在室内。

(6)陌生人返回室内。

(7)母亲返回室内。

(8)陌生人离开。

研究者要注意观察幼儿在每一步骤中的行为反应。

2. 实验法有利于发现规律性并进行重复验证

实施实验研究，需要有组织地操纵条件，从而使复杂的事物简化，把整体分为若干部分，逐一加以研究。例如，我们知道在学前教学中，教法的采用、教师的教态及教学的组织形式，均会对教学效果产生影响，那么这些因素又是如何影响教学效果的？影响程度又如何呢？为此，可以逐一研究各个因素。例如，先将教态、教学组织形式加以控制，专门考察不同教法，如讲解式与操作式对两班自然常识教学效果的影响究竟是怎样的……从而确定事物之间准确的因果关系。实验法还可以创造条件使某一现象重复出现，以便对结果或规律进行重复验证，使结论准确可靠。例如，帕顿对幼儿游戏的社会性水平的研究，以后又有一些研究者运用其方法进行了重复验证。

3. 实验法可以获得较高的效益

实验法能够人为创设条件，引起一定现象发生，使复杂的事物简化，从而大大加速研究进程，便于测量考察确切的因果关系，能够节省人力、物力、时间，较为经济。

实验法之所以能够判明变量之间的因果关系，是因为它符合这样三条原则：

第一，共变原则。因果关系是引起和被引起的关系，因而两种现象之间必然因某一现象变化而导致另一现象的变化：A现象变化，B现象也随之变化；反之亦然。这表明原因与结果之间存在共变关系。

第二，居先原则。存在共变关系的两种现象，在时间上，原因的变化总是先于结果的变化。

第三，控制原则。A、B两种现象之间的共变关系不会由于第三种变量如C的存在而消失，也不会由于C的存在而加强或减弱。因此，要判明确切的因果关系，必须对原因和结果以外的变量作有效的控制。

以上是从实验法与其他研究方法的区别的角度分析其特点。这里，还有必要从实验法与其他研究方法的关系和联系的角度，进一步加以分析，以便认识其在教育科研中的作用、地位。

英国J. D.尼斯比特等在《教育研究法》这本著作中，对各种方法在整个教育研究中的顺序、作用给予了明确的概括："在研究一个问题的过程中，人们往往是从偶然的观察、无组织计划的谈话以及开放性的问卷开始，随着问题的性质有了较清晰的焦点，研究者就可以转向更系统的调查技法，如有组织的谈话、封闭的问卷，以及各种各样的分析方法。在此基础上，形成对特定问题的可能存在的关系的假设，即所研究的问题的因果关系的假设。研究的最后阶段是对产生的假设进行实验验证。"

可见，研究方法之间相互联系并构成系统的整体体系，而不是各自孤立、互不相干的。研究方法具有层次性，在不同的研究阶段，适用于不同的方法，不宜简单地评判研究方法的此优彼劣。实验研究往往要在其他研究方法的基础之上进行，如自然状态下的观察、谈话、问卷等方法能够有助于实验的考虑和设计；同时，通过实验，可以使研究上升到理论水平，探明事物产生与变化的规律性，使研究深化。例如，前面提到的"婴幼儿对母亲依恋的实验研究"就是研究者安斯沃思通过对28名乌干达幼儿做了9个月自然观察基础上加以设计的。总之，进行教育科学研究，应能综合地运用和合理组织各种方法，才有可能达到研究目的。

第二节　实验设计的基本内容

实验的目的就是要确定事物、现象之间存在的准确且可靠的因果关系。因此，必须对实验作严格周密的计划或设计。

一、实验中的假设

对两种实验的假设的分析：

(一)探索性实验中的假设

当研究刚刚进入一个新的领域，研究者对课题还缺乏必要的了解，或是依据现有的知识，还不能提出明确的假设。研究者可以通过探索性实验取得必要的事实数据，探明造成某种现象的原因究竟是什么，或操纵某些条件的变化会引起什么结果。这类实验亦可称为"试验"，或称"因素性实验"。特点是实验因子多，研究旨在收集各方面的事实材料。研究者抱着试试看的态度，对课题提出一定的设想。课题通常采用疑问句的形式表述。例如，"在大班故事教学中，如果采用纸偶边讲边玩的方法，是否会提高故事教学的效果?"通过实验，探索某一教育方案是否适用、有效，是否存在着一定的因果关系。又如，在道德教育中，"如果采用故事讲解(选取结构相同、内容不同的故事)结合讨论的方法，使儿童产生身临其境的体验，能否对儿童的行为产生影响?"

(二)决断性实验中的假设

当研究的问题已经深入到一定程度，研究者对课题的现状有了较明确的认识，能够提出比较具体的假设，实验就是为了验证假设是否成立。这类实验也称"验证性实验"。其特点是问题明确，因素不多。其课题用假设来表述，即"如果 A，则 B"。例如："在大班故事教学中，如果采用纸偶边讲边玩的方法，那么就能够提高教学效果。"

无论是探索性实验还是决断性实验，研究者均须事先提出关于解决某一问题的设想，或提出研究的初步设想的方案。这个方案所代表的理论是假设性的，经过实验证明才可成立。探索性实验也必须有一个个的设想，而不是盲目的"试误法"。设想是建立在许多事实材料的基础之上，经过深思熟虑而产生的。验证性实验则更须在一定理论基础上进行，通过实验，加以验证。

实验是对假设的验证，通过实验确定假设所提出的关于特定问题的确切关系。实验中的假设是以自变量与因变量的关系的形式表述的，是对因果关系的预测。把研究的问题以假设的形式表述，可以使实验有一个明确的目标。整个实验就是一个提出假设——验证假设的过程。

二、实验中的控制

教育实验不同于其他方法的最大特点就是"控制"。实验的设计应能使作为假定原因的实验因子(即自变量)发生变化，引起因变量的变化，同时必须能够消除假设中所不包括的无关因素的影响，从而使研究结果准确可靠。只有通过控制，才能找到确切的因果关系。所以可以说，实验法的关键就在于控制条件。

实验条件的控制涉及在实验过程中对自变量、因变量及无关变量的控制，以及对因变量的观察、记录和测定。

(一)确定自变量与因变量

所谓变量，是指性质和数量上可以变化、操纵、观测的各种因素、现象或特征。

自变量即实验因子。这是指作为研究对象，人为地加以变化、操纵的条件，以便引起因变量的变化，它是实验中给予被试的特定的刺激因素。自变量的控制也称作刺激变量的控制。

可见，自变量就是研究者所要研究的问题。对此，研究者必须十分明确。例如，某人欲研究某种教学方法的效果，就须设计并实施此教法，同时观测其效果——儿童学习成绩是否提高。

实施实验研究，最重要的是对实验因子的操纵，研究者要考虑在实验中如何使作为假定原因的实验因子发生变化，即设计实验因子的呈现程序和方法。例如，在"活动幻灯与图片两种直观教具在幼儿园故事教学中效果的比较"这项实验研究中，实验因子就是直观教具。所要解决的问题是，运用活动幻灯这种教具是否能提高故事教学的效果。为此，该实验采用两种教具，一种是传统教具——图片，讲故事配上4幅图片；另一种是活动幻灯，在屏幕上打出面积大、能活动的图像来配合故事教学。通过实验，考察直观教具这一实验因子(自变量)变动后，故事教学的效果——因变量是否发生变化。又如，在"教师的言语暗示对儿童行为影响"的实验中，实验因素就是教师的暗示性语言，如"你喜欢大家，那么你愿与人合作……"，研究目的是了解儿童的行为是否随教师言语暗示的不同而有不同反应。

因变量是指实验所要观测的效果。这是随实验因子即自变量的变化而改变的条件或因素，亦即被试对特定刺激作出的反应。例如，在以上实验中，故事教学的效果，或儿童与人共搭积木的行为与效果。

因变量的控制就是反应变量的控制。因变量的控制包括指导语和指标的确定。指导语的作用是引导被试的反应方向；指标是指对被试反应的观测或对因变量的度量指标。例如，被试对问题的反应时间、正确率等。

总之，实验是对作为研究对象的自变量进行操纵控制，或人为地加以变化，从而观察、测量因变量的变化，以确定研究的效果——自变量与因变量之间关系的过程。

(二)控制无关变量

无关变量是指那些对实验结果会产生影响的其他刺激变量。这是指与所研究的问题无关，但是却会影响其效果的变量。实际上应称之为"有关的无关变量"。不包括真正无关的无关变量，如儿童体重显然不会影响故事教学的效果。实验过程中，必须对无关变量加以控制，以便考察确切的因果关系(见图6-2)：

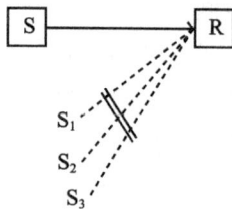

图6-2

无关变量的控制通常有三种方法：

1. 排除

把无关变量排除在实验之外，尽可能不使它对实验结果产生影响。例如，心理和教育实验中利用暗室、隔音室来消除无关的视听刺激；用单向玻璃进行观察；或创设专门实验室条件（如前述"婴儿依恋研究"），从而将额外刺激排除；另外，还可以通过对被试年龄、性别等的选择，使样本保持恒定。幼教实验中还有大量无关因子排除在实验之外的例子。例如，已知缺课会影响教学效果，就事先向家长说明，不要让幼儿缺勤；同时对体弱多病的孩子不予选择；再有，要求家长在实验期间不进行额外的家庭辅导等。

2. 平衡

使无关因子以同一水平作用于实验班和对照班或控制班。这样，无关变量对两个班的影响平衡化，也就是对两个班的教育效果的影响相同。

平衡法也叫等组法，这是实验的基本模式。即通过随机取样随机分组，将被试分为两个无关变量相等的组（或两个以上的组），两组被试的特点相同或基础相同，表明这两组被试都是来自同一个总体，从而无关变量相同，亦即其影响在两组平衡化了。当然，在等组实验中，除了考虑被试特点以外，对教师水平、能力、态度、教材、教学时间等其他无关因子一般也应采用平衡的方法，使这些因素对于实验班与对照班或控制班来说处于相同水平。例如，"兴趣游戏与儿童智力实验"，就是采用等组法，通过平衡的方式控制无关因素的干扰。

3. 抵消

当实验变量是两个或两个以上时，会出现新的问题：两个实验处理的前后顺序不同，结果也就不同。这时，必须采用循环组法加以抵消。循环组法也称为 ABBA 法（见图 6-3）：

1/2	A	B
1/2	B	A

图 6-3

一项关于新教法与传统教法的比较研究，如果采用 ABBA 法，研究者可以使被试中的半数先作为实验班或组接受新教法，再作为对照组或控制组接受传统教法的影响；另一半被试则先作为对照组或控制组先接受传统教法，再作为实验组接受新教法的实验处理。例如，"活动幻灯在大班故事教学中的效果研究"就是运用 ABBA 法进行实验的。这样，不仅两班幼儿的特点与基础等影响因素被抵消了，而且两班教师的不同水平、能力和积极性，以及两班幼儿各异的家庭条件等无关因素对效果的影响在比较时都被抵消了，同时教法的先后顺序的效应也被抵消了。

三、实验的组织类型

实验的组织类型是实验设计中的主要内容。教育实验中被试的分组主要有三种形式：单组实验、等组实验、循环组或轮组实验。实验的分组形式与实验的控制问题有关。

(一)单组实验

单组实验是对一组被试施加某一种实验因素或是两个以上实验因素的影响，然后观察和测量其结果，比较施加某一实验因素前后效果有何差异，或是施加某一实验因素与另一实验因素在效果上有什么不同，从而确定实验因素的实际效果。例如，我们可以采用单组法做实验，对比游戏法或看图讲述法对大班幼儿故事教学的效果，或是比较操作法与讲解法在自然常识教学中的效果。做法是：在幼儿园选取一个班作为实验班，前后实施这两种实验因素的处理。实验前，先须对被试进行初测，了解儿童原有程度，然后实施游戏法教学识字的实验，根据计划，实施实验一段时间后，再作复测。将前后两次测查的情况作比较，确定游戏法的效果。或是依次实施两种不同的教学方式，如先实施讲解法，再依同样程序实验操作法，把两次测查的效果加以比较，就能确定哪种方法好。单组实验步骤见图 6-4：

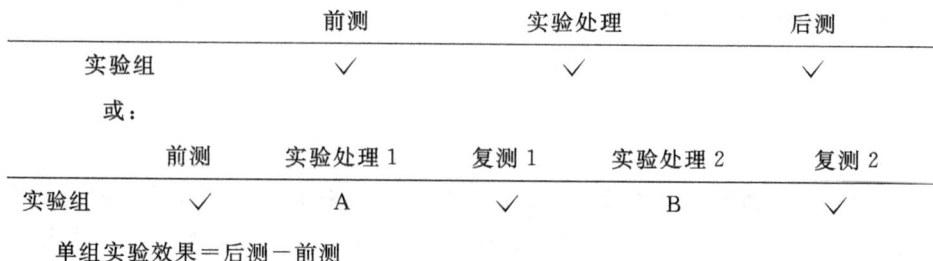

	前测	实验处理	后测	
实验组	✓	✓	✓	

或：

	前测	实验处理1	复测1	实验处理2	复测2
实验组	✓	A	✓	B	✓

单组实验效果＝后测－前测

图 6-4

单组实验法比较简单易行。但是如果实验周期较长，则幼儿在基础知识、技能、智力等方面的自然增长，就会影响教育实验的效果。再有，如果需要比较两个实验因素，则两个因素之间相互会产生干扰，因而影响实验效果的准确性。

(二)等组实验

选择两个或两个以上条件基本相等的班或组作为实验对象。在实验过程中，对两组被试分别施加不同实验因子的影响，同时使两组其他条件保持不变，然后对不同实验因子所产生的变化或结果进行观测比较。

例如，我们如果要做一个自然常识教学实验，比较两种教学方法——讲解法与操作法，也可以采用等组实验法进行。实验前，先要对实验组与对照组或控制组作测查，确定这两班儿童的原有基础、水平大致相同。这时就可以实施实验处理了：对实验班用操作法进行自然常识教学，对照班则为传统的讲解法，同时两班其他条件保持不变。实验后再对两班作复测，比较两者有无差异，从而确定不同教学方法的优劣。运用等组实验比较不同教学方法这一实验因素对幼儿学习的影响时，一定要确保这两个班其他方面的条件得到控制，如幼儿发展水平、学习能力、教师的经验水平、教材内容、设备条件等应基本相等，才能保证所得结果准确可靠，也就是说，儿童自然常识学习效果的提高确实是由于使用了这种新的操作式教学方法而产生的。

又如，上述识字教学比较两种不同教学方法的研究，也可以采用等组法实验。先选取两个大班，两班儿童特点、原有基础等应大致相同，然后分别对两班实施不同教法的实验处理，实验期间，要保持两班其他各方面条件得到控制。按计划进行一个阶段的教育实验后，再进行测查，将两次结果加以比较，论证哪种教学方法效果更好。等组实验的步骤见图 6-5：

	前测	实验处理	后测
实验组	✓	A	✓
对照组（控制组）	✓	B	✓

等组实验效果＝实验组（前测－后测）－对照组（前测－后测）

图 6-5

教育实验较多采用"设控制组在各方面同实验组作对照"的平衡——等组法来控制无关因子的影响。等组法被认为是实验法的基本形式。为此，就须采用随机的方法决定控制组与实验组。"研究者必须通过随机化来使不能被直接和充分控制的影响中立化"，以便有效地控制系统误差。一般认为，在实验中，"这是唯一的可以确保所有无关因子都得到控制的方式"。就是通过随机取样、随机分组，从而提供等组的方法来平衡无关变量，"使实验组与控制组在分派组成成分上相等化，使这两个样组均来自同一个全域或总体"，从而达到控制。

等组实验能够避免单组实验的局限性，因为两个实验因子分别在两个组施行，不会相互干扰；同时，两组对象均有成长因素，因而这一影响因素在两组平衡化了；再有，测查的内容两个班也是相同的。因此，实验结果比较精确可靠。

等组实验的关键在于使实验班与对照班的条件尽可能相等。在条件许可的情况下，应当采用随机取样随机分配（分组）的方法，确定实验组与控制班。然而进行教育实验往往需要利用现有班组，要使两个班各方面条件完全相等是不大可能的，只能是大体相等。运用现成的群体进行实验通常称为"准实验设计"。这种实验设计的一个总的考虑，就是对严密的实验方法采取一点变通，即非随机分组。因而，参与实验的两个班组通常被称为实验组与对照组。在这种情况下，那些不相等的条件，就会对实验的效果产生这样或那样的影响。研究者对此应预先有所考虑，在得出研究结果和作结论时要作适当的说明。

教育现象是一种复杂的社会现象，教育研究是以人作为研究对象，教育研究的影响因素往往比较多，各方面因素也常相互影响。实验过程中，要确保除实验因子以外的一切条件和影响在两班（组）保持完全相同也是不容易的。这些因素都会影响到实验效果的准确性、可靠性。采取准实验设计，控制程度相对较低，可以用增大样本容量的方式，提高其结论的精确可靠程度。如果能几个园协作，选择多个条件基本相等的班进行实验，如设计两个实验班，两个或两个以上的班作对比班，事先测试，确认其各方面因素基本相同，实施实验后，再加以复测，从而在多个班级中相互比较和彼此对证，就可以获得比较准确可靠的结果。

(三)循环法实验或轮组实验

循环法实验也称轮组实验。这是把两个(或两个以上)实验因子轮流在两个(或两个以上)组施行,然后求每个实验因子的变化与效果的总和,并加以比较。简单地说,就是使两组被试都参加不同的实验处理。

例如,"活动幻灯与图片在故事教学中的效果的比较实验",就是采用轮组法进行的。实验因素是两种不同的直观教具,如以活动幻灯这种直观教具辅助大班故事教学作为实验因素 A,传统的教具图片作为实验因素 B。用循环实验的步骤见图 6-6:

	前测	第 1 次实验处理	复测 1	第 2 次实验处理	复测 2
实验 1 组	√	A	√	B	√
实验 2 组	√	B	√	A	√

图 6-6

实验前,用相同的内容对两组儿童进行初试测查,每轮实验处理之后进行一次复测,然后将两组运用活动幻灯(实验因素 A)和图片(实验因素 B)所得成绩分别相加,再来比较两种方法在效果上的差异。

$$实验效果 = (A_{实验1组} + A_{实验2组}) - (B_{实验1组} + B_{实验2组})$$

循环组实验的优点是各个实验因子轮换施于各组,因而其发生影响的机会均等,同时抵消了非实验因子的影响,两组被试并不要求基础相同,教师等无关因子的不同影响也可抵消,但循环实验中每组均实施两种以上实验处理,因而实验周期比较长;再有,要准备两个性质、难度相同的教学内容以及两套难度相同的测试题也是较难做到的。

四、实验中的操作定义与指标的确定

(一)科研中的两类定义

科研基于两类定义:概念性定义与操作性定义。两者是相互对应的。

概念性定义即文义性定义或抽象定义。它是对研究变量(或指标)的共同本质的概括。作用在于揭示变量即所研究问题的内涵,并将它与其他变量区别开来。例如，我们要研究儿童的智力发展水平，或是研究有关同情心、社会性、不依赖行为等，首先要对其内涵进行理论探讨，并从文义上作出明确说明、界定。需要运用逻辑的方法，用概念、同义语说明定义，揭示其内涵或本质特征。

操作性定义是用可以感知、度量的事物或行为事件、现象和方法对变量作出具体的规定与说明。例如，可以用智力测验——IQ分数代表儿童智力水平；用各科成绩的平均数代表学生的学习成绩；用出勤率、迟到与早退次数与时数，以及上课听讲和作业完成情况，参加班级活动或学校活动等具体的可感知的现象代表学生的学习态度。

从操作定义的特征我们可以较好地认识这两类定义的不同。操作定义的特征表现为以下三个方面：

第一，定义的内容具体化。操作定义是用具体的事物、现象和方法来说明概念或变量，而不是采用概念或同义语来界定之。

第二，以经验的方法下定义。操作定义并不是像抽象定义那样通过逻辑的方法，而是采用经验的方法，即可以直接感知、度量的方法，对变量加以说明。

第三，操作定义着重变量的外延或过程。操作性定义的着重点不在于揭示变量的内涵与本质，而在于界定变量或指标的外延，即表现形式或对变量的操作过程。

两类定义的关系：概念性定义决定变量的本质内容，研究首先需要对问题作理论探讨，明确问题的性质、特征或内涵，这是设计好操作定义的重要基础。然而，抽象定义仅停留在概念水平，不能解决实际研究中变量的具体操作与测定的问题，因而研究者必须将其操作化，即使所研究的问题具体化。可以说，操作定义是概念性定义在实际研究过程中的具体体现，即将概念——文字语义性定义转化为具体的可以操作观测的程序或指标。

这里，我们着重探讨操作定义。

操作定义在实施研究过程中起着很重要的作用。有人认为，操作定义是在理论概念水平到实验观测水平之间建立联系的一座桥梁。"一个操作定义，就是一系列的具体规定(instructions)，描述了研究者必须进行的操作，以便证明一个概念所代表的实际状况的存在及其程度。"例如，研究者可以把"智力"概念操作定义为一系列操作活动，通过进行智力测验，从而揭示其存在。

操作定义的意义和作用具体表现在：

一是有利于提高研究的客观性。由于操作定义是用看得见、摸得着的具体事物、现象与方法来规定和说明研究变量，这就使得所研究的问题或变量成为可以直接感知和具体操作的东西，因而有利于提高研究的客观性。

二是有助于假设的检验。假设的检验是指判断它对变量间关系的预测是否正确、能否得到成立。为此，关键的一步就是对变量加以测量。给变量下恰当的操作定义，是测量的前提。如果研究者不能对变量给予明确的操作定义，就不可能对研究假设进行检验。

三是有利于提高教育心理研究标准的统一性和结果的可靠性、准确性与可重复验证性。教育研究对象很复杂，如果研究者对研究对象或研究变量、指标的理解不同，就有可能产生许多误差，影响结果的可靠性。通过明确规定操作定义，不同研究者对同一问题或是对不同的研究对象进行研究时，就可以依据统一的标准和方法进行，从而保证研究结果是准确可靠的，有了统一的标准与方法，也便于重复验证研究结果。

(二)操作定义的确定

教育科研特别是教育实验研究通常需要对研究对象或变量确定或建构操作定义。这是将实验变量操作化的必要步骤。研究者要将有关的实验变量从抽象化、概念化的形式转换为操作化的形式，使实验变量在实际研究过程中成为具体的实验条件，并能够被观察到，同时能用一定的方法将被试所感受到的实验变量的影响明显地测量出来。简言之，就是对变量的操作与检验下定义，是将变量的抽象陈述转化为具体的操作陈述的过程。

实验中的操作定义涉及两个方面：

一是确定自变量的呈现　这是关于实验因子的安排、呈现与变化的程序或方法；

二是因变量的度量　这是对随自变量的变化而变化的反应变量的观测与度量。一般地，因变量的度量比起自变量的确定更困难、更复杂。因为因变量的观测度量是检验假设的关键。

(三)教育实验指标的选择确定

研究者要检验研究假设，了解实验效果，并对结果加以统计处理，就必须确定因变量的观测指标。由上所述，确定了操作定义，进而也就有了对因变量亦即实验效果的观测指标。

1. 指标选择确定的步骤

关于教育实验指标的选择与确定，须经历一定的过程和步骤，即形象感知——概念规定——本质外化——经验筛选。

第一步：形象感知　这是对观测对象从形象上感知其存在。例如，对思维能力的感知：儿童在皱眉，摸脑袋；有的儿童解答问题时，反应速度很快，有的却较慢。

第二步：概念规定　研究者对所研究的问题回到理性上从概念方面把握，探求研究与观测对象本身的意义，有何理论上的解释，包含哪些基本成分，其变化意味着什么，以及它同一些相邻概念的区别如何。例如，所谓思维能力是对事物关系的认识判断和概括思考能力，包括的成分或因素有：思维的敏捷性，反应速度快；思维的灵活性，表现为有较强应变力；思维的深刻性，即能够深入思考本质问题，而不仅停留在表面现象上；思维的独创性，表现为善于自己发现问题，寻找答案。

第三步：本质外化　将概念的抽象的本质特征外化或具体化为通过一定的手段可以观察到的，并且在一定条件下能够重现出来的现象与行为标志。例如，思维的敏捷性可以用单位时间解题数量或答对一定数量题目的时间等来衡量。

通常，需要依据心理反应的外部特征确定观测指标，也就是借助外显行为来推测心理过程，一般常用反应时、正确率、频次等。

第四步：经验筛选　在初步确定指标项目后，往往还须进一步根据指标选择确立的条件加以检验筛选。

2. 指标确定的条件

关于选择因变量指标应依据一定的条件，简言之，要考虑以下三个方面：关联性、鉴别力、客观性。

（1）指标的关联性。所选用的指标与所研究的问题是有联系的，要注意选择那些与观测对象有本质联系的指标。为此，研究者需要认真地进行理论分析与逻辑推理，确定各指标项目与观测对象的联系。例如，在心理学研究早期，有人曾依头围的测量来考查智力。很显然，这两者并不存在本质联系，因而无效。有时，由于观测对象结构成分较复杂，通常需要以一组指标而不是单一的指标去衡量。

（2）指标的鉴别力。指标应能充分代表当时的现象或过程，能够对所研究的问题作出有力的表示。一个好的指标应该是观测对象所特有的。不同的反应应有不同的指标。如果一个指标不能清楚地区别出研究对象，则为不恰当的或没有效用的。例如，智商可以作为智力水平的特殊性指标。

（3）指标的客观性。指标是客观存在的，而且是可以通过一定的方法观测到的。对于人的心理反应，常常要通过测量其物理踪迹来加以研究。例如，要研究儿童的恐惧感，可以用对儿童原来围坐的圆圈的半径逐步缩小的记录，对他们因听鬼的故事而引起的恐惧程度作分析；又如，要考察阅读兴趣，可以用各类图书被借阅的次数来表示。为了增强指标的客观性和可靠性，可以采用多种指标综合运用的方法，应既有量的指标又有质的指标。应当注意数量化指标的运用，以便提高研究的精确度。当暂时找不到可观测的客观指标时，可以适当采用主观指标对所研究的问题或现象进行测量检验。

3. 教育实验中指标选择实例

关于"活动幻灯与图片在大班故事教学中效果比较的实验"，其指标的设计是值得一提的。在这个教育干预性实验研究中，研究者选择确定了三方面指标，对实验研究效果加以检验。

（1）在故事教学中儿童的注意力表现，可直接反映儿童对教学活动的兴趣、积极性和参与情况。对儿童注意力表现从三方面度量，三项指标均为可观测到的：

● 注意力集中程度：分为好、较好、差、很差，共四个等级。
　　① "好"：指不易受外界无关刺激干扰；
　　② "较好"：虽易受干扰，但能使注意力迅速回到教学中来；
　　③ "较差"：易受干扰，有时不能迅速回到教学中来；
　　④ "很差"：注意力易受干扰，而且经常不能回到教学中来。

通过对儿童在教学活动中每一分钟注意的表现进行观察，进而加以评判。

● 注意力分散的次数。
● 集中注意的持续时间。

（2）儿童对教学内容的记忆效果，这从另一侧面反映教学质量。研究者预先将故事内容分为 20 个要点，儿童学习后，要求对故事进行复述，从记忆数量与记忆顺序两方面了解其记忆情况。

(3)儿童对故事的理解水平,包括两个方面:

● 理解得正确与否?

● 抽象概括程度如何?

研究者针对故事中心意义设计一些问题,通过儿童对所提问题的回答,了解其对故事的理解情况。例如:"你喜欢故事中的老太婆吗?""为什么?""这个故事告诉了我们一个什么道理?"

第三节　实验的程序

完整的教育实验程序应包括四个基本环节:确定课题、实验设计、实施计划、总结整理。

一、问题的提出和假设的确立

关于教育实验研究课题的确定,可以根据日常观察,从教育实践提出问题;也可以通过教育理论的推导,发现和提出问题;还可以通过对他人研究的考察和发现,提出并选择研究课题。

进而须对课题所涉及的范围、对象等作一定的理论探讨和初步调查分析,使课题具体化,对所要研究的问题加以清楚地界定,形成研究假设并明确地作出陈述。可以提出如何解决实验问题的初步设想,或是对实验条件与教育心理反应现象之间的关系进行推测。

在确定研究课题时,须认真查阅文献,借鉴其他人已有的研究成果与方法,并加以参考和比较,确定本课题的理论意义与应用价值。

二、实验设计

由前所述,我们对实验法的特点与实验设计的内容有了基本的了解:实验设计就是力求用最少的时间、人力、物力来获取最多、最有效的实验数据(包括质与量方面的事实材料)的周密的科学的考虑。

实验设计中通常要考虑以下问题：

首先，被试的选择：涉及研究场所、被试范围、年龄、性别等条件，取样标准与样本容量及如何分组等。

其次，设计实验方案：考虑实验的组织形式、实验条件的设计，包括实验因子的确定及其呈现与操纵变化等有关实验处理的方式、次序，如何排除或控制无关因子的干扰；还应设计好实验效果即因变量的观测方法，确定适用的研究工具量表等。依本研究所需收集的资料种类预先考虑适用的统计方法。

再次，实验的步骤和时间安排：精心设计实验步骤和科学有效地安排实验时间是实验取得成功的重要条件。

三、实施实验计划

在这一阶段，研究者要根据方案规定的程序认真进行操作，收集有关的事实材料和积累研究数据。在实验过程中，一定要严格控制实验条件，把握实验的进程和阶段。

四、总结整理

整理加工事实材料，须认真对材料加以核对、筛选，进而将其分类组织，汇总统计。

对统计出来的结果作分析研究工作，运用理性方法和逻辑分析方法，对研究结果的本质意义加以讨论，并作出推论。最后验证假设，得出结论。研究者在总结阶段，还要客观地分析研究存在的问题与不足，并思考仍须进一步研究解决的新课题。

最后，在总结整个研究过程基础上，撰写研究报告，将研究结果及其来源按一定格式写成报告。

教育实验是一项复杂的、创造性的系统工程。为了揭示教育现象内在规律和因果联系，必须遵循教育科学研究的一般原则和实验法的基本要求，认真对待教育实验过程和每一个环节、每一个步骤程序。

第七章 个案研究法和行动研究法

第一节 个案研究法

个案法也是儿童发展与教育研究中运用比较广泛的、具有特殊价值的一种研究方法。

一、个案法及其分类

(一)什么是个案法

个案法是对一个或少数个体(如儿童或教师、教育机构等)进行的系统的、深入的调查。个案法与观察研究有着密切的关系,但它不是一种单纯的观察方法。在个案研究中,需要综合运用观察、调查问卷、谈话以及作品分析等多种方式,以便收集特定个体的资料,或是反映特定问题的较全面信息。

个案法与其他研究方法最明显的区别在于,它是将研究的焦点集中在某个特殊个体上,最大限度地搜集反映其各方面情况的详细材料,对其心理发展过程与个体特点等进行细致的、系统的考察,并且随着时间的推移,追踪研究其发展变化过程。研究者通过对资料的收集分析，了解研究对象的问题、特点及其形成原因，以便采取相应的有效措施：阐明理论观点，探索内在规律。个案研究无论对于教师、医生、管理人员还是对于研究工作者，都是有意义的。

在研究工作中应当破除这种误解，即认为只有通过大型（大样本）的研究才是"真正的"研究。个案研究实际上如同解剖麻雀，通过对某一个体的深入研究考察，可能得到一些重大的发现。例如，皮亚杰最初就是从自己孩子的个案研究，包括观察、谈话、实验等中受到启发，从而创立了他的儿童认知发展理论的。

通常，研究者需根据研究目的，确定个案研究的侧重点。如回溯性个案研究，重点在于对儿童的既往心理发展过程的考察，探究导致现状的各种因素；又如现状性个案研究，则侧重了解儿童目前的状况，对其特殊心理与行为作出诊断；追踪性个案研究，是随着儿童年龄的增长，定期对其进行研究考察，寻找儿童心理发展的规律，探求其年龄特点等。

（二）个案法的分类

从个案研究的内容、适用范围及其目的功用看，可分为三种。

1. 诊断性个案研究

诊断性个案研究主要用于考察特殊儿童，研究问题行为以及精神病患者等，目的在于对儿童的心理现状作出判断。

2. 指导性个案研究

指导性个案研究广泛运用于教育领域，如用于新的教学方法或新的教育方案的尝试，然后将研究成果推广到普遍的教育实践中去。

3. 探索性个案研究

探索性个案研究常常用于大型研究的准备阶段。

二、个案法的研究手段

个案研究的目的是尽可能深入详尽地了解研究对象，因而常常需要综合运用各种调查手段，并要求灵活有效地运用这些手段。

(一)资料的来源与研究手段

1. 儿童本人

运用观察法、谈话法、实验法及测查法等直接考察儿童本人，了解他的行为表现，分析其心理发展水平、发展速率，以及受到的教育影响等。

2. 儿童的作品及有关文字资料等

收集儿童的作品及反映其行为的结果的材料，进而加以分析，间接考察儿童的行为及其心理发展，以及他所受到的教育和环境的影响等。通过对有关儿童的历史资料与鉴定材料的收集，如反映儿童健康状况的记录（病历、化验报告、体检表、心理测查报告等）、学习成绩、教师评语等，间接考察研究对象。

3. 家长及其他有关人员

运用调查法（如谈话、问卷等方式）向教师、家长以及其他有关人员，了解研究对象的行为表现、心理发展状况、成长变化的情况等。还可以了解其家族遗传史、家庭结构与生活方式、教养方式以及家庭情感气氛、家庭成员之间关系等相关因素。

(二)个案研究的记录方法和需注意的信息

1. 个案研究的记录方法

(1)日记法或传记法。

个案法中的追踪研究最常用的方法是运用日记法或儿童传记法对儿童定期做观察记录。日记法着重注意和记录儿童新的行为的出现，观察其发展变化的情况。对于年龄越小的儿童，观察记录的时间间隔应越短。例如，儿童出生后的第一年，心理发展变化较快、成长迅速，因此，通常需要以"天"或"周"为时间单位做日记记录；以后，随着儿童发展日益趋向稳定或发展速度逐渐减缓，则可以渐渐延长记录的时间。

日记法可以用逸事记录的方式进行，记录儿童在什么场合做什么和记录新的行为与变化。注意记录要细致完整，要有系统性，应善于抓住关键性的行为和语言。随着时间的延续和资料的积累，进而作出系统分析，了解儿童的行为模式、发展中的问题及问题形成的原因等。

（2）摄影和录音。

除了用笔、纸做记录以外，还可以借助现代化手段，利用一些仪器设备，更准确地和多方面地收集有关特定研究对象的资料。例如，研究者可以定期拍摄下儿童动作发展的镜头，还可以录下儿童语言发展的资料，如何时咿呀学语、何时出现单词句、何时有完整连贯的语言以及表达和交流的资料等，这些物质资料便于长久地保留，以便日后分析和与其他材料印证等。

2. 对儿童做个案研究需注意的信息

（1）儿童的基本情况。包括姓名、性别、年龄或出生年月、身体发展情况、生活习惯以及语言、运动、感知觉和情绪等有关儿童在不同领域的发展情况的主要信息。

（2）家庭背景。父母职业、文化或受教育程度，家庭中其他兄弟姐妹的情况，家庭所处的地理位置，所在社区环境、自然、人文、社会与经济发展等条件。

（3）学校或教育机构情况。学校所处的地理环境与社会环境，学校内师生的组成情况等。

（4）儿童的活动模式。儿童一天生活的基本情况，一天时间安排，空闲时间从事的活动等。

（5）儿童在学校或教育机构的行为表现。

（6）儿童与其他人（成人及其他儿童）交往的情况，如与教师如何交往、与同伴如何交往、人际关系如何等。

（7）儿童使用各种材料如玩具、图书等的情况。

（8）儿童经常的娱乐方式有哪些、观看电视的情况等。

（9）儿童对经常发生的事情与新异事物或意料之外的事情的反应。

（10）儿童的模仿风格如何，对成功与挫折的反应怎样，是如何表示自我概念的。

研究者要注意在不同时间和不同情景下观察儿童，考察了解该儿童在不同活动中是如何表现的，比较他在室内与室外、校内与校外、家庭内与家庭外的情况的差异，以及儿童在小群体与大群体中，或是独自一人时表现有什么不同，注意儿童在一周内不同时间以及一天内不同时间，如早上、中午、下午、晚上的情况怎样等。通过细致地观察，研究者能更深入、全面地了解特定的研究对象。

三、个案研究的程序

1. 制订个案研究计划

个案研究也需遵循一定程序。一开始，需制订研究计划，包括确定所需研究的对象和问题，考虑研究的重点和研究所用的方法。

在制订研究计划时，必须明确问题的性质，考虑研究的重点应放在哪里。例如，研究一名问题儿童，需要着重考察其目前的心理状况和以往的成长史；如要研究儿童的动作发展，则应运用追踪研究。进而选择设计适宜的调查方法，确定调查范围，以及追踪观察的时间间隔与步骤安排等一切事项。

2. 考察现状

在这个阶段，研究者应尽可能运用多种调查手段，客观地对研究对象的现状，包括其行为、心理与个性等方面的表现作出评定与诊断。例如，研究某一有特殊才能的儿童，可以采用测查法，了解考察其智力发展水平与个性特征，通过测查，了解其智商及创造力发展，分析其个性，如非智力因素等有无独特特征。在对研究对象本人加以考察的同时，还要注意向他的老师、伙伴或同学以及他的父母作调查，了解该儿童学业成就、个性特征等方面的情况。又如，可调查某特级教师的教学特点，了解其业务水平、个性素质等。

3. 了解发展史

在考察个案研究对象的现状基础上，还要进一步了解形成其目前现状的各种因素。例如，上述例子中，研究者在考察了某教师的教学特色后，还要进一步了解这种特色是如何形成的，这就涉及该研究对象的成长过程、家庭影响及所受教育等情况，以及他个人的主观因素。

4. 追踪观察

当研究对象为发展中的儿童个体时，依研究的目的、计划，往往要在了解现状及既往发展过程之后，还要作一定的追踪观察。

研究者可以预先规定出所需观察的范围。如可以广泛观察研究对象的行为，或侧重观察其特定的行为。例如，要研究婴儿语音的发展，可以用录音机对一名婴儿作一定时间的追踪记录，从出生到 13 个月，每天或每周记录 5～10 分钟。可以依婴儿发音的兴趣，确定究竟需要记录多长时间及记录的时间间隔。

5. 整理材料，作出推论

将收集到的大量材料进行分析整理。首先需分析归类，可以将材料按横向联系或纵向联系作一番梳理、汇总，进而加以分析，考察研究其行为、心理特点，比较各因素之间的关系。在此基础上，可以形成一定的观点、理论，对儿童心理发展的规律及其行为心理形成的原因加以解释、说明，进而得出有价值的结论。例如，对儿童语音或语言发展作个案研究，就要对收集的大量个案资料加以归纳总结，寻求儿童语言准备期的发展规律。

四、个案法的特点及其评价

在研究的早期阶段，个案法通常是最有效的。研究者为了开拓新的研究领域，采用个案法对较少的个体进行一种比较深入系统的研究，通过这种探索性研究，获得新的启示，提出新的观点，为大规模的组群研究提供范型和研究的基础。个案法特别对于考察了解每一个活生生的完整个体，分析研究对象之所以各具特色的个性有着重要意义，并且能够提出改进或校正行为的有效措施和途径。对于生态学研究和人类文化学研究，个案法在研究独特个体与群体中具有特殊价值。

个案法的局限主要是缺乏代表性。个案研究所选被试往往为一特定的或特殊的个体，通过研究可以获得具有典型意义的资料，但缺乏可供比较的群体。人们对个案法的批评集中在这一点上：由特殊推导出一般的过程存在着很多困难和被歪曲的可能性，因而所得结果的科学性受到怀疑。

当然，科学与否不是绝对的。如果一项研究比较适合于个案研究，那么若采用其他所谓"科学"方法所获的结果就很难称作是科学的，而用个案法研究的结果则可能是更接近科学的和真实可靠的。还有，教育科学研究既要考察具有普遍规律和一般意义的现象，还应探求具有特殊意义和规律的个别、特殊现象，而非仅仅注意前者。

第二节　行动研究法简介

一、什么是行动研究法

行动研究法是指，研究人员与教育实践工作者针对实际的教育活动或教育实践中的问题，不断提出改进教育的方案或计划，用以指导教育实践或教育活动，同时又依据教改研究计划实施进程中不断出现的新问题，进一步充实和修正、完善计划或方案，不断提出新的目标。一方面以研究指导行动，以改革方案作为指南；另一方面教改行动又反过来成为研究的向导，促进研究的进展，二者相互反馈，反复无穷。行动研究英文为 Action Research，即行动与研究结合，在教育实践或行动中研究，在研究中不断改进教育行为方式，使研究不断深入和提高。

关于行动研究方法的起源，美国社会心理学家勒温在他的"团体动力学"中首先提出这一概念。行动研究法约于 20 世纪下半叶引入教育研究。我国较早见于 1976 年版的日本大桥正夫的《教育心理学》（钟启泉译）。书中将"行动研究法"作为教育心理学的一种研究方法作了简要介绍。大桥认为行动研究是"为了弄清现场面临的问题的实质，引出用以改善事态的行动，由现场人员和研究者协作进行的调查和实验。其直接目的是着眼于改进实践。因此亦称之为实践研究法"。

大桥认为，教育心理学中运用行动研究法，可以改进学习指导法和改革评定法。他还预期，这种方法"将会构成教育心理学研究法的主流，以有利于更好地开展教育实践"。

二、行动研究法的步骤

教育行动研究方法是按如下步骤将研究与实践不断推向前进的：

计划──→实施──→计划执行的记录和评价，新的事实的发现──→再计划──→再计划的实施──→再计划执行的记录与评价同，呈现为一种研究的动态序列。

可以用一个简要的图来表示（见图 7-1）：

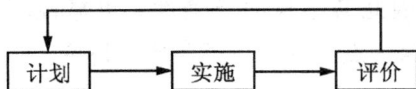

```
       ┌──────────────────────────────┐
       ↓                              │
    ┌──────┐     ┌──────┐     ┌──────┐
    │ 计划 │ ──→ │ 实施 │ ──→ │ 评价 │
    └──────┘     └──────┘     └──────┘
```

图 7-1

三、行动研究法的特点

（一）行动研究具有直接针对性

行动研究一般是针对即时问题加以研究，通过研究使问题切实地得到解决。研究的目的是改进教育工作，提高教育质量和效益。行动研究属于非正规性研究，其方案不一定很严密完善，而是随着研究与实践的进程逐步加以调整，应注意在日常、真实的教育情境中边行动边研究。

（二）行动研究有益于将教育研究与实践紧密结合

行动研究是为了有效地改进日常教育工作，因而有益于弥合理论走向应用之间的裂痕，改变长期以来二者脱节或各说各的话等"两张皮"倾向。

（三）行动研究有益于推动群众性的教育研究

教师及一线教育实践工作者参与研究，同时作为教育主体与研究主体。行动研究法适合于教师的工作实际，可促进教师在教育过程中学习和研究教育问题，自觉探索规律，提高教育效果。

（四）行动研究有益于教师自身素质的提高

行动研究有益于教师在行动中、在教育实践中研究，同时通过研究提高自身素质和教育技能水平。事实上，教师素质的提高作为重要的研究成果，尽管是无形的，但对于教育质量的提高却起着关键作用。有人称，"行动研究方法的独特优势在于，它可以改变教师的态度和行为"，正是由于这一点，它才能带来稳步的教育质量的提高。

行动研究法的局限主要在于内部效度差。行动研究法因其非正规性，不可能严密控制条件，因此其结果的准确性、可靠性不够。当然，这并不是"科学性"问题。关于这一点，我们下面还要作讨论。

第三节　从经验总结法到行动研究法

一、经验总结法

（一）什么是经验总结法

经验总结法是在不受控制的自然状态下，依据教育实践所提供的事实，对教育现象加以分析概括，使之上升到教育理论的一种教育研究方法。作为较普遍采用的有效方法，古今中外教育史上运用经验总结法进行教育研究的不乏其例。特别是教育家本人的个体经验，已成为宝贵的教育财富。

例如，中国古代的《学记》，这是 2000 多年前中国古代教育经验的总结。它不仅从宏观方面，对教育制度、教育目的和作用作了阐述；在微观上，对教学思想、教学原则与方法等也有精辟的论述。《学记》是教育史上最早的一部教育专著，由此也开了总结教育教学经验的先河。

在近现代教育史上，率先进行教育实践活动，并系统总结教育经验，开展教育、教学改革的教育家和教育工作者比比皆是。例如，苏联的马卡连柯、苏霍姆林斯基，美国的杜威，中国的陶行知等。他们有着深厚的理论基础，又亲自进行教育实践，其教育经验与理论观点为我国教育界广为传播与借鉴。

教育经验来自教育实践活动。只有认真地、科学地总结经验，并注意使之上升到理论高度，才能够在更广泛的范围内指导教育实践活动。

（二）经验总结法的作用

教育经验总结法对于进行教育科学研究具有十分重要的意义和作用。

首先，有关教育教学的实践经验是教育研究的原材料。

其次，教育研究的各种理论观点要面向广大师生的实际经验，才能转化为教育教学思想。

再次，教育研究与经验联系的紧密程度，与其研究结果被教育界所采纳、转化为教育效益的可能性呈正比。

最后，总结教育经验，有利于从实际出发，从理论与实践的结合上提高研究水平，多出、快出研究成果。

经验，一般是初级的感性认识，需要对它进行去粗取精、去伪存真、由此及彼、由表及里的改造制作的过程，才可能上升提高到理论水平。有关教育的经验如果使用不当，也会产生某些局限：一是经验的研究仅限于现象的描述，停留在感性水平；二是经验的研究可能不够系统，仅限于对一时一地一事的考察，而缺乏对整个事物本质的把握，容易具有表面性和片面性；三是经验往往具有个体性，带有一定的主观性。

在宣传和推广某些教师的优秀经验时，特别应当避免把它们当作万金油，随形势之需而变化，成为赶时髦的装饰，这在教育实践中是有害的。

(三)经验总结法的步骤

1. 确认、评价经验的效果

教育经验总结通常是以某一完整的教育活动过程作为总结对象，分析评价它是否取得较明显的教育效果，在时间、人力或精力及物质条件等方面是否发挥了较大的效益，该经验是否具有典型性、代表性与可推广性。

2. 因素分析

根据时间顺序与工作进展的程序，回顾或考察教育活动过程中采用哪些措施、各措施之间是否具有内在联系、意义如何，以及由此而导致的结果怎样，进而找出与因果关系较密切的主要因素，理顺代表这些因果关系的主要事实、事例及数据，分析考察哪些因素对效果的获得起主要作用。

3. 理论论证

从理论上、逻辑上揭示和认识教育措施与效果的内在联系，即进一步将感性认识上升到理性水平。在论证教育活动过程中，探讨采取的教育措施方法符合哪些教育原则或规律、为什么会取得如此效果。可以与已有理论观点加以比较、验证，也可以提出新的思想观点。

对于先进的教育教学经验，如果仅仅是一般地直接作现象的描述，较难迁移推广，必须通过理性思辨对经验作科学的总结。可以运用不同的手段，按照经验的不同层次，作相应水平的总结研究。

在此基础上，撰写总结报告。

(四)经验总结法的基本要求

一是总结的对象要有代表性，具有典型意义。

二是注意以客观事实为依据，定性定量结合。

三是全面考察，注意多方面的联系。

四是总结过程中，要注意区分现象与本质，以便得出规律性的结论。

苏联在 20 世纪 70 年代，曾集中力量讨论提高教育科学研究的有效性问题。可以认为苏联教育研究的一个显著特点，就是始终注重教育经验总结的作用。他们认为，总结先进经验，是进行教育科学研究的基础，不赞成那种只有实验才能获得教育科学上的新发现的看法。主张把研究与总结先进经验作为教育研究的一种特殊形式，使教育科研能够获得广泛而深厚的群众基础。

对于教育经验总结是否是教育科学研究的问题，看法不同。有人认为经验总结是以当事人的主观体会与认识作为主要研究内容，有很大的片面性、主观性，而且研究的主要目的在于提出或反省一些具体的教育措施，而不侧重于认识与揭示教育规律，因此严格说来，不是真正的教育科学研究，而只是教育科学研究的准备阶段。我们认为，从教育科学研究是分层次成体系的角度，不同类型的研究有其特定地位和作用，将教育科研仅限于纯理论性的研究或仅突出它在认识上的价值是较狭义的看法，苏联学者的观点很值得我们认真思考。

二、从经验总结法到行动研究法

(一)行动法与经验法的比较

行动研究法与经验总结法两种方法所具有的共同点：

一是两种方法的研究主体或研究者本身均为教育实践人员，即作为一线的教师，因而研究具有广泛的群众性。

二是两种研究方法都以广大教育工作者的具体教育实践作为基础，研究与教育实践紧密联系，使研究较具针对性，可具体切实地研究解决实践中的问题，结果也较容易介绍推广并加以应用。

三是两者均为非正规性研究，研究的目的侧重于应用，解决教育实践中的问题；同时二者在方法上的科学严密程度不够高，因而结果的精确可靠程度略低。相对于正规性研究，二者的内部效度较低。

关于行动研究方法与经验总结法的区别或不同，主要在于：

一是经验总结法一般是由果溯因，它是教育实践工作者对其所从事的完整的教育活动的全过程加以回顾总结、分析思考，认识现象与本质的联系，探讨规律的活动。

行动研究法可以由因致果，研究者可以预先有较为明确的目的和研究思路，较理想的行动研究法应当是建立在一定理论或假设的基础之上，根据所制订的目标计划，实施研究过程。

二是经验总结法可以作为有目的的研究的准备阶段，通过总结经验，得出一些对教育现象之间联系的感性认识，积累资料，为进一步系统性研究提供线索，探索方向。

行动研究法则应在经验法的基础上，对教育实践加以诊断，分析问题，提出改进教育工作的总目标和方案，并依各阶段研究与实践的行动调整计划，不断改进教育实践，同时不断接近对真理和规律的认识。相对而言，行动研究有较强的研究目的、意识，既对教育实践作诊断又进而加以干预，为一个比较完整的动态系统，是连续的动态的不断循环往复、不断改进提高的过程，可以看作一个开放型的无止境探索过程。从行动研究法的框架结构，也可以看出它是一个不断反馈循环的动态体系，见图7-2。

三是经验法主要运用经验总结逻辑分析的方法，属经验思辨型研究。行动研究法可以将思辨型、经验型与实证型研究加以综合，有利于发挥各种类型研究法的互补功能。

(二)从经验总结法到行动研究法——顾泠沅经验筛选法的特色

青浦县(1999年改名青浦区)数学教改实验自20世纪80年代末期开始，从青浦县"文化大革命"期间数学教学质量下降到历史最低点的现状出发，以数学教改实验作为教改的突破口，成立顾泠沅教改实验小组，研究改进教学的措施，积累经验，探索大面积提高教学质量的规律。研究历时 10 年，取得了可喜的成果。青浦县顾泠沅数学教改实验的研究，不仅促进了青浦县大面积教学质量的提高，同时总结出了一条"调查——筛选——实验——推广"点面结合教研科研结合的新路，创出了"经验筛选法"，其特点是重视经验的作用，并运用多种方法对经验筛选，获得对教育规律性的认识。

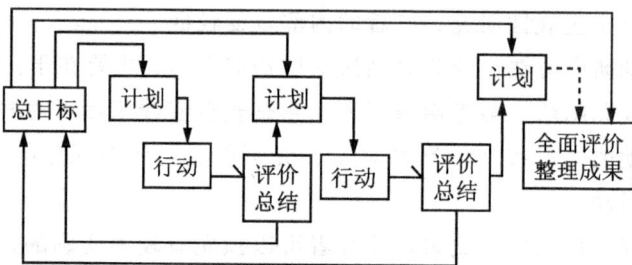

图 7-2　行动研究的结构框架图

（资料来源：王坚红：学前儿童发展与教育研究方法．北京：人民教育出版社，1991：173）

顾泠沅数学教改实验小组首先对本县教育实际进行调查，了解现状，发现问题。他们组织教师对全县数学教学质量进行普查，调查了优等、中等和差等的学生，分析其试卷并与之谈话，了解到他们在学习方面存在的问题。如学习方法停留于模仿，独立思考能力差，知识的遗忘率高。又通过对教师的调查，发现他们在教学中存在的问题，部分教师对教材未能真正掌握，存在机械式、灌输式教学的现象。

为了找到解决问题的改革措施，课题组对有效成功的教学经验加以总结。他们通过在有代表性的学校蹲点，做个案研究，积累了专题教学经验 160 余项，对之作认真的评价、筛选、优化，分析这些经验——教育措施及其他影响因素所产生的效果，揭示经验的内在规律性。在总结和筛选经验的过程中，学习与比较国内外数学教学的成功经验，对教学法方面的以及教育学心理学的已有成果和规律加以运用，使经验筛选评价建立在科学的基础上。通过对经验做深入研究，提高其理论水平，为开展教学实验、形成教学法理论提供原材料。

经验筛选法的研究程序或步骤如下：

第一步，在调查收集、分析总结优秀教学经验的基础上，对这些经验加以评价、筛选和优化，考察影响教学效果的教育措施等有效因素，结合当前教育中的问题与要求，制订出运用这些经验或措施于教学实践中以便改进教育的计划。

第二步，实施计划，依据预定的改进教育的计划或方案，在课堂教学中运用和体现这些经验或措施。

第三步，评价实施效果，组织有经验的教师深入课堂，对教学情况进行系统考察和评价，根据评价考察的结果，对原有经验或措施进行重复验证、筛选，进一步优化处理这些经验。

第四步，再计划，再实施，再评价，反复实施验证，直至筛选出能够体现出一定教学规律的有效的教育教学措施。

经过一年共约 50 次循环，将 160 项专题经验放到教学实践中反复筛选，优化发展，形成较规范有序的经验系统，即四条有效的教学措施：

(1)让学生在迫切要求之下学习。

(2)组织课堂教学的层次或序列。

(3)采用讲授法并辅之以尝试指导法。

(4)及时提供教学反馈信息，进行教学调整。

以上四条有序的教学经验系统在教学法原理和教育心理学规律方面符合情意动机原理、系统结构的序进原理、自主活动原理和反馈调节原理，既直接针对青浦县的教学现状与发展需要，又揭示了教学中系统知识的教学与培养能力、发展智力的关系；教师主导作用与学生主体地位的关系；认知过程与情意过程的关系；新知与旧知的关系；接受性学习与自主活动式发现式学习的关系；反馈与控制的关系。

进而将这四条教学措施作为教改实验基本课题，分别通过教学效果的比较研究(设等组进行实验)加以研究验证，从而揭示教育教学现象之间的因果联系与规律。

实验小组将"数学教改实验研究"这一大的课题加以分解，根据各位教师的特长，先易后难，由浅入深，逐个进行研究，逐步深化总课题，提高研究效率，接近总的研究目的。

最后，将数学教改实验的研究成果加以推广应用。通过多种形式培训教师，使他们从实际出发，将学习与研究结合，使先进经验得到内化；又在全县推广应用数学教学成果的基础之上，向其他学科迁移扩展，大面积提高教学质量。

可以认为，顾泠沅小组的经验筛选法是在教育经验总结法的基础上创造的具有我国特色的行动研究法。

经验筛选法之所以在青浦县教改实验中获得成功，原因在于它具有一定方法论的意义，特别适合于教育学这门实践性科学。

经验筛选法重视经验的作用。研究注重在经验、思辨的基础上，将感性认识上升到理性认识，形成观点、假设，进而加以实验验证，对在经验筛选基础上形成的研究课题，通过实验，作实证性研究，解决问题，获得对教育规律性的认识。

经验筛选法的研究程序体现了各种方法的综合运用，而不仅是运用单一的研究方法。

经验筛选法将研究与实践结合，对经验加以概括提炼，形成理论并不断改进教育实践，形成不断循环的动态体系。研究是从教育实践中的问题出发，通过研究提出改进教育的目标方案，又不断实践和实验，在验证理论认识规律的同时，不断改进教育实践，大面积提高教育质量（见图 7-3）。

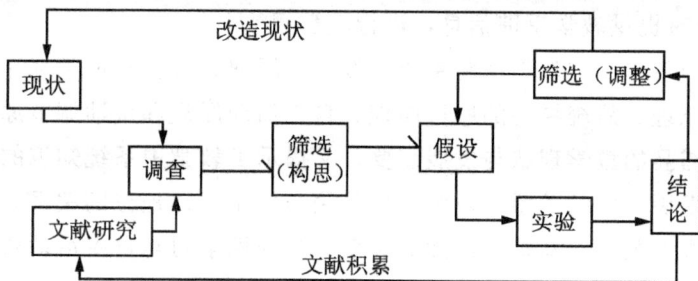

图 7-3　经验筛选法动态流程图

资料来源：盛昌兆，解守宗．教育科学研究方法基础．上海：上海科学普及出版社，1989

对行动研究法的总结：

行动研究法符合人类认识的基本规律，是在改进教育实践的动态中研究，体现了实践——认识——再实践——再认识的过程，研究始终处于动态过程中，从感性认识到理性认识，进而指导实践，循环往复，螺旋式上升，将对未知的认识不断向前推进，并且不断改进教育实践。

行动研究法的提法、概念虽来自国外研究，为舶来品，但在我国教育实践与研究实践中不乏其例，我国近年教育研究实践中将经验总结法进一步发展，创造的经验筛选法事实上与之有异曲同工之妙，这应当被看作中国特色的行动研究法。近年来，幼教改革研究也较多运用这种方法，如幼儿园综合课程、活动课程研究、自选游戏研究等。

行动研究法比较适合我国国情，有益于理论向实践的转化，加强研究与实践的联系，改变以往"两张皮"状况，将我国多年来实践中丰富的教育教学经验加以分析概括、提炼上升，经研究和实验验证，形成规律性的认识，改进教育，大面积提高教育质量效益，促进教育事业的发展。行动研究法特别对于改革教育、教学方法是有益的，适于进行教育技术性、开发性课题研究，解决"怎么做"等有关具体教育措施、操作方法方面的问题。研究虽着眼于改进教育实践，以此作为直接目的，但其客观效果必然有益于丰富有关教育规律性的认识及推动理论建设。

第八章 学前教育科学研究的步骤

科学研究一般都需要经历一定的步骤、程序或环节，教育科学研究或学前教育科学研究也不例外。一个有关学前领域的研究项目应包含以下几个基本环节：

第一，选择和确定研究课题。

第二，查阅有关文献资料。

第三，确定收集和分析资料所采用的方法。

第四，制订研究计划或方案。

第五，实施研究过程、收集事实材料。

第六，整理加工资料、总结研究过程和撰写研究报告。

以下我们具体探讨这些研究步骤环节。

第一节 研究课题的选择和确定

通常，研究人员具体从事一项教育科研要解决的问题有两个，即研究什么和怎样研究。前者就是要提出问题，这是研究的先决条件，规定整个研究的方向和思路；后者就是在科学考察和研究中解决问题。

一、选择和确定科研课题的意义

(一)选择和确定科研课题是研究工作的起点及出发点

科研课题的选择确定，是进行科研最重要的环节。有位学者曾经说过："题目是科研设计的心脏，因为它关系到整个科学研究的结果。"事实的确是这样，选题规定了科研的任务，有助于研究者明确研究的主攻方向。我们知道，科研是人类的一种自觉能动的认识活动。进行科研首先要有一个明确的任务，进而才能有目的地组织观察和实验，系统地收集资料，最后验证假设，建立科学理论。所以说，科研课题的选择和确定，是研究工作的起点和出发点，它对整个科研工作能否顺利开展、下面一系列步骤是否具有价值以及科研能否取得成果和成果的大小，都具有重要意义。

不少研究者认为，选准一个课题等于走完了成功的一半路程。爱因斯坦也曾说过："提出一个问题往往比解决一个问题更重要。""解决一个问题，也许仅仅是一个数学上或实验上的技能问题，而提出一个新的问题，出现一种新的可能，从新的角度去看旧的问题，却需要创造性的想象力，而且它往往标志着科学的进步。"

初学者首先需要学习提出问题，要从不知提问，到开始能够提出一些问题，进而逐渐达到能够提出有科学意义的问题。如果能够提出具有重要科学意义和价值的问题，这本身就是了不起的成就。

科学史表明，许多有成就的科学家都善于选题。从教育科研的发展我们也可以看到，凡是对教育实践有巨大影响的科学理论，都是创造性的科研成果。其课题的提出，具有重大的社会价值。例如，赫尔巴特提出的教学过程四阶段论；又如，杜威的思维五阶段学说，对探讨教学过程规律作出了巨大贡献。幼教科研亦然。例如，乌索娃将教学应用于幼儿园，其问题的提出和研究成果推动了苏联学前教育理论和实践的发展。

(二)选择和确立研究课题有助于研究者建立和调整自己的知识结构

人的知识结构的形成一般通过两条途径。

一是非定向积累。例如，对学校课程设置安排的基础课、专业课的学习，这方面的内容侧重于共性知识的积累，有助于培养知识的适应性。也就是说，无论研究者将来做什么和进行哪方面研究，都是需要学习掌握的。

二是定向积累。这是指围绕一个问题或主题，有意识地积累为解决这个问题所需的知识。这种定向积累知识的方法是活生生的，可以使学习与运用、理论与实践结合起来。对于一个研究者来讲，知识的定向发展是十分重要的。一般认为，这两种知识积累方法是相互联系的，是基础与方向的关系。

初学研究的人，可以通过选择和确定科研课题，将两种积累知识的方法相结合，调整和建立起自己的知识结构。例如，大学生的毕业论文的选题，就既体现了非定向积累所提供的基础，又通过定向积累提供方向和思路，因而往往印象极深刻。

总之，选题在科研工作中的地位极为重要。只有提出问题，才能激发我们去学习、观察、实验，去探索事物的规律。研究者必须了解在自己的专业范围内哪些问题是最值得研究的，从而把自己的精力集中在那些有价值的问题上。选好课题可以事半功倍，反之，则易半途而废或徒劳无功。因此，是否善于选题，往往成为衡量一个研究者水平高低的重要标志，体现了他的胆识与能力。

二、正确选择课题应具备的条件

选题是科研的起点。那么，如何着手选择研究问题呢？要具备哪些条件才能正确选题呢？

(一)广博的知识是选题的基础

广博丰富的知识包括两个方面的含义。

一个方面是指，研究者除了要具备本专业的和所要研究的课题范围的直接知识以外，还应具有邻近学科和其他专业知识的间接储备。

另一个方面是指，研究者不仅要掌握已知的知识，还要了解未知。研究者必须掌握前人的科研成果，前人已经解决了的问题是我们研究的前提和基础。这是由知识的继承性、系统性所决定的。与此同时，还要知道哪些是当前迫切需要解决而尚未得到认识的东西，即知识的空白。换句话说，研究者一方面应具备丰富的已知的知识；另一方面还要了解"未知"的知识。善于发现知识的空白，才能努力去填补空白。这两个方面往往是相互联系的：只有对已有的研究都熟悉和掌握，才能了解和发现幼教科研中那些尚未研究而又迫切需要研究解决的问题。即只有了解已知，才可能发现未知。已知越多，空白也就越多。如同一个球，体积越大，接触的空间也就越大。因而，有经验的研究者常常能够发现值得研究的问题。可见，研究者广博的知识是选题的基础，可以通过研究从而填补知识的空白。

(二)存疑的治学精神和独立思考能力是选题的必要条件

提出问题往往是从怀疑开始的。我国古人推崇的"有疑""存疑"的治学精神是特别值得提倡的。有了疑问，才不会满足现状，才会激励我们对未知的探索。因此，要敢于质疑，多问一个"为什么"。具有独立思考能力和批判精神，这是选择课题的必要条件。前面谈到，科研需要在前人研究的基础上进行。这里有一个如何对前人的研究成果积极地、批判性地继承的问题。

例如，在"短期训练对矫正儿童不公正行为的影响的实验研究"中，研究者在确定课题和设计研究方法方面都体现了这种精神：首先对历史上有关儿童道德行为的研究进行了考察，了解前人研究的内容、方法，分析其长处与不足，又对苏联当代的两项直接有关儿童不公正行为的研究加以深入具体分析，同时结合对我国目前学前教育实际的分析，对以往的研究结果及所运用方法提出了疑问。进而，在借鉴前人研究的基础上，明确了自己的研究方向和思路，并确定了解决问题的具体研究方法。

只有积极地进行怀疑、批判，才能主动地创造性地继承。研究者可以对原有理论中未经实践检验的部分，对其中以常识和信仰为基础的部分质疑，对其所依据的某些事实和数据等进行大胆怀疑，不断提出新问题。科学的生命力就在于追求，在于在不断追求解决新问题的过程中，使自身得到发展。

(三)及时掌握科研动态是正确选题的重要保证

当今世界正处在信息革命的时代，科学技术飞速发展，与此同时，科技资料也在以惊人的速度加快积累。有人曾提出这样的看法，认为科技信息量的增长和知识废旧率的增长呈正比。尽管这种提法未必适当，但它警示着研究者必须有更新知识的紧迫感。特别是在教育学、学前教育学领域，这些学科本身正随着教育改革实践的深入，迅速得到发展。因此，只有不断更新知识，及时掌握学术动态，才能在科研中有所建树。

及时掌握学术动态，也有益于增强研究的目的性、自觉性，较好地确立研究的起点。如果我们对所研究领域的最新信息动态不了解，就无从知道哪些问题是已经解决的，哪些还存在争议，哪些问题是迫切需要研究解决的，这样也就无法确定研究的起点，使科研带有很大的盲目性。

因此，搞好科研情报工作是选好科研课题的又一个重要条件。研究者应在平时有计划地查阅有关的图书资料，及时了解有关研究领域的最新动态。

(四)选题要注意从实际出发

科研中要及时掌握情报动态，注意国内外最新研究成果，尽量把我们的科研工作的起点定得高一点，但是又不能生搬硬套脱离实际。选题既要注意国内外先进水平，又要立足本国情况，从中国的实际出发。我国是社会主义国家，是农业大国，人口多，经济基础薄弱，人均资源有限，而且各地区发展不平衡，这是我国的基本国情。我们的教育实际上是世界上最穷的国家办最大的教育，困难程度可想而知，面临的问题也不同于其他国家和地区。例如，我国农村教育比较落后，研究者不能仅把眼睛盯着城市，还要重视研究农村的教育问题。对农村幼儿教育的研究，不能用适合城市的做法，而要注意研究如何充分发掘利用当地得天独厚的自然地理条件，进行课程设计等。又如，根据农村人口居住相对分散及物质条件、师资不足等实际，如何发掘有效的教育资源的问题值得研究探讨。农村幼儿教育中混合班为一种主要的教育组织形式，可以开展有关如何依不同年龄幼儿发展水平促进其相互影响的复式教学研究课题。对城市迫切需要重视独生子女问题的研究，可以考虑通过部分时间混合年龄的组织形式，培养幼儿的社会交往和协调能力，激发幼儿的责任意识等。

三、选题的基本来源

科研是人类特有的一种认识活动，其根源在于社会需要。选题能否满足社会需要，是评价科研的存在及其成果的价值的客观标准。任何学科或课题都要围绕着满足社会需要这个中心。幼儿教育科研的中心问题是为提高幼儿素质，为培养德智体美劳全面发展的社会主义建设者和接班人而服务。

幼儿教育科研选题的范围很广，我们主要从对教育的内外部规律认识的角度谈选题。

(一)教育实践提出的问题是选题的最基本来源

教育实践提出的问题是教育科学研究的最重要、最基本的来源，教育科研正是通过不断地解决实践中提出的各种问题而保持旺盛的生命力的。可以说，实践是推动教育科研前进的动力和源泉。

教育现象是错综复杂的、多样化的。在幼教实践中，值得和需要研究的问题是极丰富的。例如，有关贯彻教育方针方面的问题；幼儿教育教学的任务、内容和方法问题；学前教育的课程问题；幼教师资的培养问题；幼儿教育与前后阶段教育衔接的问题及行政管理问题等。

在选择研究课题时要注意以下几点。

1. 抓住教育实践中迫切需要解决的问题

例如，独生子女的特点与教育问题，有关幼儿社会性发展与德育关系问题，幼小衔接的科学性问题等。这些问题如不能得到解决，往往会影响教育质量的提高；这些问题的有效解决，将会为以后教育方针、政策的制定提供科学的依据。这些问题不仅是实践提出的迫切课题，也须上升到理论，丰富学前教育学科建设。

2. 对教师中宝贵的教育教学经验加以总结，进行理论上的概括

教育教学的实践经验是教育科研宝贵的原材料。总结教育经验，有利于从实际出发，从理论与实践的结合上，提高研究水平，而且可以使科研获得广泛、深厚的群众基础，有利于应用推广。对经验即初级的或感性的认识，有一个去粗取精、去伪存真、由此及彼、由表及里的改造制作的过程，才可上升为理性认识，形成理论。例如，20世纪80年代末期上海青浦县数学教改实验小组，对教师在数学教学实践中的经验加以整理，并反复筛选，将其中有效成分进行多次实验，通过验证，归纳出反映教育与心理学理论的四条教学规律，进而用于指导教学实践，大面积地提高了教学质量。对经验做理论上的概括是不容易的，既需要有哲学、教育学、心理学的有关知识以及具体学科的知识，又需有一定的教学实践经验。较好的方式是由专业研究人员和实践工作者结合，把实践中的问题提炼成研究课题，进而加以科学验证，获得科学理论。例如，可以研究教师的教育行为，或分析特级教师与幼儿的相互作用，对其中有效因素加以验证，并做出理论的概括。

3. 注意研究教改中的问题，研究《幼儿园工作规程》等法规的贯彻实施情况

《幼儿园工作规程》《幼儿园教育指导纲要（试行）》规定了我国新时期幼儿教育的任务和内容，是教师向幼儿进行教育教学工作的依据，同时也为深化幼教改革指明了方向。在贯彻规程和深化幼教改革中，提出了一系列新问题。例如，教师主导作用与幼儿主体地位的关系，集体教育与个别教育的关系，教育与管理的封闭与开放等问题；如何既提高教育质量又能发挥幼儿的独创性等，这些虽是老问题，但随着儿童观、教育观的变革，随着人们对这些问题认识的不断深化，老问题中仍有新问题。再如，有关儿童发展评价、教育质量评价以及对教改的效果如何衡量等，这是伴随改革而出现的有待研究的新问题。研究人员应深入实践一线，了解教育实践中的新问题，并注意从观察和研究分析各地不同教师的不同做法中，提出合理的研究方案和改革意见，为全面贯彻法规提供更多、更科学的理论与实践的依据和案例。

4. 教育教学的途径方法问题

幼儿教育和教学是双边活动过程，包括教师的教和儿童的学两个方面，教育教学方法对提高保教质量具有重要意义。要注重研究适合幼儿特点的方法手段，应注意学前阶段的儿童不同于学龄儿童，学前教育也不同于小学教育，教育途径手段并不仅是单一的教学，而是多样化的。学前儿童更多的是在非正规课程中学习，更多的是在游戏和日常生活中学习的。需要研究如何利用游戏促进其发展，引导幼儿从自发学习到有意识有目的的学习，培养学习兴趣；还要注意考察日常生活常规的教育功能等。教师是教育方法手段的实施主体，教师的教育观点与教育技能行为问题，是很值得研究的课题。再有可研究适合幼儿的"教材"，即关于教育环境和活动材料等问题，考虑如何创设能促进发展的教育环境，发挥环境的教育功能。

（二）教育基础理论的研究

基础理论研究的目的是探索一般规律，而不是解决某个实际的具体问题。然而，它能够为解决某个实际的具体问题提供知识准备和理论指导，能够对整个学科的发展起重大的推动作用。例如，苏联著名教育家赞可夫提出"教育——发展"的理论，并据此指导实践，为教育改革打下基础，美国称之为"静悄悄的革命"。

可以从现有的教育理论文献中寻找空白点，揭示现有理论体系中的矛盾，发现尚未研究过的问题。同时，更重要的是要结合我国实际，研究和解决我国幼教事业发展与改革中提出的一些重大理论问题。在这个过程中，应注意对我国历史上丰富的教育思想遗产作研究，还可以对当代资本主义国家的教育理论流派进行分析，批判性地吸收，为我所用，建立和完善中国学前教育的理论体系。

基础理论研究是选题的一个重要方面，范围十分广泛。例如，教育中体、智、德、美的关系，智力因素与非智力因素的关系，早期教育与全面发展的关系，知识传授与能力发展的关系，艺术教育在整个幼教体系中的地位，幼儿游戏与教育，各国幼儿教育思想的研究，以及各国幼儿教育的历史与现状及其发展趋势等，都可以作为我们的选题。

从整个教育科学研究来看，从实践中发现课题和从理论文献中寻找课题都是需要的。一般地，从实践中产生的课题如果值得研究，那么它必定是理论中尚未得到完全解决的，或尚无定论的问题；从理论中发现的课题虽然有可能不是当前迫切需要解决的问题，但是它会间接影响教育实践，而且当实践发展到一定阶段，这一问题必然会显示出来，成为迫切需要解决的问题。因而这两个方面不可偏废，要殊途同归。

以上有关幼教理论与实践的研究都是属于学前教育内部规律的问题。

（三）幼儿教育学与其他有关学科的关系即有关教育的外部规律问题的研究

幼儿教育不是孤立的社会现象。幼儿教育既有其内部规律，又与社会诸多方面的因素有着紧密的关系、联系。例如，幼儿教育与社会政治、经济、科技、社会历史文化传统、文化艺术等都有密切的联系。研究教育的外部关系问题，就要注意研究幼儿教育学与其他学科的关系，如与教育学、心理学、哲学、社会学等的关系。例如，在当前改革开放的社会大环境下，市场经济对幼儿教育提出了挑战，办园体制如何适应这种变化的新形势？再有，有关家庭教育与机构教育的关系，幼儿教育社会化、社区化问题等均须认真加以研究。幼儿教育学是一门综合性很强的学科，对于幼儿教育与诸社会因素的关系，应予以足够的重视，使幼儿教育能够更好地适应社会的需要和适应国情，充分发挥其社会职能。

以上是从教育的内部关系和外部关系的角度谈课题的选择。如果依据教育科研课题涉及的范围，又可以分为三种类型的研究——宏观研究、中观研究与微观研究，这也是研究者在选题时需要考虑的。

教育科研中的宏观研究，是指对在教育整个体系内相对来说较大范围的教育问题作综合性、系统性的研究。宏观研究的特点是研究范围大、涉及面宽，一般带有较强的指导性、综合性和整体性。例如，有关如何统筹整个幼教事业的发展，协调各部门教育工作的研究；又如，对教育与政治经济、教育与文化历史和社会发展等关系的大范围的理论性研究等。教育科学是一个大体系，是多样的、开放的、综合的科学。宏观研究的课题也是广泛的，而且随着教育与社会，教育与经济和其他学科的联系越紧密，宏观研究就更显得重要。

微观研究与宏观研究相对而言，是对教育问题某个（单独）因素进行具体细微的研究，往往是直接针对某一个问题，立足教育、教学实际进行的，如具体学科的教学内容方法的研究、对教师的评价研究等。其特点是研究范围小、较具体，能够解决实际问题，实践性、应用性较强。

中观研究是介于前两者之间的类型，是在一个范围或一条纵线、一个领域、一个部门内进行的，又称作亚宏观研究。例如，教育体制改革的研究，农村幼教改革的研究等即属于中观研究。它兼有前两者的部分特点，较突出的是综合性、整体性，同时又具有现实性与具体性，是立足"当前""当地"，对某一类教育问题作研究，直接为现实服务，注意运用理论解决教育的实际问题。

三类研究既有区别又有联系。从各自的形式与特点看，三者研究的范围由大到小，特性由综合到具体，由整体到单一，由方向性到现实性，这是三者之间的区别；三者之间又相互联系：宏观研究是对教育的大政方针，规划性、决策性问题的研究；中观研究则是对某类或某个范围内教育问题的研究；微观研究是对教育教学和幼教工作的具体实际问题的研究，三者从大到小，从上到下，相互联系。前者立足大教育，对后两者具有指导作用，后者有重要的基础作用，中间类型则承上启下。对这三类研究均应予以重视。

四、选题应遵循的原则

课题选择是教育科研的第一步，选题是否适当，关系到研究的成败与效益，必须予以重视。选题应符合这样几个基本要求或原则：必要性原则、创造性原则、科学性原则和可行性原则。

(一)必要性原则

选题应着眼于社会的需要，即研究要注重社会效益，要有理论价值和实践意义。

贯彻必要性原则要注意研究以重大的现实问题为主。例如，当前我国强调学前教育普惠发展，关注 0～3 岁婴幼儿托育事业发展，注重研究幼儿游戏、教师观察的实施，对此就应认真梳理经验，加强相关研究与实践，提出有针对性的对策，为托幼一体化发展，提升教师观察、指导幼儿能力提供助力，从而提高我国学前教育的整体质量。

贯彻必要性原则，在确立研究选题时，还应既立足现实又密切关注教育发展的新的动态和趋向，而不能只顾当前不顾长远。研究既要脚踏实地为现实问题服务，又高瞻远瞩。例如，对教改中的新问题给予先行一步的研究，将现实性与前瞻性结合。

选题还应注意基础研究与应用研究的关系，使两者之间的相互依存、相互促进作用得以发挥，既体现理论的指导作用，又注意由应用提供反馈和研究材料。选题要能将理论研究成果转化为直接的教育成果，利用一般规律解决实际问题。学前教育科学既是一门理论科学，又是一门实践性的应用科学，以往对应用研究方面重视不够，这是应当加以改进的，应将更多力量投入这方面的研究。

选题时还应考虑国情，这是体现必要性原则的一个重要内容中。

(二)创造性原则

创造性原则是选题的一项基本原则。选题要有创见，要着眼于前人所没有解决或没有完全解决的问题，要选择那些有争议而尚无定论的问题，或是从新的角度，依据新的成果，重新研究老的问题。在选题时要注意防止重复别人已经解决了的问题，防止无效劳动。例如，有人曾设计一个实验方案，课题是"用新异刺激吸引儿童的注意，能不能提高教学效果?"这不是新问题。儿童被新异刺激所吸引，这是处于无意注意状态，教育心理学早已指出，在一堂课上，使儿童的有意注意与无意注意交替能够提高教学效果。显然，这是已被研究解决了的问题，一般不再有研究的价值。当然教育实践工作者运用这一规律改进教育效果的行动研究又当别论。出现这种情况，大多是由于文献资料工作不足所致。

研究应注意在原有理论与实践的矛盾中，在不同学派不同观点的矛盾中选题。这要求研究者有敏锐的洞察力，才能发现违悖。例如，"幼儿肌肉力量的研究"课题是在这种情况下提出：研究者发现对幼儿肌肉力量是否需要训练存在两种截然不同的观点或理论。一种认为幼儿肌肉力量自然增长，无须训练；另一种意见则反之。在幼教实践中我国与日本的做法各异，因而从这两方面的矛盾中选题，试图通过研究予以解决，丰富理论并指导实践。又如，可以从接受式学习与发现式学习，活动课程与学科课程的矛盾与违悖中，发现并确立课题。要使研究有创见，就须做到勤阅读、多思考。

研究者还应善于发现知识的空白。教育科学特别是学前教育学相对于其他学科比较年轻，无论宏观或微观领域均有许多理论空白需要去填补。例如，对学前美育的研究较欠缺，有关游戏的研究也很不够，研究者要注意在这些较少有人涉足的地方去开辟一条新路，要站在科学前沿，关心本学科面临的重大问题，善于发现即将成为"热门"的"冷门"，或是于"热门"中发现"冷门"，在已有课题中发现空白点。

学科的边缘地带常常为研究者提供新天地。著名"控制论"作者维纳曾经说过，"在科学发展史上，可以得到最大收获的区域是各种已经建立起来的部门之间被忽视的无人区。"研究者应注意到教育科学与其他相邻学科的边缘区域结合部去勘察、开垦新的研究课题，并吸取、借用其他学科的原理、方法、技术来探索教育问题的解决。例如，有人研究"教育应用数学"，即教育与数学之间的课题。

总之，科研是探索事物的规律，并运用新的规律性的知识，去创造性地改造客观世界。研究者在选题上一定要着眼于给人类增加新的知识、新的见解，并解决不断出现的新问题。

(三)科学性原则

选题应遵循科学性原则是指，选题必须以事实为依据。科研就是要研究事实，研究客观实际存在的现象，它与科幻不同，不能捕风捉影。巴甫洛夫说过，事实是"科学家的空气"，没有事实的理论是虚构的。同时，所选的课题不能和已经经过实践检验的科学原理相违背。

选题时，对于一些违背传统观念与常识的新问题的出现，必须给予足够的注意。违背传统或常识并不等于没有科学依据，因为在它后面往往隐藏着人们还未发现的科学规律。传统观念和常识经验要随着人们认识的深化，随着科学的发展而发展和更新。例如，黑龙江省一些教育研究工作者的研究"注音识字，提前读写"，就是突破了先识字、后读书，不识字就无法读书的传统看法，创造出一种将汉字教学与语音教学结合的新方法。可见，在贯彻科学性原则时，要与人们思想中的习惯定式作斗争，要以正确态度对待所谓的"异端""邪说"。

(四)可行性原则

可行性原则是指研究者完成课题的主客观条件。选题一定要在客观条件与主观条件统一的基础上进行，如果主客观条件的某些方面不具备，研究就不能进行或有可能半途而废。

研究者的主观条件是指研究者的知识结构、研究能力、技术水平、个人爱好和研究热情等。人的才能是有差异的，有人长于观察，有人擅长动手操作进行实验，有人长于逻辑推理等，每个人在学术造诣方面也各不相同。因此，如果选题能有利于发挥个人所长、避其所短，研究起来必定会事半功倍，获得较好的科研成果。选题还要结合个人的具体工作实际。例如，教师为了克服教育工作中的某些缺点，或为了改进某种教学方法而进行研究；园所管理者可以研究有关管理的课题，像如何评价教师工作质量，如何进行体制改革等方面的问题。

选题还要注意从客观条件出发。需要考虑这样一些客观条件：一是能否获得充分的资料，通常需要在占有资料基础上选题；二是完成科研的必要的物质条件，有的研究需要一定的实验设备和技术手段等；三是要有一定的科研经费。我国是发展中国家，教育经费严重不足，国家只能集中有限资金用于一些紧迫、重大的课题，一些科研课题往往需要自筹经费。再有，有无合适的研究场所，能否得到适宜的被试样本，以及有没有足够的时间和必需的科研力量，包括必要的有关部门的协作，也是必须考虑的客观条件。例如，有关"三浴锻炼"的课题，幼儿游泳训练的设施就是一个突出问题；又如，要研究幼儿园与小学衔接的问题，能否得到小学的协作配合就很重要。

当然，为了完成一项科研课题，研究者要通过主观努力来克服某些条件的不足，尽量创造一些必要的条件。例如，努力学习补充自身知识的不足，努力争取有关部门的支持等。但是有的条件无法靠主观努力来解决，这样的选题就应暂时放弃。

第二节　查阅文献资料

一、查阅文献的目的

(一)掌握基本理论和基础知识，考察有关问题的历史背景和来龙去脉

研究者在确定题目时，已经有了一些有关的基础知识和基本理论，才能初步确定课题。当研究课题确定之后，还需要进一步查阅教育经典著作和有关理论，以及一些有关的文献资料等，以便帮助研究者树立正确的指导思想，获得探讨研究问题必备的一般理论概念。例如，要研究有关学前班课程问题，就要查阅教委发布的有关文件法规，进一步明确研究的意义；又如，要研究有关儿童的社交能力方面的课题，就需通过查阅有关书籍、杂志等，了解社交能力所涉及的心理因素结构成分及发展过程等，在基本理论概念方面做好准备。

通过查阅文献资料，还可以了解与所要研究的问题有关的历史背景，弄清问题的来龙去脉，追根溯源。例如，要研究有关儿童的合作这个课题，通过查阅文献，可以了解到这个问题最早是在什么情况下提出来的。通常，在一篇科研论文或学术专著之后，会列出一些主要的参考文献著作和文章名称、作者、发表时间及出版社。这对我们查阅更多的有关文献追根溯源，是非常有用的。

深入查阅文献，对有关问题作认真考察，有助于研究者从整体上加以把握和认识，把问题放在相互关系的系统中，系统、全面考察，避免孤立地研究某一现象。

(二)了解有关领域和课题的研究状况，学习和借鉴有关的研究方法

科研具有系统性，进行科研要掌握前人已有的研究成果，要在前人研究的基础之上进行。通过查阅文献，可以熟悉掌握有关课题的研究状况，看别人对这个问题是已经解决了还是部分解决了，或是还在继续研究之中，了解已有研究涉及的范围、问题解决的程度。

在查阅文献资料的过程中，研究者要特别注意他人研究所运用的方法，获得启发和借鉴。这不仅有助于设计自己的研究方案，同时也可以吸取他人的教训，少走弯路。例如，在"短期训练矫正儿童不公正行为的实验研究"中，研究者借鉴学习了前人的研究方法，形成了自己的研究方案的设计。他考察了以往有关德育问题的研究，分析其特点与不足，并结合我国幼教实践，将苏联雅可布松同性质问题研究中的口头讲解法加以改进，设计了结构相同、内容不同的故事，向儿童讲解多遍，同时采取讨论的方法，使儿童产生身临其境的体验，促使其行为得到改进；同时参照波利舍夫有关研究的方法，让儿童充当别人行为的监督者，对别人行为作出评价，从而改变自己的不公正行为。研究者用两个实验组分别实施含有这两种不同的教育干预因素的实验处理，并与控制组对照，考察分析其效果。

二、查阅文献的方法步骤

查阅文献，首先要学会利用图书馆，并学会查卡片、记卡片。去图书馆，可以先查卡片箱或查目录索引，然后按图索骥从中找到与自己研究有关的重要资料，包括书籍、文章、综述材料等。资料借出来要认真仔细阅读，并注意做读书笔记或卡片摘要，直到全部掌握与所研究问题有关(包括直接与间接)的重要资料。

资料查阅可依查找——阅读——积累——运用的步骤(详见本书有关章节)。

三、查阅文献应注意的问题

(一)选题与文献查阅交叉、阅读与思考结合

前面我们说过，研究课题的思想必须具有独创性。这种独创性一般要在阅读、研究他人著作和已有成果的过程中，才能逐步形成。了解已知，才能发现空白，才能有所创新和解决新的问题；否则，可能成为井底之蛙。

研究者通常在第一个步骤，即初步确定课题后，就需将选题与阅读文献（即第一、二个步骤）交叉进行。这两步在整个研究过程中是最重要的，以下几步的价值，均取决于对研究课题在开始这两步考虑的透彻程度。通常，研究者在开始时只有一个大致设想，所谓"初始意念"，之后就必须尽可能广泛地阅读，了解前人在这方面已取得的成就以及他们的研究方法。在阅读过程中，逐步缩小课题范围，将问题具体化，明确整个课题的思路，这样就形成了具体的课题和初步的研究假设。

研究者要注意批判性地阅读，通过深入地阅读和分析思考，使一般的研究题目更集中、更明确，并探索如何最好地解决这个问题。

(二)扩大阅读范围，"交叉受益"，拓展思路

查阅文献资料中，要注意不应把阅读过分狭窄地限于正在研究的问题。这里有一个"交叉受益"的概念，就是把某一研究领域应用的一种方法用于尚未考虑使用这种方法的另一个研究领域。重要的研究成果往往来自不同研究领域的相互启发。例如，有人对幼儿音乐教育方面的课题感兴趣，查阅了较多这方面的资料仍无以确定研究思路。其实，如果能够将阅读范围扩展到幼儿艺术教育，就能扩大视野、开阔思路。因为"全面了解"有助于"一点深入"。我们不妨记住这段告诫："在科研领域，再也没有比视野狭小、思路狭窄更令人可怕的了。"研究者应探身于自己所熟悉的或感兴趣的学科领域之外，这样往往才能够发现新课题，探索新途径。

查阅文献是进行科研的必要步骤，是掌握有关理论和熟悉前人关于某个研究课题的经验和成就所必需的。这项工作做起来需要花费一定的时间，但这是搞科研的必经之路，也是最节省时间的办法。因为它可以使科研工作从

一开始就"站在前面巨人的肩膀之上"，而又能避免做无效之功。

有人曾经对一项研究中各类活动的时间分配作过统计：文献资料的检索与收集的时间大约占总时间的 50.9％；课题设计等作计划的时间约为 7.7％；实施研究方案约占 32.1％；撰写报告约占 9.3％，可见资料工作在研究中的重要地位。资料工作不仅在研究初期有重要意义，而且几乎贯穿于研究过程的始终，课题的确立形成和方案设计均须借助以往研究，在研究报告的撰写中也常常需要进一步查阅文献，进行理论论证等。

(三)在掌握研究状况的同时，了解有关问题的实际状况

研究者在做资料工作掌握研究状况的同时，还需要做初步实地调查，了解掌握有关问题的实际状况。应通过调查、访问、观察等，对有关问题的实际情况加以了解，做到对现状心中有数，使研究者对所要研究问题的实际意义、价值以及研究的条件或可能性等有进一步的掌握，在此基础上，才能确定课题和设计出可行的方案。

第三节　选择确定研究方法

在研究方向与目的确定之后，方法就起着决定的作用。方法适当，就能沿着正确方向，达到研究目的，获得一定结果。否则，就可能劳而无功。

选择研究方法实际上就是确定适宜的收集和分析资料所要运用的方法，即以适当的方法，收集各种与所研究问题有关的事实材料，通过对事实材料的积累和分析，用事实来说明问题，寻找规律，证实某种观点理论或假设，探求事物的因果关系与内在联系。

一般而言，每一个具体问题、具体研究对象，有着不同的性质和不同的特点，因而就需要运用不同的研究方法。方法选用得不恰当，就会影响整个研究工作的顺利进行，并影响研究结果的科学性。因此，方法的选择是教育科研中的一个重要步骤。

研究者在选择确定研究方法时，通常要考虑这样几个方面的问题：

一、方法的选择应能保证研究的科学性

应当根据研究题目、具体的研究任务、内容和研究对象的性质和特点来确定研究方法。具体来说，要注意以下几点：

第一，所选择的研究方法应是最适合于研究内容的性质和研究对象的特点的。

第二，所选择的研究方法应是能最全面地揭示有关现象的矛盾、因果关系和联系的。

第三，所选择的研究方法应是最便于搜集精确的材料的。

第四，所选择的研究方法要能最完善地反映研究现象的规律性。

例如，如果要研究有关幼儿户外游戏及其指导问题，就需要选用观察法和教育实验法，而不是主要通过问卷来收集事实材料；如果要研究"幼师生课外阅读的兴趣"，就必须采用谈话、问卷的方法，并结合现场调查图书室各项书籍的借阅情况；若是研究幼儿思维的创造性水平，主要需采用测查的方法，要有可靠、有效的测查工具及适宜的手段；如欲研究"老解放区保育工作经验""陶行知幼儿教育思想"等，则须采用历史法或资料研究法。总之，选用的方法必须适合研究题目、内容，适合研究对象的性质和特点。

二、方法的选择应考虑可行性

在选择方法时应考虑所选择的研究方法，必须是在具体的客观条件下切实可行的，同时还要考虑适合研究者的主观能力和条件。

例如，有人须对小班做有关计算教育方面的实验。所选的特定的幼儿园——研究场所只有一个小班，距其他同类性质的幼儿园很远，来往不便。在这种情况下，要进行教育实验，就只能选择单组实验的形式，而不适于采用等组实验方法，因为等组实验不适合研究的主、客观条件。

三、综合运用不同的方法进行研究

在大多数情况下，对一个问题的研究可以通过多种方法的综合运用来完

成。因为一个问题下的几个小问题，各有不同的任务与特点，需要采用不同的研究方法加以解决。例如，要研究两种教学方法在自然常识教学中的不同效果，主要采用教育实验法。在整个研究过程中，首先要了解幼儿原有水平状况，采用测查来摸底；然后实施教育实验，进行两种不同教学方法的实验处理。在此过程中还须采用观察法、谈话法等。又如，在一项有关幼儿友好交往行为的研究中，研究者采用了观察幼儿在自由游戏中友好交往的行为表现的方法。考虑到这种自然观察的方法要等待所要研究的行为事件的出现，才能进行观察，较被动且有时会出现偶然现象。研究者又设计了情境游戏的观察方式：创设一种容易引起行为冲突的游戏情境，观察在矛盾激化条件下幼儿的行为表现。为了全面了解情况，考察幼儿平时的经常性行为，研究者又以书面问卷的方式，由被试幼儿的教师对其平时表现评定等级。可见，要解决一项研究课题，往往需要几种方法并用，只是每次有主有从罢了。研究者应善于按照具体研究任务要求和实际条件，把各种方法配合起来，以便取长补短，全面收集有关的事实材料，较好地达到研究目的。

第四节　研究计划的制订

一、科研计划制订的意义

科研计划或方案的制订可以使研究者进一步明确研究课题、任务，确定研究对象、方法、步骤及时间安排，从而使研究者有条理地进行研究工作，保证按期完成科研任务。

制订科研计划的，也可以使所有参加或协助搞科研的人员步调一致。

制订科研计划是研究工作的极为重要的一个环节。科学研究的实践已证明，计划考虑得越周密，研究者就越能少走弯路，研究效果就越好。

二、科研计划的内容

教育科研计划或方案应紧密围绕研究目的来制订。计划的内容主要包括以下几方面。

(一)研究课题的具体名称

研究课题的名称即研究题目，必须简单、具体、确切，要对研究的任务或所要解决的问题作明确表述。

(二)前言

前言部分要写出以下几方面内容：

首先，问题的提出：方案中首先要说明所要研究的问题是怎样提出来的、问题的背景如何，是从实际工作中产生的还是从理论中提出的，或是理论与实践共同提出来的。例如，"幼儿肌肉力量训练"这一研究问题的提出就属后者。研究者要阐明本研究的意义。

其次，研究综述：扼要地将前人对本课题有什么理论及曾经进行过什么研究作出述评，在此基础上，说明研究者本人对这个问题的看法。

最后，确定研究任务，陈述假设。

(三)研究对象和研究方法

1. 研究对象

主要涉及研究场所的选择和研究对象即被试的选择。根据研究任务和目的来考虑：研究场所是在一个园还是两个园进行？选择什么类型的幼儿园？是抽样选择研究对象还是利用现有班级？怎样抽样？研究样本的容量如何？怎样分组？是按年龄还是依性别分组或是混合分组？等等。

2. 研究方法

主要是对收集事实材料的方法作出选择和确定。研究者要认真考虑本研究预计从哪几方面入手、采取哪些研究手段。写出主要采用什么方法，又需哪些辅助手段。对每一种方法的运用都要仔细考虑，写出较详细的设计。例如，采用观察法，要列出观察提纲，明确观察什么、怎样观察、记录哪些内容等。

在"6 岁独生幼儿与非独生幼儿友好交往关系的认识与行为实验"中，研究者要了解幼儿在自由游戏中友好交往的行为表现，其方法是这样设计的：在自由游戏时间，对每名被试分别在游戏开始、中间和结束各观察一次，每次 10 分钟。将这三次观察分别安排在间隔的日子中进行。记录这样一些内容：

(1)被试玩什么游戏？是独自玩还是与小朋友一起玩？

(2)游戏中被试与小朋友的关系如何？说了什么？做了什么？能友好地玩多久？有没有另选其他活动？原因是什么？

(3)游戏中出现了什么矛盾？被试对矛盾持什么态度？矛盾如何解决？

(4)被试幼儿对别的小朋友遇到的困难或发生的行为问题采取什么态度？是关心、积极帮助解决问题，还是不关心、无动于衷，甚至幸灾乐祸或支持不友好行为？

如果是教育实验法，就要考虑如何操纵实验因素、如何控制无关因素的干扰，计划中要写明须做哪些实验、如何设计情境或是通过什么活动方式来进行、进行多少次、每次进行时的要求如何等。如果是调查问卷或采用测查法，要拟出问题题目并设计测查、提问的方式。

方法的设计是研究计划的关键，必须周密地考虑、认真详尽地设计，要注意根据研究课题、研究目的来选择适宜的方法。有时需要综合运用各种研究方法，确保所需搜集的资料的准确性、可靠性，并能全面地反映所要研究的问题。方法的设计还包括确定适宜的检验研究效果、假设的观测指标和评定标准。

3. 研究所需要的材料

包括必要的设备、器材、材料、测查工具等。

4. 材料的整理与统计方法

在设计研究方案时，对研究结果的统计分析方法也应预先考虑，确定用什么方法收集的什么性质的资料适用于哪种统计方法或公式，以便使研究能够顺利进行，并能获得可靠的结论。

(四)研究步骤与时间分配

即明确整个研究进程需要多少时间(如 1 个月、3 个月、半年、1 年等)，各个步骤或环节需多少时间。如果是协作性研究，还须明确分工，确定各环节的工作内容，限定完成时间，明确负责人。

教育科研计划或方案大体上包括以上几方面内容，写法应当是扼要的、提纲式的。计划是行动的纲领。计划制订得越周密、完善和充分，研究就越能顺利进行并取得成效。然而，由于研究者经验不足、预见不周，有时也会出现计划不如变化的情况，研究者还需要随研究工作的进展，根据实际需要，对方案加以补充、修改，增加或减少一些内容，改变一些方法，以保证收集到较准确、客观、真实的材料，使研究能够取得成效。

第五节　开展研究活动，收集事实材料

这一阶段的工作，是实施研究计划，即研究者根据计划，开展研究活动，收集有关的事实材料。如果研究者事先制订好较为周详、严密、完善的研究方案计划，那么按计划实施研究过程这一步骤是比较容易进行的。由于整个研究工作能否成功就在于材料的可靠性、准确性和科学性，因此研究者必须认真、严肃地对待这一步骤。

在收集事实材料的研究过程中，应注意以下几点。

一、严格遵循客观性原则

研究者在依计划实施研究工作收集事实材料的过程中，要坚持实事求是，有一是一，有二是二，不夸大，不缩小。绝不能为了证实假设或获得预期结果，只注意收集那些符合自己愿望的"事实"。研究者应避免用自己的主观看法代替被观察者的行为。例如，用成人的话概括儿童的实际言行是不妥当的。对事实材料的收集要注意尽可能认真详尽，力戒敷衍。如果需要进行观察，观察前要明确目的、要求，观察务求周到详尽，记录认真，要尊重事实。这关系到研究的科学态度问题。有的学者曾提出"三严"原则，即遵循严肃、严格、严密的精神，认真从事研究工作。

二、尽可能全面地收集材料

有关教育的客观事实是十分错综复杂的，只有收集了与所研究问题有关的各个方面的大量材料，包括行为事件的背景材料、环境条件材料等，并对

之加以分析，才能认识问题的本质。

三、收集材料要兼顾质与量

任何事物都是质和量的统一体，其质与量有着内在的联系，量是具有一定质的量，质也是具有一定数量规定的质，应避免极端化思维，从单纯运用考察事物现象的特点、性质的描述性方法，到只注意量的方面，以为量的研究才代表科学，而要注意定性与定量结合。例如，不仅收集有关行为发生的频率时间等材料，对行为的具体表现、发生过程、影响因素等也均应予以重视。

四、及时整理记录，积累典型材料，作出评析

(一)及时整理记录

在每日观察、调查或实验后，力争当日对记录的材料进行加工整理，对一些较为突出的或是较典型的事件、例子等及时整理归类。一般研究者在研究现场，往往由于时间仓促，不可能做周详描述，仅有简要记录，可以在事后趁记忆犹新时，加以补充完善；否则，有可能使大量材料随时间流逝而遗失。

(二)及时理清思路

在研究过程和材料积累的过程中，研究者要注意随时对材料做一些分析、思考的工作，看看已有的材料能否说明什么问题或可否提出什么问题，是否能够形成一些观点、看法等。

(三)及时发现问题纠正偏差

收集和积累资料的过程也是一个不断检查、评价的过程。通过检查和分析评价，有助于搞清是否需进一步收集材料、还须进行哪些步骤、方法有无局限或不妥，从而采取相应措施，及时消除错误，避免走不必要的弯路。研究者一定要注意随收集随分析，而不能等到材料全部收集来之后再作分析；

那样，有了问题也来不及纠正了。特别对于初搞研究的人，有时在计划制订时不易做到周详、完善，无法充分考虑到各种可能的情况，同时也会出现计划不如变化等，因此就须及时发现问题及时调整修正。

还需要注意在实施实验研究过程中尽可能严格控制实验条件。

第六节　整理、总结

一、整理、加工材料，进行分析研究

前面谈到研究者在实施研究工作中，要边收集积累资料，边做适当的分析。收集资料的研究过程结束后，就进入正式分析整理工作阶段了，需要对所收集来的全部资料加以汇总，进行分门别类、排列组合的工作，要按材料的横向联系与纵向联系作一番整理，使之系统化。在此基础上，就可以进行逻辑分析与统计分析了。

逻辑分析的特点是用抽象思维的方法，揭示事物现象的本质和规律。例如，通过比较、归类与类推等，作一番分析综合，归纳与演绎，抽象和概括，将占有的感性材料通过深入思考，去粗取精、去伪存真、由此及彼、由表及里地改造制作，找出规律，形成概念和初步的结论，使感性认识上升到理性。

在对研究结果加以总结的过程中，就是要借助于科学的抽象和理性的加工，形成一定的理论，建立起有关的知识系统。

统计分析是根据统计学的理论、方法，通过分析所收集的大量感性材料在数量上的表现形式，找出其内在联系，从而揭示事物发展的规律。统计方法包括描述统计与推论统计等。通过统计分析，可以使研究者从偶然的散乱的大量现象中，理出带有共同性的特征。

一般说来，不同性质、内容的研究课题，适用于不同的分析手段。某些内容要求以逻辑分析为主，如对幼儿教育史的研究，有关古今中外教育家幼教思想的研究等，就须采用以逻辑分析为主的方法；有些课题内容则要求以统计分析为主，如有关幼儿发展像身高、体重、运动能力的研究，对幼儿某些智力方面的研究等须较多运用测查等统计手段。

在大多数情况下，无论什么类型的课题，都要求两者并用。既要求采用统计手段，又需要运用逻辑分析，两类分析手段有着内在联系，是相辅相成的。逻辑分析常用统计分析的材料作为具体内容，且通常要在统计分析获得一定结果的基础上作逻辑论证或推断，从而对结果的获得及其原因加以解释，作出理论上的分析，说明"为什么"；统计分析也需要以逻辑分析的原理作为基础。例如，统计分析中的"共变法"："凡有条件 A，就有现象 a 出现"，归纳出"A 是 a 的原因"。又如"学生营养好，身体也好"，或"儿童运动时间长，运动能力就强"，这些都是对逻辑手段之中的归纳法的运用，通过归纳推理而得到因果关系的结论。共变法是建立在这一原理之上的：原因的变化必然引起相应的结果的变化。

研究者应当明确，无论运用哪种分析手段，全部研究工作都必须建立在马克思主义的辩证唯物论和历史唯物论的基础之上，这是指导研究的根本的世界观方法论，以此为基础，才可能有正确的认识和得到科学的结论。

二、结论的推论

对材料进行了统计分析与逻辑分析之后，就可以作出推论，得出研究的结论了。即根据研究的目的、预想与假设作出判断，看看研究结果是否能够证实假设，从而得出结论。如果结果与预想的不一致，假设就可能被推翻。研究者要认真地从研究目的、计划以及分析方法等角度，仔细查找原因。

结论作出后，研究者还须认真分析研究存在的局限，并进一步从当前的课题与研究结果、结论中发现新的研究线索，从而把当前的研究作为今后新的课题或进一步深入研究的基础。

通常，当研究获得结果之后，就可以着手写作论文或报告了。

三、撰写科研报告

撰写科研论文或报告是用文字形式把科研成果表达出来，说明研究了什么、如何研究、结果怎样、有没有一定的价值。写研究报告的主要目的是为了交流和推广科研成果，并为理论及实际工作者提供参考和研究的基础（详见本章第七节）。

四、科研过程各环节与各种科研方法的关系

以上介绍了教育科研的基本步骤或环节。科研过程的各个步骤是相互关联的，形成一个相互依赖的整体（见图8-1）。如果没有收集资料这一环，就不能进入分析资料阶段；研究者如果缺乏对所要研究的问题的知识，也不懂得怎样分析资料，就不能提出适宜的选题或形成一定的假设，因而也无法进行研究设计。

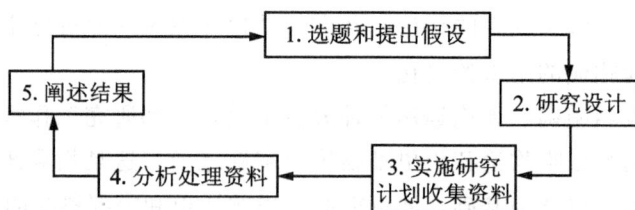

图 8-1　研究过程循环图

就一项具体的研究来说，研究者是从提出问题的第一步进入整个循环过程的。然而课题和假设的提出，通常需要以往的研究作为基础。研究者通常在完成第五步阐述结果验证假设，研究就可以告一段落。但这并不一定意味着已经全部实现了研究任务，还可以发现进一步值得研究的课题，使研究深入。可见，科学研究的探索过程是无止境的。研究必须循序渐进，依据一定的步骤程序，才能最终达到研究目的。

日本人类文化学家川喜田二郎曾提出"研究问题的 W 型图解"（见图8-2〔日〕川喜田二郎《教育科学研究的种类》，福冈县教育研究所），它可以为我们认识、理解科学研究的整个过程和各种研究方法之间的关系提供有益的启示。

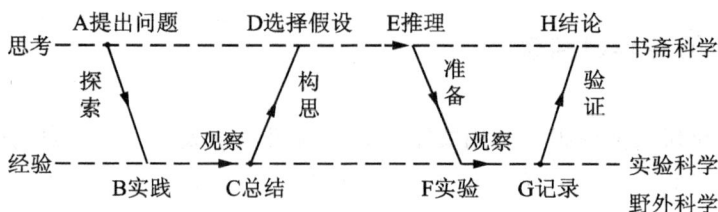

图 8-2　研究问题的 W 型图解

资料来源：李若柏，等，译．外国教育资料，1983：1

这个"W 型图解"概括说明了科学研究的各个环节和三方面科学的构成：

第一，任何科研(自然科学、社会人文科学)都是沿着图解中 A(提出问题)—H(结论获得)的路线展开或进行的。首先应明确研究课题(A)，其次从各个不同角度收集资料信息(A～C)，将资料加以归纳整理，从而提出假设(C—D)，对假设和推理需要通过检验，最后才能下结论(D～H)，从而构成定律或建立理论。

第二，不同类型的研究在研究的不同阶段或不同领域发挥着特定的作用，其研究在各环节比例上各异。例如，

调查(广义)：A—B—C—D；

实验：D—E—F—G；

思辨研究(书斋科学)：A、D、E、H；

经验实证性研究(野外科学与实验科学)：B、C、F、G。

第三，科研这项人类自觉的有目的的认识活动贯穿于提出问题和得出结论的始终。在此过程中，需要运用思考和经验这两条线索：一方面可将大量经验性事实加以归纳，从而发现新知识；另一方面又可以将原有的旧知识经过演绎加工，重新组合成统一而又崭新的知识体系。

科研是通过观察、调查、实验等手段，收集事实材料进行感性认识，又进而作出分析概括、抽象综合，运用思考而形成理性认识的过程。实践观察与理论思维是科研的两个基本要素，如此才能够实现人类探索事物本质和规律、认识世界，进而改造世界的目的。

第四，科研的层次以及科学研究的整个过程，可以使我们认识和了解到，科研方法是成体系的。各类方法在研究的不同阶段或环节，具有特定的价值与功能。完成一项科研通常需要综合运用各种方法，将它们组合成为有机体系。

第七节 撰写教育科研报告

一、撰写教育科研报告的目的、意义

撰写教育研究报告或论文，是用文字的形式把科研成果表述出来，目的是为交流和推广科研成果，或是为理论及实际工作者提供参考资料或研究的基础。

研究报告与论文是依据其内容要求与表达形式的不同而区分的。研究报告通常篇幅较短，是针对某一项具体调查或实验作报告；论文一般要求较高，需要较详细地报告某一研究结果，要求较深入地在理论方面作探讨，通常指较专门、较有系统的知识体系。二者侧重有所不同。但是一般对二者不作严格区分。

撰写研究报告或论文的意义主要体现为两方面：一是交流、推广研究成果；二是训练与提高研究能力。研究报告是对研究工作的总结，应反映研究工作的全过程。它不仅表明研究成果，又说明研究者的观点、立场、方法，反映研究者的专业水平、创造力和研究能力。换言之，研究人员总结研究过程的本身也是研究工作的一个部分，是科研的最后环节，通过撰写报告或论文，可以训练和提高研究能力。好的研究报告应具有理论价值和应用价值。

二、教育科研报告的内容与结构

教育科研报告主要有两大类型：教育调查报告与教育实验报告。

教育科研报告应包括以下几方面内容：

——研究所要解决的问题是什么？

——研究是用什么方法解决这一问题的？

——研究所获得的结果怎样？

——研究结果说明了什么？结论如何？

教育科研报告的基本结构如下：

课题名称

作者及其单位

1. 问题

2. 方法

3. 结果

4. 讨论

5. 小结或结论

6. 参考文献

7. 附录（研究工具、量表、教育方案等）

关于课题名称、问题的提出与方法的确立等研究的前几个环节，在制订研究计划时已经作了较充分的考虑，论文只须给予明确、清楚的陈述。自1至5，即从问题提出到结论的获得，是论文的主体，研究者须认真对待，写作时要注意条理性和严密推理。

三、科研报告各部分的内容要求

（一）题目、摘要、关键词

在科学发展史上，通过长期的研究实践，对科学研究成果的表述逐渐形成了一种被人们广泛采用的格式。以往，作者发表论文时，在题目下可直接写正文，但现在一般要求在题目下写论文摘要和关键词，特别是级别高一些的学术刊物，要求更严格。这也使科研成果表述的格式越来越规范化，同时也便于电脑存储成果信息。

有的学者把题目、摘要和关键词看作论文的门户，可见它们在成果表述中的地位和作用是何等重要。

论文题目起着点明题意的作用。题目要用简练、明确的语句表述，要反映出研究的问题及研究领域和对象，使读者一目了然，一看文章题目就知道这项研究属于哪个方面、主要解决什么问题，以便确定有无阅读的必要。

例如，《大班幼儿学拍球两种教法的效果比较》这篇科研论文，从题目可了解它的研究对象是幼儿园大班幼儿，是体育领域的课题，是以实验的方法考察不同教法的效果的研究。

又如，《幼儿在园遵守集体规则中存在问题及原因的调查》论文，是以幼儿园小、中、大班三个年龄的幼儿为对象，属德育领域的研究。它是用调查的方法了解幼儿在园遵守集体规则的现状。再如，《北京市15所幼儿园玩具提供与使用情况的调查》这篇报告的题目也较明确。

研究报告的题目要明确具体，不宜过于笼统或抽象，使人看了不着边际。例如，《发展幼儿思维，改进教学方法的实验》《合理营养，科学育儿》《幼儿个性发展的研究》等，这些报告从名称上看太笼统、太泛，不够明确清楚，而且题目较大不够具体，从题目上无法知道是用什么方法，要解决的问题究竟是什么。

摘要则是题目这个第一印象的扩大。其意义在于使读者能尽快了解全文的内容和结果。摘要应做到：

首先，简短，字数以占全文的 2% 左右为宜，一般论文摘要有 150～200 字即可。

其次，准确，以能概括论文的内容为限度，不走样、不空泛、不晦涩、不评论，不用图表、不用例证，不讲研究经过，要字字推敲。

关键词系指构成论文的起支柱作用的词。现还只限于对论文的要求，一般不超过 9 个，其作用在于给读者以"画龙点睛"的效应，因此，选择得准确特别重要。

(二)提出研究的问题

问题是研究的起点和出发点，整个研究都要围绕所提出的问题来进行。研究报告也须围绕问题展开。在论文中属前言部分。

文章一开始，须开宗明义交代问题提出的背景，来龙去脉。

例如，《5～6 岁幼儿肌肉力量发展的研究》，其报告对问题作了如下陈述：

"前几年，上海地区对幼儿体质进行了形态、机能、素质三个方面 19 个项目的测查。结果表明，幼儿的肌肉力量较差，就背肌力与握力的平均值来看，均低于同年龄的日本、美国儿童。"

"有种幼儿运动生理理论主张幼儿肌肉力量自然增长，认为不必采取加强幼儿肌肉力量的措施，即使加强也是无效的；但也有一种理论主张在幼儿阶段，应对肌肉力量施加一定的影响，适当增加肌肉力量的负荷，以增加幼儿肌肉的力量。"

"查阅有关资料，日本等地对幼儿肌肉力量的发展有相应措施，而我国《幼儿园教育纲要》中没有专门加强肌肉力量的练习。为此，我们认为有必要对幼儿肌肉力量发展这一问题进行研究，在幼儿体育的理论上提供我国自己的实验数据。"

通过分析论证，研究者决定采用等组对比实验的方法，解决如下几个问题：

1．通过测查握力、背肌力，了解5～6岁幼儿肌肉力量现状。

2．握力、背肌力的自然增长情况。

3．适当增加肌肉负荷对幼儿肌肉力量发展所起的作用。

又如，《北京市15所幼儿园玩具提供与使用情况的调查》是这样陈述所要研究的问题的：

"随着《幼儿园工作规程》的贯彻落实，创设良好环境、使幼儿在主动活动中得到发展成为当前幼教改革的重点。玩具作为幼儿园环境的重要组成部分日益受到关注，如何让玩具真正服务于幼儿发展是一个亟待研究的课题。1987～1989年，十省(市)的协作调查(《关于"适应我国国情，提高幼儿素质"的调查研究》)从'静态拥有'这一角度涉及了'玩具的提供与利用'。在实际中，'有玩具'和'用玩具'以及'尽玩具之用'是不同的，而后二者是使玩具服务于幼儿发展的关键。因此，本调查从'静态拥有''动态占有'两方面出发，更侧重后者，试图为揭示目前幼儿园玩具提供与利用现状并加以改进提供参考。"

报告一开头就十分明白地把研究要解决的问题交代清楚，说明为什么研究这个问题，研究的背景如何，有关的问题的研究状况怎样、结果怎样，这个问题在理论上和当前教育实践中有什么争议或不同的做法，研究价值如何。研究者综合已有文献和教育实际状况，论证课题的意义，包括理论的和现实的意义。

在此基础上，陈述研究所要解决的具体问题，说明本研究的目的、任务是什么以及如何解决。

(三)说明研究方法

对研究方法的说明是研究报告的重要内容之一。通过对方法的说明，可使读者判定研究结果的科学性、可靠性，并能进行重复验证。

研究方法的说明要具体详细，同时要注意条理清楚。一般而言，研究方法的内容包括这样几部分：

第一，怎样选择研究对象？研究对象总体的范围、取样场所、方法和数量等。应当注意，研究需要有一定的样本容量、次数，如此才可概括出一般普遍状况，不能仅依据对少数个案或个别现象的观察调查，就轻易作结论。

第二，收集事实材料的具体方法。这部分应作尽可能详细具体介绍，以便使人明了并能用于重复验证。

第三，研究程序、步骤和时间安排等。

在研究方法这部分，应能对研究所采用的专有名词术语作清楚的规定和说明。例如，三种教学方法的比较研究，须分别说明什么是自学法、讨论法、讲授法，这些术语均须有确切的含义。研究者要搞清其文义性概念的定义、内涵，又进而对其外延或寝现形式作出规定，通过下操作定义，使之具体化，确定操纵处理的方式及观测指标等。

(四)研究结果的阐述

研究结果中，最重要的是数据和事实材料。对这些收集来的事实材料先须鉴别其真伪，进而使之条理化。一些数据可以用图表来描绘，直观、形象，使人一目了然。进而作简要分析和说明，使人们更好地理解研究结果。在对结果加以分析说明时，要注意一般与典型结合，不仅有反映一般状况的数据如 $\bar{X}$、S 等，还可以介绍一些典型事例，使报告呈立体感，能够多维度、生动形象地说明问题。例如，《幼儿园兴趣游戏活动与儿童智力发展》的实验研究报告，结果部分不仅有实验组与控制组在实验前后有关智力测查成绩和创造性测查成绩对比的统计表，同时提供了实验班幼儿在实验过程中游戏积极性与游戏中认知成分增加的典型生动事例（系教师在实验日志中记录下来的），使结果更真实、丰满。

(五)讨论

这部分要求研究者对与研究有关的问题作进一步讨论、论证。通常包括这样一些内容：

第一，由结果来回答篇首提出的问题。就是说，在报告前言中提出的观点应当在讨论中得到呼应，说明问题是否得到解决以及所采用的研究方法是否可靠有效。

第二，对结果的获得作出理论上的解释说明，论证为什么能够得出这样的结果。例如，两种教法比较，结果其中一种效果好，如幼儿自然常识教学实验中，操作法优于讲解法，研究者需分析其原因，需要从理论的高度论证为什么会得到这样的结果。可以将本研究结果与同类研究作对比，分析原因，验证已有的理论；又可以提出研究者自己的新观点，阐明研究结果的意义。

第三，分析本研究还存在的问题、不足，并提出需要进一步研究的课题及改进现状的教育建议。

讨论部分是研究报告的较为关键的一部分，也是最难写的部分，它是使研究方法与结果上升到理论的重要一环，可以反映出研究者的理论素养。

研究者要发挥洞察力与创造性，通过理论论证，可以进一步揭示研究结果的意义或本质含义，发现尚未被人们认识的部分。讨论部分可以把研究的理论背景、文献查阅、研究结果及其应用的潜在意义综合汇总起来谈，把研究结果与理论和应用紧密联系在一起。

要提高研究的理论水平，材料收集来并统计出结果之后，还需要进一步查阅文献，以便深入探讨，而不是仅停留在当前结果所反映的现状上。

(六)结论

这是科研报告主体的最后一个部分。结论来自研究结果，应能对研究提出的问题作出回答：问题是否得到解决？研究是否验证了假设？

结论可以概括地谈，说明研究了什么问题、有什么结果、说明了什么问题，以及还需要进一步做怎样的研究。

下结论要小心谨慎，要合乎逻辑。注意不能任意扩大结论的适用性。

(七)附录与参考

附录部分要交代研究所用的一些重要材料，如调查提纲、问卷题目、教育干预方案或活动设计、教案与教材，观察评定的表格，以及研究所运用的测量工具等。

参考文献指研究者在研究过程中阅读过哪些文献，要注明文献标题、作者姓名、出版单位与日期，查阅书籍的页数等。

这部分虽然不是论文主体，但也可以反映出研究的水平，而且能够为读者开阔思路。

教育科研报告大体上包括以上几方面内容，但有时可以将几部分合并起来写。如将研究目的与方法合在一起说明，结果与讨论放在一起写，一边列结果，一边作分析和进行讨论，最后有一个小结。这样报告全文共三个部分。

四、撰写教育科研报告应注意的问题

初搞科研和写研究报告的人，在写研究报告中常常容易出现这样一些问题：

一是将报告写成一般化知识性介绍读物，全文仅泛泛而谈，不得要领。

二是材料仓库：对材料未作整理分析消化，仅是罗列堆砌或"下笔千言，离题万里"。

三是简单化倾向，文中只讲应当怎样，不讲是怎样和为什么要这样，或是只知"其然"，未说明"所以然"，如同行政指令。

四是写成工作汇报或总结，只叙述做的过程，不讲结果及其价值。

要避免以上情况，写好研究报告、提高研究质量，要注意以下问题：

一是及早做准备。研究报告实际上应随研究工作进程，边工作边写作。特别是研究的计划工作很重要。在制订计划时，如果能够将前面几个环节考虑得比较充分、周密，认真论证，事实材料收集来之后，就比较容易加以整理并总结。

二是观点与材料结合。一定要注意从事实中引出观点，要作严密的分析推理，不宜空发议论，不着边际地生发开去。

三是研究方法和结果是科研报告的重头部分，特别是研究方法部分，在做计划时就要考虑好，选择确定的研究方法对于所要解决和研究的问题应是适宜的，即方法要有科学性，进而结果才具有可靠性。

四是分析讨论要注意实事求是。要注意运用辩证的观点，一分为二地分析，话不可讲得太绝，对结果的意义价值及其适用性不宜过分夸大。这关系到学风问题，要注意客观公正、实事求是。

研究不可能尽善尽美，要分析存在的问题，同时研究报告并非研究的终结，研究者还应就当前研究提出须进一步研究的新课题，使报告成为新研究的开始。

五是写报告要认真思考，深思熟虑后再下笔。写研究报告一般要先列出提纲，要注意报告各部分之间的逻辑关系和顺序，意义要连贯。

在写作研究报告的过程中仍须查阅有关资料，以便对研究结果作进一步分析，进行理论说明。

最后作文字修饰。写科研报告用较具客观性的一般文体，说明事实及其意义，不宜带个人色彩或情感色彩。文字力求简洁。

六是报告应具可读性。写报告切忌装腔作势、故做高深状，将可以简单阐明的东西搞得复杂神秘，使人感到"玄""看不懂"，或是编造新概念。文字应深入浅出、易于理解。

七是注意科学道德。科研具有系统性，常需在前人研究的基础之上进行，而不是孤立地去开辟新大陆。研究者应注意用科学态度，实事求是地对待别人的研究成果。这是科研道德问题。在引用他人材料或观点时要加注，并标明出处。对他人研究不能因亲而褒、因疏而贬，或是贬低别人、抬高自己。

第九章 研究数据的统计分析(上)

当我们采用观察、调查、实验等方法进行研究时，就会获得大量的数字资料，如何充分利用这些数字资料所提供的信息，如何通过这些资料找出规律性的东西、得出科学性的结论，是本章重点要解决的问题。

心理与教育统计是专门研究如何收集、整理、分析在心理和教育方面由实验或调查所获得的数字资料，并根据这些数字资料所传递的信息，进行科学推论找出客观规律的一门学问，是我们从事学前教育科学研究的一种必不可少的工具。

学前教育工作者学习和掌握教育统计方法体系的意义：

一是可以顺利地阅读运用统计方法进行定量分析的科研报告和文献，从中间接地学习国内外先进的研究成果。因为这些科研报告一般是用统计方法来表述、说明、解释其研究成果的。而这些正是现代教育文献中所常用的共同语言，是同行间进行学术交流的媒介。如果我们不了解统计分析的术语及其代表的统计过程的意义，就无法领会其中含义，就会妨碍我们去汲取别人的先进经验和研究成果。

二是有助于学前教育工作者提高自身研究的科学性和学术水平。要提高学前儿童发展与教育领域内的科学研究水平，仅仅对材料进行定性分析是远远不够的。在教育科学研究中，对材料的定性分析与定量分析具有不可分割的内在联系，它们都是揭示教育现象的本质及其规律的有力工具。定量分析就是运用一定的数学方法，处理和分析研究所得的量化材料，从中获得有价值的信息，揭示事物的数量关系、数量特征、数量变化，从而确定事物本质和发展规律的科学研究方法。要研究学前儿童发展与教育现象和过程的质以及质的变化，也要研究其量的关系、量的变化、量的关系变化和量的变化关系等，这样才能增强科学预见的可能性和精确度。毋庸置疑，通过定量分析方法会大大增强定性分析的科学性，会显著提高学前教育科学研究的质量和学术水平。

目前，在教育科研中运用的定量分析方法，主要是以教育统计学的方法为主体。教育统计方法可大致分为描述统计与推断统计两大类。描述统计的任务，是用有意义的概括性图表或数字，描述和总结原始数据的分布情况，从而将大量的数值缩减，使其中有意义的信息得以清晰地显现。推断统计，则是用概率数字来决定某两组（或若干组）数值之间存在某种关系的可能性，即在描述统计的基础上，由样本特性推断总体的特性。可见，这两类统计方法各有特定的任务，但又密切地相互联系。本章重点介绍描述统计方法，为读者能实际运用这些方法提供一份索引。

描述统计主要研究如何整理心理与教育实验或调查得来的大量数据，描述一组数据的全貌，表达一件事物的性质。具体内容有图示统计、集中量数、差异量数等。

第一节　资料的初步整理

我们通过教育调查、教育测验和教育实验等研究途径获得了许多反映和标志教育现象的数据资料，这就是我们进行定量分析的基本材料。如实验所得的量化记录、儿童的测验分数、保教质量评估的等级、幼儿园的班级数和幼儿数等都是教育科研的数据资料。这些数据又称原始数据。原始数据常常是杂乱无章的，而对我们有用的信息则被掩盖其中。因此，进行定量分析前，先要对它们进行初步整理。主要是用统计分组、统计表、统计图来整理数据，使数据系统化、条理化。

一、资料的分组整理

(一)数据检查和分类

主要检查数据的完整性和正确性。统计资料完整性的检查，就是要根据调查(测查)项目检查是否填写齐全，避免遗漏，删去重复。正确性就是检查收集的资料是否真实可靠。

数据分类，也称统计分类或统计归组，就是把收集来的数据进行分组归类。一般又分为品质分类和数量分类。

1. 品质分类

是按事物性质划分为不同的组别、种类。例如，以性别为标志可分为男与女；以"理解能力""思维的灵活性""合作精神"为标志，可分为好的、较好的、差的等几种水平，每种水平可看成一类，每一类可再给以相当的数量，可以通过各类所包含的数据再进行数量化的比较和分析。

2. 数量分类

即按数量的属性分类。有顺序排列法、等级排列法和次数分布法等。

(1)顺序排列法：将各数据从大到小或从小到大进行排列。这样就可看出最高分和最低分是多少、各分数出现的次数和位于中间的是什么数等。

(2)等级排列法：即根据顺序排列划分等级，但与顺序排列不同，它是按数值所含的意义确定，若是学习成绩，测查某一方面能力的分数，应以数值大的排为第一等级，若是反映时间，则最小的数值排为第一等级。

(3)次数分布法：是指总体或样本按随机变量(数据)大小次序在频率上的排列。也就是编制次数分布表。

(二)统计分组

表 9-1 是一组未经整理的数据，从表上看不出什么规律，但通过分组整理就可了解分布大致的情况，步骤如下。

表 9-1   37 位学生的测量成绩

76	82	93	87	78	80	70
70	87	80	82	73	97	
67	98	85	95	64	85	
75	76	80	85	90	78	
80	72	76	77	84	70	
82	60	67	80	57	88	

1. 不全距

求全距也称求两级差。全距以 R 表示,就是全部数据中的最大数减最小数。本例全距(两级差):

$R = 98 - 57 = 41$

2. 确定组数

视数据资料的性质和数据多少而定。通常数据在 100 以上可分为 10~20 组,数据在 100 以下可分为 5~10 组。一般以 10 组以上、20 组以下为宜,这样可使计算方便而又不失其精确性。本例中全距为 41,分为 9 组比较适当。

3. 求组距

组距就是每一组的间距,即每组所包含的单位。组距以"i"表示。

$$组距(i) = \frac{全距 + 1}{组数},$$

则本例组距 $= \frac{41 + 1}{9} = 4.6$

为计算方便,以组距取 5 为宜。

4. 确定各组上限和下限

上限就是每组的最高分,下限就是每组的最低分。根据本题分数分布情况,我们把第一组确定为 56~60 分,第二组定为 61~65 分,其余类推。

5. 求各组的组中值

组中值 = (上限 + 下限) ÷ 2

第一组的组中值 = (56 + 60) ÷ 2 = 58

第二组的组中值 = (61 + 65) ÷ 2 = 63

同样,第三组为 68;第四组为 73,依此类推。

(三)编制次数分布表和累积次数分布表

对资料进行分组整理后,将数据按其数值大小列入各个相应的组别内,便可以呈现一个有规律的表式。这种统计表称之为次数分布表。制作步骤如下。

1. 标记各组次数

把原始分数里的每一个分数标到次数分布表中的"标号"栏,一般用"卌"或"正"字标号。例如,57 和 60 都属 50～60 这一组,就在这一组的"标号"栏中划"‖"。这主要是为计算次数方便。

2. 根据标号记次数(又称频数)

这样,我们便得到了一个分组次数分布表(见表 9-2)。

表 9-2　次数分布表的制作

组　别	组中值	标号	次数(f)
96～100	98	‖	2
91～95	93	‖	2
86～90	88	‖‖	4
81～85	83	‖ 卌	7
76～80	78	｜卌 卌	11
71～75	73	‖｜	3
66～70	68	卌	5
61～65	63	｜	1
56～60	58	‖	2
合　计			37

从表 9-2 可以看出数据分布的集中趋势和分散的情况。但若想知道儿童测量成绩在若干分数以上的人数或若干分数以下的人数及其百分比,则需要编制累积次数表,见表 9-3。

表 9-3　累积次数分布表的制作

组别	次数	累积次数			
		由小到大	百分比/%	由大到小	百分比/%
96～100	2	37	1.00	2	0.05
91～95	2	35	0.95	4	0.11
86～90	4	33	0.89	8	0.22
81～85	7	29	0.76	15	0.41
76～80	11	22	0.59	26	0.70
71～75	3	11	0.30	29	0.78
66～70	5	8	0.21	34	0.91
61～65	1	3	0.08	35	0.95
56～60	2	2	0.05	37	1.00
合计	37				

根据表 9-3，欲知成绩在若干分数以上人数，即从由大到小的累积次数这一栏内找其对应数即可。例如，要问成绩在 76 分以上者有多少，即从累积次数由大到小找到第五个数"26"便是，占全体人数的 70%；若想知成绩在 76 分以下的人数，即从由小到大的累积次数，由下向上找到第四组"71～75"对应数是 11 便是，占全体人数的 30%。

二、统计表和统计图

(一)统计表

统计表是系统陈述和表现数据资料的表格，它具有条理清楚、一目了然、易于比较、便于查找等优点，在定量分析中被广泛应用。

统计表的结构主要包括标题、项目、数字、说明等部分。统计表可按形式及内容不同的分类标志，将其分成不同的类型。不同类型的统计表的具体功能不同。

幼教科研常用的统计表种类有以下几种。

1. 简单表

即只列出调查名称、地点、时序或统计指标名称的统计表，如表 9-4、

表9-5。

表9-4　某区教办幼儿园儿童人数一览表

幼儿园	A 园	B 园	C 园	D 园	F 园
幼儿人数	418	338	319	295	282

表9-5　幼儿家长的职业类型(N=924)

专业技术人员	工人—服务人员	干部—企管人员	文体—其他
148	520	188	68
16.0％	56.3％	20.3％	7.4％

资料来源:《全国幼儿教育第五届学术研讨会文选》(下册),第126页,北京:北京师范大学出版社,1995。

2. 复合表

统计分组的标志有两个或两个以上的表(见表9-6)。

表9-6　幼儿在不同空间密度的活动室内的合作行为

合作行为	2.4m²/人		1.2m²/人	
	次数	％	次数	％
独自行动	183	45.4	330	56.9＊＊
联合行动	5	1.2	16	2.8
合作行动	185	44.7	168	29.0＊＊
其他	36	8.7	66	11.4

资料来源:同表9-5,上册,第190页。

又如,对实验班和对比班幼儿不良行为、卫生习惯的观测记录数据,按上述步骤处理后,可得到以下结果,见表9-7、表9-8。

表9-7　实验前实验班和对比班幼儿不良行为、卫生习惯观测情况(人次)

	内容	第一天	第二天	第三天
实验班	卫生	125	111	128
(n=36)	行为	4	3	17
对比班	卫生	98	104	90
(n=36)	行为	6	10	20

表 9-8　实验后实验班和对比班幼儿不良行为、卫生习惯观测情况（人次）

	内容	第一天	第二天	第三天
实验班	卫生	15	20	10
（n＝36）	行为	0	1	1
对比班	卫生	62	70	54
（n＝36）	行为	5	9	10

资料来源：《学前教育研究》，第 42 页，1994(6)。

（二）统计图

统计图是根据数据资料，运用几何的点、线、面、体和色彩描绘出的数据资料图形，用来形象直观地说明量的特征和量与量之间的关系。统计图的特点是形象直观、鲜明生动、通俗易懂、便于比较。因此，统计图的运用范围极广，在有关学前儿童的研究中，它是常用的数据处理方法之一。

统计图有许多种类型，这里只介绍最常用的几种。

1. 直方图

它以矩形的面积表示连续性随机变量次数分布的图形。它的横坐标上标出等距分组点，即各分组区间的下限，纵坐标上标出次数。以组距为底边，以分组区间的精确上下限为底边的端点，以次数为高画矩形，各直条矩形之间不留空隙。见图 9-1。

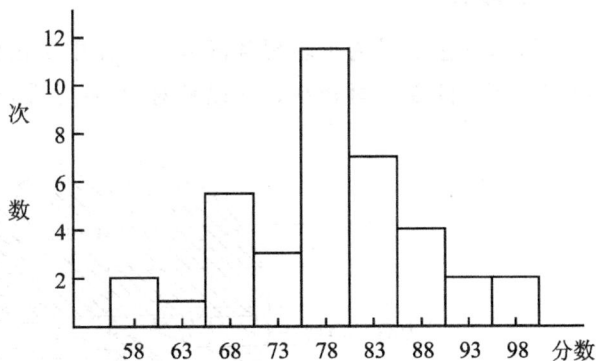

图 9-1　直方图的制作

资料来源：同表 9-2

2. 长条图

它以条形长短表示数量的大小和显示各数之间的差异，主要适用于比较性质相似，且又是间断性的资料。如图 9-2，是根据小学阶段第一轮实验语文、数学后测成绩绘制的长条图，反映了入学前期儿童在学习适应能力各方面的发展情况。

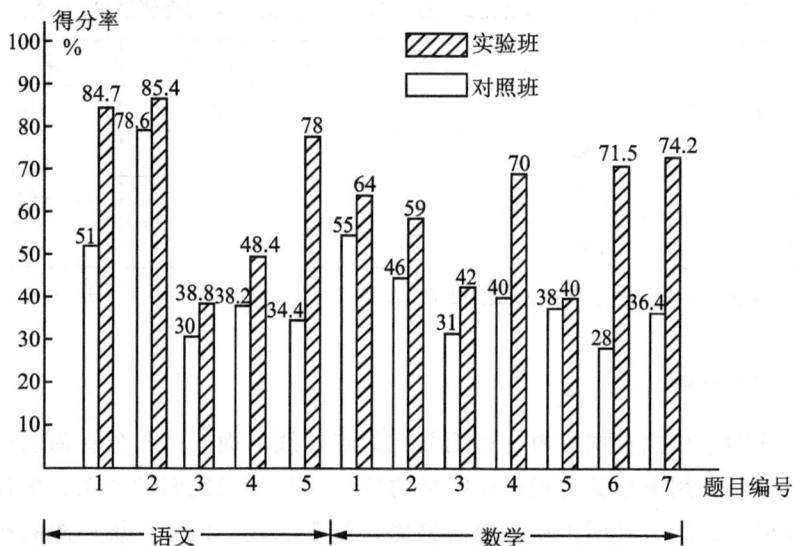

图 9-2　小学儿童语数后测各类题目得分比较

资料来源：同表 9-5，下册，第 421 页。

3. 圆形图

圆形图主要是为了表现各部分在整体中所占的比重，以及各部分之间的比较，用于间断变量资料，多以相对数（百分数）显示。见图 9-3。

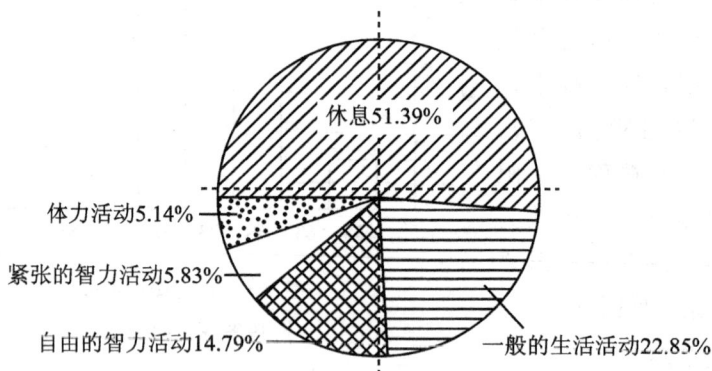

图 9-3　大班幼儿 24 小时内各类活动时间百分数圆形图

资料来源：李洪曾等，《幼儿教育科学研究方法浅说》，第 81 页，上海市教育科学研究所，1987。

4. 曲线图

曲线图以曲线变化表示两个变量之间的函数关系，用于连续变量资料。曲线图中的横轴通常表示时间或自变量；纵轴表示频数或因变量。见图 9-4。

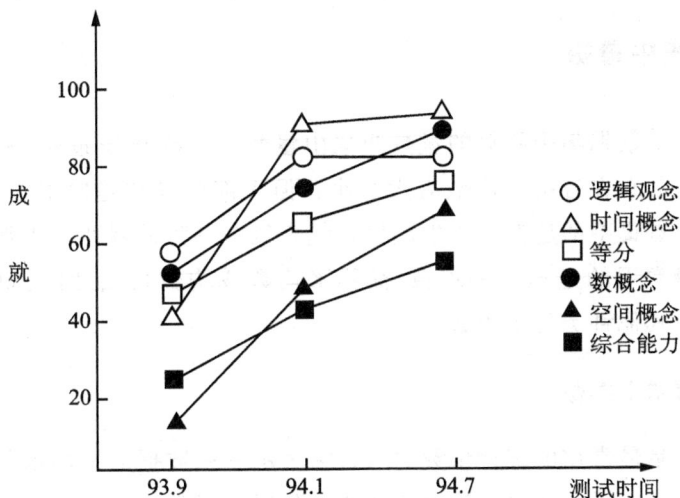

图 9-4 实验班各项成绩进步状况

资料来源：同表 9-5，中册，第 148 页。

第二节 数据特征的描述

在学前教育研究中，我们常可以看到下列的例表，见表 9-9。

表 9-9 两班幼儿数学能力(幼小衔接)测试成绩的比较

班 别	N	$\overline{X}$	S	t	p
实验班	28	60.93	9.20	11.80	<0.001
对照班	24	34.81	8.45		

资料来源：同表 9-5，上册，第 127 页。

表中 $\overline{X}$ 为平均数，S 为标准差，$\overline{X}$ 反映了一个班的平均成绩或集中程度，S 反映了一个班级成绩的离散程度。用 $\overline{X}$ 和 S 两个数值就较好地描述出了一个班级几十个学生成绩的特征(暂不讨论 t、p)。这就是采用描述统计方法所取得的结果。

在定量分析中用来描述数据全貌特征的量数主要有集中量数(如 $\overline{X}$)、差异量数(S)和相关系数等。

一、集中量数

描述一组数据集中趋势的量数叫集中量数。从次数分布表(见表 9-2)上可以看出,分布在各组的次数有大有小,但大部分量数趋向于中间某一点。这种向某一点集中的趋势叫集中趋势。代表集中趋势的量叫集中量数。表示集中量数最常用的是算术平均数(简称平均数或均数),有时也须运用中位数、众数及其他种类的平均数。

(一)算术平均数

平均数是最常用的统计量数之一,它表示一组数据的平均水平或中常情况。一组数据的平均数等于该组数据的和除以该组数据的个数。平均数在统计学中一般用"$\overline{X}$"表示,求和用"$\sum$"表示,"X"表示各个分数,"N"表示人数。统计学上写作:

$$\overline{X} = \frac{\sum X}{N} \qquad \text{(公式 9-1)}$$

例 1:运用表 9-1 的资料,求这 37 位学生的平均成绩。

解:$\overline{X} = \dfrac{\sum X}{N} = \dfrac{76 + 82 + 93 + \cdots + 57 + 80}{37}$

$\quad = \dfrac{2926}{37}$

$\quad = 79.14$

算术平均数是根据全部观测值(原始分数)计算得来的,能代表整体,较少受到抽样变动的影响,且简明易懂、计算简便,能用代数法计算。

对于已经分组整理过的数据,求平均数时,只要用各组组中值乘以该组次数后,把积总和起来,再除以总人数即可。公式是:

$$\overline{X} = \frac{\sum fX}{N} \qquad \text{(公式 9-2)}$$

上式中，"f"表示次数，"X"表示组中值，其他符号意义与公式 9-1 相同。

例 2：根据表 9-2 的资料求平均分数。

解：$\bar{X} = \dfrac{98 \times 2 + 93 \times 2 + 88 \times 4 + \cdots 63 \times 1 + 58 \times 2}{37}$

$= \dfrac{2911}{37}$

$= 78.68$

运用公式 9-2 求平均数，与用公式 9-1 求得的平均数有少量差距，这在统计学上是允许的。

(二)中位数和众数

中位数是指一组数据按大小顺序排列，位于数列正中的那个数，用 Md 或 Mdn 表示。众数是一组数据中出现次数最多的那个数值，以 Mo 表示。

以上 $\bar{X}$、Mdn、Mo 三者之间有密切的相互关系：①在正态分布中，该三个量数在量尺上重合，即 $\bar{X} =$ Mdn $=$ Mo。②在正偏态分布中，$\bar{X} >$ Mdn $>$ Mo。③在负偏态分布中，$\bar{X} <$ Mdn $<$ Mo。

(三)加权平均数

请看表 9-10，若问三年级的总平均数是多少，该怎样计算呢？

表 9-10　××校三年级四个班自然课期末成绩比较表

班级	人数	$\bar{X}$	S
一	55	88.0	11.2
二	54	87.5	8.7
三	56	80.2	12.0
四	58	86.5	9.8

如果说把四个班的平均数加在一起除以 4，那就错了，对类似的情况应该这样计算：

例 3：根据表 9-10 提供数据求加权平均数。

$\bar{X}_T = \dfrac{55 \times 88.0 + 54 \times 87.5 + 56 \times 80.2 + 58 \times 86.5}{55 + 54 + 56 + 58}$

$= 85.53$

以公式表示为：

$$\bar{X}_T = \frac{W_1\bar{X}_1 + W_2\bar{X}_2 + \cdots + W_n\bar{X}_n}{W_1 + W_2 + \cdots + W_n}$$ （公式 9-3）

W 为权数，在上例中为各班人数。

二、差异量数

仅用集中量数还不能表示一组数据的全貌，因为数据除了集中趋势以外，还要反映差异的离中趋势，反映数据离中趋势的量数就叫差异量数。在统计学上，表示数据离散程度的量数，主要有离差、方差和标准差。

(一)离差(D)

一个分数与平均数的差叫离差。其公式是：

$$D = X - \bar{X}$$ （公式 9-4）

如果一个分数高于平均数，则离差为正；如果这个分数低于平均数，则离差为负；如果这个分数与平均数正好相等，则离差为零。

例 4：某大班 9 名幼儿在一项测验上所得成绩分别为：95，70，55，80，60，75，90，85，65。求它们的离差。

解：(1)求平均分

$$\bar{X} = \frac{\sum X}{N} = \frac{675}{75} = 75$$

(2)根据公式 9.4，求各位幼儿成绩的离差。

如第一位幼儿的离差 $D_1 = X_1 - \bar{X} = 95 - 75 = 20$；

第二位幼儿的离差 $D_2 = X_2 - \bar{X} = 70 - 75 = -5$。

如此类推。9 位幼儿的离差如表 9-11 所示。

表 9-11　离差的求法

幼儿编号	测验分数	离差($X - \bar{X}$)
1	95	+20
2	70	-5
3	55	-20

续表

幼儿编号	测验分数	离差$(X-\bar{X})$
4	80	+5
5	60	−15
6	75	0
7	90	+15
8	85	+10
9	65	−10
N＝9	$\bar{X}＝75$	$\sum(X-\bar{X})=0$

可以看到，离差之和等于 0，其实这与平均数的意义是一样的。

(二)方差(S^2)

用每一数据与平均数差的平方和除以全部数据个数即得方差。方差一般用 S^2 或 SD^2 表示，其计算公式为：

$$S^2 = \frac{\sum(X-\bar{X})^2}{N} \qquad \text{(公式 9-5)}$$

例 5：利用例 4 的资料求方差。

解：(1)求平均数

$\bar{X}＝75$

(2)求各位幼儿的离差，如表 9-11 中的第三列所示。

(3)求各位幼儿的离差的平方(D^2)。

如第一位幼儿：$D_1{}^2=(X_1-\bar{X})^2=(95-75)^2=400$；第二位幼儿：$D_2{}^2=(X_2-\bar{X})^2=(70-75)^2=25$；如此类推，如表 9-12 所示。

(4)求离差平方和

$$\sum(X-\bar{X})^2 = 400+25+\cdots+100 = 1500$$

(5)代入公式 9.5，求 S^2

$$S^2 = \frac{\sum(X-\bar{X})^2}{N-1} = \frac{1500}{8} = 187.50$$

(注：由于这是小样本资料，求方差运用公式时要除以 N−1)

表 9-12　方差的求法

编号	测验分数	$(X-\bar{X})$	$(X-\bar{X})^2$
1	95	+20	400
2	70	−5	25
3	55	−20	400
4	88	+5	25
5	60	−15	225
6	75	0	0
7	90	+15	225
8	85	+10	100
9	65	−10	100
N=9	$\bar{X}=75$		$\sum(X-\bar{X})^2=1500$

(三)标准差(S)

由于方差的计算结果常常过大，而且把原来数据的单位也给平方了，所以实际中常用标准差来作为差异量数。标准差就是方差的算术平方根，常用 S 或 Sd 表示。计算公式为：

$$S=\sqrt{\frac{\sum(X-\bar{X})^2}{N}}$$　　　　　　（公式 9-6）

当应用到小样本资料时，公式 9-6 变换为：

$$S=\sqrt{\frac{\sum(X-\bar{X})^2}{N-1}}$$

以表 9-12 的数据为例，我们已知 $S^2=187.50$，则：

$$S=\sqrt{S^2}=\sqrt{187.50}=13.69$$

(四)标准差的组合

如果问例表 9-10 中三年级学生成绩的标准差是多少，这就涉及方差组合问题。应用下列公式计算：

$$S_T=\sqrt{\frac{1}{N}\sum N_1(S_i^2+d_i^2)}$$　　　　　　（公式 9-7）

N_i 为 i 班人数，S_i^2 为 i 班方差，$d_i = \bar{X}_i - \bar{X}_T$，则可计算如下：

$$S_T^2 = \sqrt{\frac{1}{223} \times [55(11.2^2 + 2.4^2) + \cdots + 58(9.8^2 + 0.97^2)]}$$

$$= 10.96$$

三、相关系数

在学前教育研究中，我们常常发现有许多因素相互之间有着密切的关系，例如，幼儿智力水平与语言能力；家长的养育观与教育行为；儿童的语文成绩与数学成绩等。在统计学上，用来描述两种因素之间的关系就要使用相关系数。

描述两种变量之间相关程度的数就是相关系数，一般用 r 来表示。相关系数的取值范围在 -1.00 至 $+1.00$ 之间，常用小数形式表示。它只是一个比率，不代表相关的百分数，更不是相关量的相等单位度量。相关系数的正负号，表示相关方向，正值表示正相关，负值表示负相关。相关系数取值的大小表示相关的程度。相关系数为 0 时，称零相关即毫无相关，为 1.00 时，表示完全正相关，相关系数为 -1.00 时，为完全负相关。这二者都是完全相关。如果相关系数的绝对值在 1.00 与 0 之间不同时，则表示关系程度不同。相关系数的计算方法有许多种。

(一)积差相关

积差相关系数是由英国统计学家皮尔逊提出的，常用于 30 对以上正态分布的测量数据的相关分析。例如，通过测查我们取得了某幼儿园大班 60 名幼儿身高、体重的数据，要了解这些幼儿身高与体重的相关程度，就可以用以下公式计算：

$$r = \frac{\sum d_x d_y}{N S_x S_y} \qquad \text{(公式 9-8)}$$

式中：$d_x = X - \bar{X}$

$d_y = Y - X$

N 即成对数据的数目

S_x 即 X 分布的标准差

S_y 即 Y 分布的标准差

相关系数也可以用原始分数直接求出，其公式是：

$$r = \frac{N\sum NY - (\sum X)(\sum Y)}{\sqrt{N\sum X^2 - (\sum X)^2} \cdot \sqrt{N\sum Y^2 - (\sum Y)^2}} \qquad \text{（公式 9-9）}$$

公式中：$\overline{X}$ 与 $\overline{Y}$ 分别为两组变量的平均数

$\sum X^2$ 与 $\sum Y^2$ 分别为两组变量的平方和

$\sum XY$ 为两组变量乘积的总和

具体请参见张厚粲主编的《心理与教育统计》第四章。

（二）等级相关

在有些情况下，研究资料只有顺序数值，即等级，而不是等距离数值或等比数值，应用这类资料求相关系数时，则可求其等级相关 r_R，数据的对数可小于 30，且不论分布状态如何。计算公式为：

$$r^R = 1 - \frac{6\sum D^2}{N(N^2 - 1)} \qquad \text{（公式 9-10）}$$

D 是匹配等级之间的差异

$\sum D^2$ 是等级差异之平方和

N 是匹配等级数，即人数

例 6：两位幼儿教师对 10 名幼儿所排列的等级如下表，求它们的等级相关系数。

表 9-13 相关系数的求法

幼儿编号	教师甲排序	教师乙排序	D	D^2
A	14	—3	9	
B	2	2	0	0
C	3	3	0	0
D	4	8	—4	16
E	5	5.5	—0.5	0.25
F	6	1	5	25
G	7	7	0	0

续表

幼儿编号	教师甲排序	教师乙排序	D	D²
H	8	10	−2	4
I	9	9	0	0
J	10	5.5	+4.5	20.25
			$\sum D^2 = 74.5$	

$$r_R = 1 - \frac{6 \sum D^2}{N(N^2 - 1)}$$

$$= 1 - \frac{8 \times 74.5}{10 \times (10^2 - 1)}$$

$$= 1 - 0.45$$

$$= 0.55$$

这说明这两位幼儿教师对幼儿等级顺序排列的一致性程度是较高的。

第三节　原始分数的转换

严格地说，把学生几门课程的考试分数加在一起得出一个总分，来排列学生的名次是不科学的。因为考试所得分数或科研中所得的其他数据是一种原始分数，又叫粗分。这种分数互相之间没有相等的单位，参照点也不同，所以没有普遍的意义。因此需要把不同的原始分数转化成具有一定参照点和单位的量表分数，叫做导出分数，导出分数可以反映出某一个分数处于所在群体中地位，不同科目的分数可以相互比较，可以相加。下面介绍一下导出分数中的 Z 分数和 T 分数。

一、标准分数

标准分数又称 Z 分数。是以标准差为单位表示一个分数在团体分数中所处的位置。所以也叫相对位置量数。Z 分数是原始分数与其平均数之差除以标准差所得之商。其计算公式为：

$$Z = \frac{X - \overline{X}}{S}$$

（公式 9-11）

从公式 9-11 可以看出，Z 分数无实际单位。如果一个数小于平均数，其值为负数；如果一个数的值大于平均数，其值为正数；如果一个数的值等于平均数，其值为零。可见 Z 分数可以表明原数目在该组数据分布中的位置。

假设一位幼儿唱歌得了 74 分，叙述故事得了 30 分，你能说他的唱歌比叙述故事好吗？不一定。因为两个分数不一定是可比的，而把它们转换成 Z 分数，则可以进行比较。

例7：设：这位幼儿唱歌得 74 分，他们全班平均为 80 分，标准差为 8 分；叙述故事得 30 分，全班平均 25 分，标准差是 5 分。请判断这位幼儿哪门功课成绩较好。

解：唱歌的标准分数是：

$$Z_1 = \frac{X - \overline{X}}{S} = \frac{74 - 80}{8} = -0.75$$

叙述故事的标准分数是：

$$Z_2 = \frac{X - \overline{X}}{S} = \frac{30 - 25}{5} = 1$$

因为 $1 > -0.75$，则可以判断这个幼儿叙述故事的得分高些。事实上，我们也知道，他在班里叙述故事是中上水平，而唱歌是中下水平。

Z 分数除表明原数目在分配中的位置以外，还可以使我们在不同分配的各数目之间进行比较。如可以比较不同科目成绩的优劣，可以计算不同科目的总分和平均分，还可以作为舍弃研究中异常数据的依据。

可见，应用标准分数就可以对两个或多个不能直接比较的样本资料进行比较，使我们不受原始分数的假象所干扰。

请参考李秉德主编的《教育科学研究方法》第九章。

二、T 分数

在编制测验时，常会遇到已知某总体的分布为正态，但由于所取样本不是正态的，这时按其总体，将样本分布正态化。这种将样本原始分数分布转换成正态分布，称作次数分布正态化。T 分数是经过正态化的一种标准分数。其计算公式为：

$$T = \frac{X - \overline{X}}{S} \times 10 + 50 \qquad \text{（公式 9-12）}$$

在 T 分数中，把平均成绩定为 50 分，并用 10 乘以 Z 分数把 Z 分数扩大 10 倍，所得的和，就构成了 T 分数。即可以写为：

$$T = 10 \times Z + 50 \qquad\qquad (公式 9\text{-}13)$$

例 8：某幼儿班在一次有关常识的测查中，全班平均得 30 分，标准差为 8，小明得了 35 分，小杰得 40 分，小红得 25 分，请分别计算他们的 T 分数。

解：根据题意可得：

$$T_{小明} = \frac{X - \bar{X}}{S} \times 10 + 50 = \frac{35 - 30}{8} \times 10 + 50 = 56.25$$

$$T_{小杰} = \frac{X - \bar{X}}{S} \times 10 + 50 = \frac{40 - 30}{8} \times 10 + 50 = 62.50$$

$$T_{小红} = \frac{X - \bar{X}}{S} \times 10 + 50 = \frac{25 - 30}{8} \times 10 + 50 = 43.75$$

教师在教学中给学生评定成绩时，可以运用 T 分数，这样就可以避免不同课程评分标准不一对儿童成绩所造成的错误印象。

请参考张厚粲主编的《心理与教育统计学》第 168～170 页。

第九章 研究数据的统计分析(下)

如果说描述统计是简化、整理和汇总样本资料的话，推断统计便是根据样本资料的结果，推断总体状况的过程。它不仅可以用数量化指标表示这种推论的合理性，还能够说明可能的误差范围有多大。

如果从某一个市取样 1000 名幼儿，调查患有龋齿的幼儿人数为 46.8%，那么如何以 95% 或 99% 的把握推断全市幼儿患龋齿的百分比是多少呢？这就是统计估计问题。若一项实验中，实验班的平均分数为 98，对照班为 89，我们如何以极小犯错误的可能(5% 或 1%)作出"实验效果显著，实验班与对照班有明显差异"的结论呢？这就是统计检验问题。可见如何对样本研究结果做出科学的推断，是对研究材料进行定量分析的重要部分之一，在教育统计学上叫作参数估计，参数假设检验，t 检验、Z 检验、X^2 检验、非参数检验等。

第一节 以样本估计总体

经样本研究得出的一些量数叫样本统计量，如 $\overline{X}$、S、r 及百分比等，其本质是一种变量，常因取样的不同而有波动。描述总体相应量化特征的数值叫总体参数，如总体平均数(ρ)、总体标准差(σ)、总体相关数(P)及总体百分比等，本质上是常量。统计估计就是用样本统计量来推断总体参数，由样本平均数($\overline{X}$)推断总体平均数(μ)。

一、总体平均数的估计

通过样本的 $\bar{X}$ 估计总体平均数 μ。首先根据实得样本的数据，计算样本的平均数与标准差，然后计算出样本平均数的标准误，以 SE 表示。标准误是指样本分配的标准差。凡是由一个样本的统计量推出总体统计数的估计值时，都需要计算标准误，如平均数的标准误、标准差的标准误、相关系数的标准误等。见公式 9-14：

$$SE_{\bar{X}} = S/\sqrt{n} \qquad \text{(公式 9-14)}$$

在对总体平均数 μ 进行估计之前，需要确定置信间距或显著性水平。统计学上一般规定显著性水平为 0.05，即置信水平为 0.95，或显著性水平为 0.01，即置信水平为 0.99。因为 0.05 或 0.01 的概率事件属于小概率事件。因此样本的平均数对总体参数 μ 进行估计则犯错误的可能很小(不超过 5％或 1％的概率)。

确定并计算置信区间：

$$\bar{X} - ZSE_{\bar{X}} \leqslant \mu \leqslant \bar{X} + ZSE_{\bar{X}} \qquad \text{(公式 9-15)}$$

或 $$[\bar{X} - ZSE_{\bar{X}}, \bar{X} + ZSE_{\bar{X}}] \qquad \text{(公式 9-16)}$$

确定 $\alpha = 0.05$ 或 0.01 的横坐标值。一般当总体方差已知时，查正态表，当样本方差未知时，查 t 值表。一般情况下显著性水平 α 确定为 0.05 或 0.01，因此其 Z 为 1.96 或 2.58。这两个数值最好记牢，可以省略查正态表的一步。

请参考张厚粲主编的《心理与教育统计学》第六章。

例1：在某市抽取 100 名幼儿(6 岁)平均身高 104.3 厘米，标准差 6 厘米，问该市 6 岁幼儿的平均身高以 95％和 99％的把握估在多少之间呢？

用公式 9-14 先求出样本平均数的标准误 $SE_{\bar{X}}$：

$$SE_{\bar{X}} = S/\sqrt{n}$$
$$= 6/\sqrt{100}$$
$$= 0.6$$

在 95％的把握(称置信系数，记作 0.95)时，$Z_{0.95}$ 取 1.96；在 99％的把握时 $Z_{0.99}$ 取 2.58；用公式 9-15 或 9-16 计算总体平均数的置信区间：

本例在置信系数为 0.95 时，

$[104.3-1.96\times0.6, 104.3+1.96\times0.6]$

即 $[103.12, 105.48]$，也就是说我们有 95% 的把握推断全市 6 岁幼儿平均身高在 103.12～105.48 厘米之间。根据同样的计算程序可以计算出置信系数为 0.99 时，μ 的置信区间为 $[102.75, 105.85]$，也就是说我们有 99% 的把握推断全市 6 岁幼儿的平均身高在 102.75～105.85 厘米之间，推断错误的可能一般在 1%。

二、总体百分数的估计

例 2：在全市中抽取 1000 名小学生测查，发现近视率为 10%，若以 95% 的把握推断全市小学生的近视率有多少呢？

我们设近视率为 P，此例为 10%，不近视的比率为 q，此例为 90%，求样本百分比的标准误 $SE_\%$：

$$SE_\% = \sqrt{\frac{p \cdot q}{n}} \qquad\qquad (公式 9\text{-}17)$$

$$= \sqrt{\frac{0.10\times0.9}{1000}}$$

$$= 0.09\%$$

按 $P-ZSE_\% \leqslant P \leqslant P+ZSE_\%$

置信区间为 $[P-ZSE_\%, P+ZSE_\%]$

在置信系数 0.95 时，总体百分率在 $[9.8\%, 10.2\%]$ 之间，也就是说我们有 95% 的把握推断全市小学生的近视率在 9.8%～10.2% 之间，推断错误的可能为 5% 以下。

三、总体标准差、总体相关系数的估计

由样本标准差(S)、估计总体标准差(σ)以及由样本相关系数(r)估计总体相关系数(P)的原理，与估计总体平均数和总体百分比的原理一样。

对总体标准差的估计，同对平均分数 μ 的估计一样，也需要计算标准差分布的标准误 σ_S。标准差的平均数为 $X_s = \sigma$，计算总体标准差的公式为：

$$\sigma_S = \frac{\sigma}{\sqrt{2n}}$$ （公式 9-18）

总体 σ 未知，可用样本 S_{n-1}，作为估计值算标准误，置信区间一般为 0.95 或 0.99。其 $Z_{a/2}$ 分别为 1.96 或 2.58，置信区间可写作：

$$S_{n-1} - Z_{a/2} \cdot \sigma_S < \sigma < S_{n-1} + Z_{a/2} \cdot \sigma_S$$

对置信区间的解释，同平均数的区间估计解释相同。

总体相关系数的估计，原理同上，这里不介绍，如需要时，可查阅教育统计学著作。

第二节 参数检验

教育科研的量化材料常需要比较才能显示其意义，尤其是对有差异的样本统计量进行一定的统计检验后，才能确立这一差异是否为总体上的差异，所以又叫作参数检验。参数检验是用来检验大样本的平均数差异显著性及比例差异显著性的一种检验方法。

一、平均数差异的显著性检验

平均数的显著性检验是指对样本平均数与总体平均数的差异进行的显著性检验。若检验的结果差异显著，表明样本平均数的总平均（即 μ_1）与总体平均数 μ_0 有差异。

例如，进行一项有关幼教课程的实验后，得到一个实验班的平均分数和标准差，又得到一个对照班的平均分数和标准差，那么，这两个班的平均分数是不是有显著差异呢？也就是说，这项实验课程的效果是不是真的比普通幼教课程好些呢？要回答这样的问题，研究者就要对两班的平均分数进行检验。其计算公式是：

$$Z = \frac{\overline{X}_1 - \overline{X}_2}{SE}$$ （公式 9-19）

公式中：$\overline{X}_1$—实验组的平均分

$\overline{X}_2$—控制组的平均分

SE—标准差

$$SE = \sqrt{S_1^2 + S_2^2}$$

Z检验的基本步骤是：

(1)分别求两组被试的平均数和标准差。

(2)求 SE。

(3)求 Z 值。

(4)用所求得的 Z 值与正态分布的 Z 值进行比较，判断两个平均数差异的显著性水平。

在教育研究中，最常用的显著性水平有两个，即 $P < 0.01$，表示两个平均数之间的差异非常显著，这种差异由机遇造成的可能性小于 1%；$P < 0.05$，表示两个平均数之间的差异比较显著；这种差异由机遇造成的可能性少于 5%。什么时候 $P < 0.01$ 或 $P < 0.05$ 呢？确定 P 值的规则是：

当 $Z > 2.58$ 时，　　　　　　　$P < 0.01$　差异非常显著

当 $1.96 < Z < 2.58$ 时，　　　　$P < 0.05$　差异显著

当 $Z < 1.96$ 时，　　　　　　　$P > 0.05$　差异不显著

例3：某幼儿老师经过对一个大班 32 名幼儿进行为期一年的创造性思维技能训练后，在一项测验上测得该班幼儿平均得分为 58.5 分，标准差为 5.6。同时，她还测得另一个没有进行这种训练的大班 34 名幼儿在这个测验上平均得 43.2 分，标准差是 5。问：这种思维技能训练有没有效？

解：这两个班的人数都超过 30 人，可以用 Z 检验进行差异显著性检验，具体步骤是：

(1)求 SE。

$$
\begin{aligned}
SE &= \sqrt{S_1^2 + S_2^2} \\
&= \sqrt{5.6^2 + 5^2} \\
&= \sqrt{31.36 + 25} \\
&= \sqrt{56.36} \\
&= 7.51
\end{aligned}
$$

(2)求 Z 值。

$$Z = \frac{\overline{X}_1 - \overline{X}_2}{SE}$$

$$= \frac{58.5 - 43.2}{7.51}$$

$$= \frac{15.3}{7.51}$$

$$= 2.04$$

(3)判断。

$$\because 2.58 > Z = 2.04 > 1.96$$

$$\therefore P < 0.05$$

(4)结论:经过一年的思维技能训练后,实验班在这个测验上的成绩显著优于控制班。

二、比例差异的显著性检验

比例差异检验要求样本大于 30,使用 Z 检验法。Z 值计算公式如下:

$$Z = \frac{P_1 - P_2}{\sqrt{\overline{P}_e \cdot \overline{q}_e \left(\frac{N_1 + N_2}{N_1 \cdot N_2} \right)}} \qquad \text{(公式 9-20)}$$

$$\overline{P}_e = \frac{N_1 P_1 + N_2 P_2}{N_1 + N_2}$$

$$\overline{q}_e = \frac{N_1 q_1 + N_2 q_2}{N_1 + N_2}$$

式中 P_1 为第一个样本的比率,P_2 为第二个样本的比率,N_1、N_2 为第一和第二个样本的容量,$q_1 = 1 - P_1$,$q_2 = 1 - P_2$,$\overline{P}_e$、$\overline{q}_e$ 为比率加权平均数。

例 4:一位幼教研究者在学前班进行数学实验,在 48 人的实验班使用了新教材,对照班 46 人使用传统教材,实验结束后发现在这门课程上实验班儿童学习优秀率为 71%,对照班优秀率为 50%,问:在 0.05 水平上使用不同教材的教学效果是否明显?

则 $N_1 = 48$,$N_2 = 46$,$P_1 = 0.71$,$P_2 = 0.50$,$P_e = 0.61$,$\overline{q}_e = 0.39$

$$Z=\frac{0.71-0.50}{\sqrt{0.61\times0.39\times\frac{48+46}{48\times46}}}$$

$$=2.1$$

由于 Z>1.96，则 P<0.05

我们可以推断说，在显著性 0.05 水平上，使用新教材的效果显著地优于传统教材。

三、t 检验

Z 检验只适合于大样本的平均数差异的显著性检验，而 t 检验则是适合于小样本的平均数差异的显著性检验。

t 检验的原理和步骤与 Z 检验基本一致。t 检验分为独立样本 t 检验和相关样本 t 检验。

(一)独立样本 t 检验

当两个样本是相互独立的，且 N<30 时，检验平均数差异显著性的统计量是 t。t 检验的公式为：

$$t=\frac{\overline{X}_1-\overline{X}_2}{SE} \qquad \text{(公式 9-21)}$$

在这个公式中的 SE 与公式 9-19 中的 SE 有所不同，这里的 SE 是：

$$SE=\sqrt{\frac{(N_1-1)S_1{}^2+(N_2-1)S_2{}^2}{N_1+N_2-2}\cdot\frac{N_1+N_2}{N_1N_2}} \qquad \text{(公式 9-22)}$$

将公式代入

$$t=\frac{\overline{X}_1-\overline{X}_2}{\sqrt{\frac{(N_1-1)S_1{}^2+(N_2-1)S_2{}^2}{N_1+N_2-2}\cdot\frac{N_1+N_2}{N_1N_2}}} \qquad \text{(公式 9-23)}$$

在上式中，$\overline{X}_1$ 和 $\overline{X}_2$ 分别为两个样本的平均分数；N_1 和 N_2 分别为两个样本的样本容量，即样本个数。

$S_1{}^2$ 和 $S_2{}^2$ 分别为两个样本的方差。

t 检验与 Z 检验的一个重要区别是，在进行 t 检验时，要计算样本的自由度(df)。

$$df = N_1 + N_2 - 2 \qquad (公式 9-24)$$

当两个样本大小相等($N_1 = N_2$)时，上述公式可简化为：

$$t = \frac{\overline{X}_1 - \overline{X}_2}{\sqrt{\dfrac{X_1{}^2 + X_2{}^2}{N(N-1)}}} \qquad (公式 9-25)$$

求出 t 值后，根据自由度 df(df = N-1)和显著性水平(查 t 分布表)，以决定该差数是否显著。

例 5：在一项有关幼儿口头语的测验中，17 名男孩得分分别为 87，92，96，87，85，95，100，90，100，89，92，74，90，70，80，81，93；12 名女孩得分分别是：81，66，85，84，89，82，70，74，100，86，98，79。问性别在这个测验中是否造成差异？

解：两个样本都少于 30，是小样本，因此，用 t 检验来检验其平均数差数的显著性是合适的，步骤如下：

(1)求 $\overline{X}_1$ 和 $\overline{X}_2$。

$$\overline{X}_1 = \frac{\sum X_1}{N_1} = \frac{1501}{17} = 88.29$$

$$\overline{X}_2 = \frac{\sum X_2}{N_2} = \frac{997}{12} = 83.08$$

(2)求 $S_1{}^2$ 和 $S_2{}^2$。

$$S_1{}^2 = \frac{\sum (X - X_1)^2}{N_1 - 1}$$

$$= \frac{(87 - 88.29)^2 + (92 - 88.29)^2 + \cdots + (93 - 88.29)^2}{17 - 1}$$

$$= 69.39$$

$$S_2{}^2 = \frac{\sum (X - X_2)^2}{N_2 - 1}$$

$$= \frac{(81 - 83.08)^2 + (66 - 83.08)^2 + \cdots + (79 - 83.08)^2}{12 - 1}$$

$$= 95.84$$

(3)求 t 值。

$$t = \frac{\overline{X}_1 - \overline{X}_2}{\sqrt{\dfrac{(N_1 - 1)S_1 + (N_2 - 1)S_2}{N_1 + N_2 - 2} \times \dfrac{N_1 + N_2}{N_1 N_2}}}$$

$$= \cfrac{88.29 - 83.08}{\sqrt{\cfrac{(17-1) \times 69.39 + (12-1) \times 95.84}{17+12-2} \times \cfrac{17+12}{17 \times 12}}}$$

$$= \cfrac{5.21}{\sqrt{\cfrac{1110.24 + 1054.24}{27} \times \cfrac{29}{204}}}$$

$$= \cfrac{5.21}{\sqrt{11.40}} = \cfrac{5.21}{3.38} = 1.54$$

(4)求 df。

$$df = N_1 + N_2 - 2$$
$$= 17 + 12 - 2$$
$$= 27$$

(5)查 t 值表，确定差异显著性水平。

当 df=27 时，0.01 的显著性水平的 t 值必须大于 2.771；0.05 的显著性水平的 t 值必须大于 2.052。

本例中：

$$t = 1.54 < 2.052$$

所以，P>0.05

也就是说，经 t 检验表明，男、女幼儿在这项关于幼儿口头言语的测验中，没有统计学意义上的显著性差异；如果他们的平均分数有差别，那么，有 5% 以上的可能性是由机遇造成的。也就是说，没有足够的根据说明性别差异影响这项测验的分数。

(二)相关样本 t 检验

当两个样本的平均数并非独立而是成对的，或存在相互关联的关系时，例如，同一组幼儿在实验前和实验后的某种测验分数，由于每一幼儿都有两个分数，故该两组数据是成对的，此时需要用相关样本 t 检验。计算公式为：

$$t = \cfrac{\bar{X}_d}{\sqrt{\cfrac{\sum x_d^2}{N(N-1)}}} \qquad \text{(公式 9-26)}$$

其中，$\bar{X}_d = N$ 对观测值的差数的平均数

$X_d =$ 差数 D 与差数平均数 $\bar{X}_d$ 的离差

$$\sum X^2 d = \sum D^2 - (\sum D)^2 / N = 差数离差平方和$$

D＝样本中每对测定的差数

N＝成对的观测值数目

四、X^2 检验

X^2(读作卡方)是检验实得次数与理论次数之间差异程度的指标。X^2 检验方法主要适用于计数数据的差异显著性检验，并且能同时检验两组或两组以上数据的差异性。

(一)X^2 检验的主要用途

1. 适合性检验

例如对某一问题有两种意见，在理论上说其比例应为 1 : 1，假如有一个 50 人的集体，则应为 25 : 25。但实际上为 38 : 12，问实际上的次数与理论次数是否有显著差异，就可进行 X^2 检验。

2. 正态性检验

主要是看实际的次数分布是否为正态分布，或者说与正态分布是否有显著差异。

3. 独立性检验

用于检验两个或两个以上变量多项分类之间是否有关联，例如，幼儿家庭环境、家长文化程度与幼儿个性发展是否有关联，幼儿性别与学习数学是否有关联等。

4. 百分数资料的检验

对百分数资料是否符合某种理论次数的分布也可用 X^2 检验。

(二)X^2 检验的基本公式

$$X^2 = \sum \frac{(fo - fe)^2}{fe} \qquad (公式 9-27)$$

公式中：fo 表示实得次数

217

fe 表示理论次数或期望次数

X^2 的自由度 $df=r-1$

其中：r 表示原始数据的组数

例 6：在一项有关幼儿社会化行为的观察中，研究者通过随机取样，发现 60 名幼儿中，属于典型的攻击型的幼儿 13 名，回归型（退缩型）的幼儿 14 名，其他 33 人属于中间型。问：幼儿在这三类社会行为上是否存在差异（即中间型的幼儿比其他两种类型的幼儿是否显著地多）？

解：本题属于分类资料，适宜于用 X^2 检验。基本步骤是：

(1)计算理论次数。

本题中，我们期望各种类型的幼儿人数是相等的，因此，

$$fe=\frac{N}{r}=\frac{60}{3}=20$$

也就是说，我们假设各类幼儿人数是 20 人。

(2)计算 X^2。

根据公式 9-27，

$$X^2=\sum\frac{(fo-fe)^2}{fe}$$

$$=\frac{(13-20)^2}{20}+\frac{(14-20)^2}{20}+\frac{(33-20)^2}{20}$$

$$=\frac{254}{20}=12.7$$

(3)求 df。

$df=r-1-3-1=2$

(4)根据 df 查"X^2 分布临界值表"，并进行判断。

当 $df=2$ 时，$P=0.01$ 的临界值是 $X^2=9.210$

本例中：

$$X=12.7>0.210$$

所以：$P<0.01$

结论：幼儿的社会性行为有显著差异，中间型幼儿明显多于其他的两种类型的幼儿。

五、方差分析、回归分析和因素分析

方差分析、回归分析和因素分析都是较复杂的定量分析方法，它们适合于较复杂的实验设计所得到的数据资料，或是对量化材料进行深层次的分析。现代教育科学研究的新趋势就是进行多变量、多因素、多层次的研究，而凭描述统计分析和推断统计分析方法是远远不够的，这就使得多元统计分析方法发展起来了。随着计算机的普及和应用软件的开发，繁复的运算和高深的数学理论已不再是进行高层次定量分析的障碍。下面我们仅对三种分析的主要思想和运用领域作一扼要阐述。

(一)方差分析

方差分析，即利用方差进行 F 检验，分析与探讨一个因变量和一个或多个自变量之间的关系的统计方法。这种方法主要用于多个样本平均数差异显著性的检验，且各不同的类型。大多数教育实验包含几个不同处理或几个不同混合处理组，方差分析可同时比较几个平均数的差异，故比仅适用于比较两个均数之间差异的 t 检验更为有用。

方差分析根据的基本原理是，一组数据的总变异可以分解为几个部分的变异，各表示一定的意义。例如，组内差异是由被试的个别差异或实验误差引起的，组间差异是由受控制的实验因素或观察条件引起的等。通过综合性比较分析各部分变异之间的关系，可找出引起总变异的主要因素，并可根据概率，确定各组均数之间是否存在显著差异，即确定自变量是否对因变量有重要影响。方差分析对大小样本均适用。

例如，若实验变量为识字教学法，共有四种方法，我们把这四种方法分别在四个班实验，然后对四个班的平均数差异进行显著性检验，从而推断四种教学方法的效果是否相同，就可以应用单因素方差分析中的"完全随机设计的方差分析"方法，来完成定量分析的任务。

再如，研究 3~6 岁幼儿理解空间概念能力时，研究者对年龄和性别这两个变量对幼儿空间能力的影响都感兴趣，因此把这两个变量均列为自变量，而将幼儿在空间概念方面的测查分数作为因变量。利用方差分析，可以同时检验年龄与性别各自的影响，以及年龄和性别二者的联合影响或交互作

用。在这个分析中，年龄变量可有 4 个层次(3、4、5、6 岁)；性别变量有 2 个类别(男、女)，于是分析中便有 $4 \times 2 = 8$ 种处理，即年龄与性别两个因素的不同水平的组合方式有 8 种。

总的来讲，方差分析适合于一个或两个实验变量(每个变量又分为不同水平或类别)量化材料的分析，这对于提高实验研究设计的效率、使实验更契合于实际是十分重要的。

(二)回归分析

回归分析主要用来确定复杂的教育现象之间的规律性的数量关系。我们知道教育现象十分复杂，教育实验研究各因素之间的关系通常都不是确定的，也就是说，不能以一个精确的定量关系式来表达成函数关系，但这并不是说教育诸变量间没有一定的规律性量化联系，回归分析方法就是帮助我们透过偶然的复杂现象来确定这种规律性的联系。

回归，就是用方程式表示因变量与自变量关系的数学模式。这种方程式称为回归方程。利用回归方程，可由自变量的值推算或估计与之相对应的因变量的值。因此，回归分析是一种统计预测方法，它可帮助我们根据已知的事实来预测未知的事实。这对于揭示儿童发展与教育的本质和规律，提高学前教育与心理研究的科学预见性和指导性是十分有意义的。

回归分析有多种形式，主要有直线回归与曲线回归、简单回归与多重回归等。例如，儿童的智力与学习成绩之间存在着密切的关系，但这种关系并不是一种确定的函数关系，因为影响儿童学习成绩还有其他多种因素。例如，经大量研究证明，非智力因素对学习成绩有不可忽视的作用。那么，智力与学习成绩之间究竟有怎样的数量关系呢？

对学习成绩，在回归分析中可以设为因变量 Y，智力(通过智商来反映)可设为自变量 X，通过大量数据的分析可以得出一个回归方程：

$$\dot{Y} = a + bx \tag{公式 9-28}$$

$\dot{Y}$ 表示通过 X 所得的学习成绩预测值或估计值，a 为常数，b 称为回归系数，回归分析主要是确定 a、b 值。如果智力对儿童成绩的回归方程一经确定，那么，我们就可以根据儿童的智力来预测他们的学习成绩。更重要的是，回归方程揭示了学习成绩与智力的规律性数量关系。当然，这一回归方程是否客观地反映了实际情况、是否有意义，还要通过显著性检验来确定。

上述只有一个自变量的回归方程叫一元线性回归方程（简单回归）。若我们研究多个自变量与因变量的关系，则需用多元线性回归方程（多重回归）。例如，注意力（X_1）、记忆力（X_2）、思维力（X_3）、想象力（X_4）对人一般智力 $\dot{Y}$ 的关系，则表示为：

$$\dot{Y} = a + b_1 X_1 + b_2 X_2 + b_3 X_3 + b_4 X_4$$

这样的式子，其计算、显著性检验都是比较繁复的，一般须用计算机来解决。

（三）因素分析

因素分析是在影响同一行为或现象的大量交互相关的变量中，寻找出起决定作用的少量基本因素，从而使我们有可能通过多元回归方程的运用，把现象表述为这些基本因素的函数，使用科学理论上具有明确内涵的基本因素来进行预测。可见，因素分析的主要功能是透过表面现象间复杂的交互相关关系，找出其内在的本质联系，并用少数几个基本因素（公共因素）来反映这一本质联系，并说明复杂的交互相关关系的原因和特性。

因素分析有两个步骤：第一，是从原始变量的交互相关系数矩阵出发，通过数学方法推导出只有少量基本因素的因素负荷矩阵。第二，根据因素矩阵的结构特点和定性分析的知识来解释每一个基本因素。所谓因素负荷，简单地说，就是某一因素对某一有关变量所作贡献大小的指标，某一因素的负荷量的平方，就是该因素在这一变量的单位方差中所作出的贡献。求出因素矩阵，就是寻找彼此交互关联性最大的因素组成变量群，从而以较少的因素来概括原先大量的变量，而不失原来的代表性。

因素分析的运算复杂烦琐，现已多借助于计算机来进行。

如本章有阐述不明确之处，请查阅有关的心理与教育统计专著。如需查找有关统计数据，如正态分布表、t 值、X^2 分布数值等，请参考查阅张厚粲主编的《心理与教育统计学》的附表。

附录Ⅰ 观察练习

一、叙述性观察法练习

作业(一) 活动室环境——静态环境观察

对幼儿园一个班的活动室进行观察。观察5~10分钟。详细描述活动室结构、场地、家具放置、墙壁布置、游戏活动区域设施及玩具材料提供情况。对所观察活动室环境及其教育因素是否适合该年龄幼儿、是否有利于各类教育活动的开展，以及实用性如何等作出初步分析判断。

可以选择两个活动室作比较性观察。

记录格式

观察对象：_____园_____班　观察日期时间：_____
(该班幼儿年龄_____岁　幼儿人数_____人)　观察者：_____
描述活动室静态环境：

　　(附：活动室场地设置平面图)

　　分析与推断：
_____

作业(二) 活动室环境——动态环境观察(活动室环境及其对幼儿行为的影响)

观察情景、场合

在室内自由游戏时间观察。观察幼儿集体——有大部分幼儿在场的情形下的环境与游戏。

观察时间

30～45分钟。

过程与步骤

1. 观察描述活动室环境。不仅注意静态环境,而且注意动态的环境。活动室结构、场地面积、家具放置、墙面布置(内容及位置高低等);注意是否设有游戏角,有哪些;玩具材料的提供(种类与数量)。注意场地空间、环境设备的利用及活动材料、玩具等的使用情况(如是否便于活动,可否随意取放、选择等)。

2. 描述幼儿在此环境中的行为:幼儿如何利用周围环境及设备材料?如何游戏?注意环境对幼儿行为或游戏的影响。

(1)注意全班幼儿的一般活动或行为状况。

(2)观察描述幼儿行为的典型事例(可预先随机确定5～10名幼儿作为重点注意对象)。

(3)观察记录需提供有关必要信息:观察班级、幼儿年龄、在场幼儿人数、观察场合与时间(开始时间至结束时间)等。

3. 对观察所得事实材料作出分析、判断:环境是否对幼儿行为产生影响?如何影响?

4. 对活动室环境的创设提出改进建议。

(注:对环境的理解有广义与狭义。广义活动室环境不仅包括物质环境,还包括人际心理环境。可以进一步对室内自由游戏时教师如何影响幼儿的行为及游戏进行观察。例如,教师如何提要求、介绍材料、建议玩法,教师如何创设可供活动的条件,幼儿游戏中教师如何引导其与周围环境材料相互作用等。)

作业要求

1. 在观察分析的基础上,写出观察报告。

2. 根据你对叙述性观察方法的实际运用，以你的切身体会评价它的特点。

3. 对如何做进一步的研究提出设想。

作业（三）　幼儿生活能力与生活常规教育的观察

观察指导

观察一个班幼儿的一日生活。可以从幼儿入园至午睡，或从下午起床至离园作观察。侧重观察生活环节，如清洁、饮食、睡眠、活动等，注意班级教师对幼儿生活常规教育与生活能力的培养。注意观察了解：

1. 幼儿自理能力的形成。包括洗手、如厕、饮水、进餐等能否自理，入睡、起床时穿脱衣服、系扣、整理衣物床铺的情况。详细描述：

（1）方法是否正确？

（2）动作是否熟练灵巧？

（3）是否形成良好习惯，各项事务均能按要求做，并基本形成动力定型？

（4）独立自主性，是否主动做事，无须督促、帮助？有无依赖成人情况？例如，幼儿喝水时能否自己取杯接水，水量足够，安静喝水，不泼洒，喝完将杯放回原处？……

2. 幼儿能否遵守生活规则？

3. 生活活动中幼儿之间的交往情况，如是否助人等。

在对幼儿进行观察的同时，注意观察教师是如何利用生活环节培养幼儿能力的。观察描述教师如何给予具体指导；能否及时提要求，并注意督促检查；对幼儿生活能力的培养有无计划及较明确的目的意识；如何进行随机教育，以及对个别幼儿的特殊帮助指导等。

在详尽观察描述的基础上，对教师的指导和该班生活常规的建立与该班幼儿生活能力的发展之关系做出分析、判断。

作业要求

1. 在观察分析基础上写出观察报告。

2. 对叙述性观察方法的特点加以评价。

3. 关于如何做进一步研究的建议。

作业（四） 教师对幼儿游戏的指导

观察指导

选择一个年龄班，观察室内自选自由游戏，半小时到一小时。

1. 注意教师对游戏开展的准备工作。例如，有无游戏计划？目的要求是否明确？如何安排利用活动场地？提供玩具材料的情况怎样？有无进行知识经验的准备？能否按时开展游戏和保证充足的游戏时间？

2. 详细观察记录游戏的整个过程。

（1）游戏的开始：注意教师怎样启发主题，有无介绍材料玩法，如何激发游戏兴趣，有无提出行为要求或交代任务等。

（2）游戏的进程：游戏中教师采取的直接与间接指导方式，如参与游戏，启发幼儿知识经验，提问、建议、示范、教、提供范例，如何及时提供适宜材料等引导游戏深入……注意教师的引导是否适合幼儿年龄特征及实际游戏水平，能否激发幼儿的新需要，能否在照顾到全体幼儿的同时兼顾个别需要。

关注在游戏过程中，整个环境的心理气氛如何，幼儿情绪表现及积极能动性的发挥；幼儿从事游戏活动的种类、持续时间，操作使用玩具材料的情况，游戏常规如何；游戏中幼儿的相互交往如何，有无行为问题，是否发生争执或冲突，性质如何，怎样解决；游戏水平如何等。

（3）游戏的结束：关注游戏如何结束，游戏结束时教师有无引导幼儿对游戏作出评价。

分析与判断

教师的直接指导与间接指导对幼儿游戏的影响。认真分析观察到的事实材料，在此基础上，就关于教师对幼儿游戏是否有影响及如何影响的问题形成自己的观点。

建议

增加观察次数，可以选择相同或不同场合、相同或不同年龄及班次进行观察，从而加以比较、判断，进一步证实你的观点。

作业要求

1. 在观察分析基础上，写出观察报告。

2. 根据对叙述性观察法的实际运用，对其特点作出评价。

3. 提出值得进一步研究的问题。

作业(五)　幼儿结构游戏观察

观察指导

观察幼儿的结构游戏，侧重观察幼儿使用积木材料的情况。观察每个幼儿玩积木10分钟。注意全部有关动作的细节，客观、详尽地进行描述性记录。利用以下记录表格记述与各发展领域有关的学习行为，进而判定该幼儿搭积木的水平。选择同年龄幼儿6～10名，观察每个幼儿玩积木的情况，通过对观察结果的汇总分析，对该年龄幼儿积木游戏总体水平作判断。

作业要求

略。

观察记录表

被观察幼儿姓名：＿＿＿＿＿＿　性别：＿＿＿＿＿　年龄：＿＿＿＿＿

观察场景：＿＿＿＿＿＿＿＿＿＿＿＿＿＿＿＿＿＿＿＿＿

观察开始时间：＿＿＿＿＿＿　结束时间：＿＿＿＿＿＿

行 为 类 型	客 观 描 述	解 释 判 断
1. 象征性运用积木（实物替代、他物替代、言语或行为替代等）		
2. 建构积木方式（摆弄、重复、叠高搭建、延长围封、平衡对称、再现命名）		
3. 学习行为		
4. 情绪表达		
5. 影响幼儿建构的其他因素（场地、材料、伙伴、教师等）		

观察日期：＿＿＿＿＿＿

观察者：＿＿＿＿＿＿＿

作业(六)　幼儿户外活动的观察

观察指导

观察幼儿园一个班户外活动开展的情况。注意以下几方面问题:

1. 场地、器械材料。有无场地?面积如何?器械的设置、数量与种类是否适于全面锻炼?有无提供玩具材料?是否存在安全隐患?

2. 教师的指导。计划性如何?有无明确目的意识?内容安排是否适宜?教师仪表着装、教师精神情绪状态与参与幼儿活动的情况如何?教师如何指导幼儿游戏?能否在照顾全体同时兼顾幼儿个别需要?要求是否及时明确?引导幼儿自选活动和使用材料情况如何?能否掌握运动量及提醒幼儿依活动情况着装?能否注意安全隐患并对幼儿进行自理自我保护教育?活动的组织及动静交替情况如何?等等。

3. 幼儿活动质量。幼儿情绪、兴趣、参与活动的积极性、行为习惯及遵守规则情况如何?是否会使用器械、玩具材料?是否会玩游戏?动作是否标准、协调?是否达到锻炼要求?活动量适当与否?活动中能否自理和注意安全?场地、器械材料的利用是否充分?集体游戏与个别分散活动的比例、总计活动时间及活动时间的有效利用率如何?活动方法及器械材料使用有无创新、一物多玩?等等。

作业要求

1. 通过对一个班幼儿户外活动的一次观察,了解户外活动开展现状,对其质量及影响因素作出分析判断,在此基础上写出观察报告。

2. 选择不同的园、班进行观察,增加观察班次,对目前各园户外游戏开展总体状况作判断,明了成绩与不足,进而提出改进建议。

二、时间取样观察法练习

作业(七)　幼儿游戏中社会参与行为的观察

观察指导

选一组幼儿,观察他们的自由游戏活动(室内或室外活动)。对每个幼儿观察1分钟,判断其所从事的是哪一类社会参与活动。预先明确并掌握社会参与行为类别及其操作定义(依据帕顿对 6 类社会参与活动所下的操作定义——参照"观察法"章节),运用下面表格进行观察,对幼儿行为在相应位置上打钩(√)。观察时,还应尽可能详尽地记录幼儿玩什么、怎样玩及具体言行等有关重要信息。

作业要求

1. 将观察所得事实材料加以汇总、分析,看能否对这一组幼儿社会参与水平作出判断或形成观点,进而写出观察报告。

2. 依据你对时间取样法的实际运用而获得的切身感受,评析这种观察法的特点。

建议

运用"幼儿游戏行为观察表",从幼儿游戏的社会性水平与认知类型(皮亚杰对游戏的分类)两个维度结合方式对一组幼儿做观察,记录的时间单位和间隔为 15 秒钟×4＝1 分钟。要尽可能对幼儿具体活动与言行作文字描述。对观察结果作出分析、判断(见"幼儿游戏中社会参与行为观察表")。

幼儿游戏中社会参与行为观察表

幼儿园名称:＿＿＿＿＿＿＿＿＿＿＿＿＿

班级(年龄):＿＿＿＿幼儿人数:＿＿＿＿＿　　　　　　观察者:＿＿＿＿＿

观察场景与时间:＿＿＿＿＿＿＿＿＿＿＿　　　　　　观察日期:＿＿＿＿＿

行为类型 / 幼儿姓名	无所事事(U)	旁观(0)	独自游戏(S)	平行游戏(P)	联合游戏(A)	协作游戏(C)
1						
2						
3						
4						
5						
6						
7						
8						
9						
10						
⋮						

幼儿游戏行为观察表

15 秒钟×4＝1 分钟

幼儿姓名：_____　年龄：_____　　　　　　　　观察者：_____

所在班级：____　在场幼儿人数：_____　　　　　　观察日期：_____

行为类型＼时间单位		15 秒钟	15 秒钟	15 秒钟	15 秒钟
独自游戏（S）	机能游戏				
	建构游戏				
	角色游戏				
	规则游戏				
平行游戏（P）	机能游戏				
	建构游戏				
	角色游戏				
	规则游戏				
小组游戏（C）	机能游戏				
	建构游戏				
	角色游戏				
	规则游戏				
其他行为类型	谈话				
	阅读				
	探究活动				
	旁观				
	无所事事				
	变化不定				

作业（八）　幼儿集中注意情况观察

观察指导

确定一所幼儿园的一个大班或中班，在教师组织幼儿进行集体或小组活动（如讲故事）的情形下作观察。集体活动时间以 15～20 分钟为宜。注意观察幼儿在这段时间内的注意力状况。观察 8～10 人，以 1 分钟为一个时间单位，对每组幼儿每次观察 15 分钟。共计观察 4 次。统计每个幼儿平均持续注意时间。

如果班上幼儿较多，可将他们依座位位置分成小组，每组 8～10 人。以小组为单位作观察记录较为便利。

作业要求

1. 在观察基础上，对这组幼儿注意力状况作判断，试分析影响幼儿注意力的因素，写出观察报告。

2. 对时间取样观察法进行评价。

建议

将全班幼儿分成若干组，对每组幼儿集中注意情况作观察，对该年龄班幼儿注意力发展水平作出分析判断。还可对不同年龄班幼儿注意情况作观察，了解其随年龄增长而变化的特点。

幼儿在集体活动中集中注意情况观察表

年龄班：_____　　　幼儿人数：_____

主班教师：_____　　　　　　　　　观察日期：_____

观察场合与时间：_____　　　　观察者：_____

时间单位 (1分钟×15) 幼儿姓名	1　2　3　4　5　6　7　8　9　10　11　12　13　14　15
1	
2	
3	
4	
5	
6	
7	
8	
9	
10	

记录符号：√——打钩，表示该幼儿积极参与活动，注意力集中于正在进行的活动。

|||——画记号，表示注意力分散次数（注意力分散指：做小动作、转移视线、发呆），也可以分别设计记录符号：θ、Z、O。

作业(九)　幼儿角色游戏的时间取样观察

观察指导

观察某班幼儿的角色游戏。采用时间取样观察法观察幼儿群体。注意幼儿角色游戏的主题、情节的变化，以及各类主题之间的关系。观察以5分钟为一个时间单位，判定幼儿的游戏类型并在记录表相应位置上打钩，同时，尽可能用文字记下具体行为。在备注栏中，对游戏开始时主题如何确定，游戏过程中主题是否稳定、有无较大变换或转移，游戏常规以及游戏中幼儿的相互关系等予以简要记录。又须注意有无未加入角色游戏、无所事事的个别幼儿等。

共计观察6～8个时间单位，为30～40分钟。对观察收集来的材料加以汇总统计。

作业要求

1. 在观察基础上，写观察报告。

2. 根据你的体验对时间取样观察法作评价。

3. 提出改进观察的建议或进一步运用时间取样观察法进行研究的设想。

幼儿角色游戏观察记录表

年龄班：＿＿＿＿＿　班制：＿＿＿＿＿

场景：＿＿＿＿＿＿＿＿　　　　　　　　　　　　观察日期：＿＿＿＿＿＿

开始时间：＿＿＿＿＿　结束时间：＿＿＿＿＿　　　　观察者：＿＿＿＿＿＿

参与者　主题　时间结构	娃娃家	医院	商店	乘车	公园动物园游乐场等	其他	备注
1　　5分钟							
2　　～10分钟							
3　　～15分钟							
4　　～20分钟							

续表

参与者 时间结构　主题	娃娃家	医院	商店	乘车	公园 动物园 游乐场等	其他	备注
5 ～ 25 分钟							
6 ～ 30 分钟							
7 ～ 35 分钟							
8							

作业(十) 儿童的社会学习行为观察

观察指导

确定一所幼儿园的一个班,观察、鉴别有问题行为的儿童。例如,不大合作的孩子,或是注意力分散的、攻击性的、过分活动的及较爱惹事或捣乱的孩子,把他的问题行为记录下来。

选择一定的情景对这个幼儿作 10 分钟观察。运用时间取样方法进行观察。以 10 秒钟为一个时间单位做记录,每分钟 6 次,每当儿童出现这种行为时,就在表格的适当位置上打钩;如果儿童的这种行为引起成人的注意,就圈上这个钩。

记录格式

被观察儿童姓名：_____   年龄：_____   观察日期：_____

观察情景：_____   观察者：_____

问题行为描述：_____

<table>
<tr><td>10 秒钟 10 秒钟 10 秒钟 10 秒钟 10 秒钟 10 秒钟</td><td>10 秒钟 10 秒钟 10 秒钟 10 秒钟 10 秒钟 10 秒钟</td></tr>
</table>

1

6

2

7

3

8

4

9

5

10

观察时应注意以下问题：

1. 这个儿童的问题行为是如何引起成人的注意的？成人的反应是否会对该儿童继续其行为或不再继续其行为产生影响？

2. 这个儿童学到了什么？他是怎样学习的？伙伴们有什么反应？

作业要求

在观察分析基础上，写出观察报告。

作业（十一）　儿童攻击性行为的观察

攻击性行为的操作定义：攻击性行为是指儿童与伙伴之间的一种专横的社会关系，包括身体攻击和言语攻击。一般认为，男孩往往更多身体攻击；女孩则较多表现为言语攻击。

身体攻击：如打、推、踢、咬人等。

言语攻击：如喊叫、辱骂、非难嘲讽等。

对攻击的反应：如听从攻击者的要求，从而强化了这种攻击行为等。

观察指导

在幼儿园小组活动情景中，选取一名幼儿，年龄 3～5 岁，观察 3 次，每次 30 分钟。运用时间取样法观察其攻击性行为。观察的时间单位为 5 分钟。即在每个 5 分钟时间阶段中，儿童如发起言语或行为的攻击，就在表格的适当位置上打钩。如果他人对这个攻击事件有所反应，就圈上这个钩，并加以描述。

记录方式

第一次观察时间：_____　　　　　　　　观察日期：_____

情景：_____　　　　　　　　　　　　　观察者：_____

被观察儿童：_____　　性别：_____　　　　年龄：_____

观察次数		第1个 5秒钟	第2个 5秒钟	第3个 5秒钟	第4个 5秒钟	第5个 5秒钟	第6个 5秒钟
Ⅰ	言语						
	行为						
Ⅱ	言语						
	行为						
Ⅲ	言语						
	行为						

统计一下发生了攻击事件的 5 分钟时间阶段的数量，并用下面的公式计算出攻击行为的时间阶段的百分比：

$$言语攻击的百分比(\%) = \frac{言语攻击数}{5分钟时间阶段数} \times 100\%$$

$$身体攻击的百分比(\%) = \frac{身体攻击数}{5分钟时间阶段数} \times 100\%$$

作业要求

1. 对观察对象的攻击性行为作评析判断，其攻击性行为是否显示出性别差异？其他儿童对攻击性行为的反应如何？这种反应是否增加了攻击性行为的发生？在观察分析的基础上，写出观察报告。

2. 根据实际运用评价时间取样观察法。

3. 考虑用时间取样观察法研究你所感兴趣的一个问题。

三、事件取样观察法练习

作业（十二） 儿童专断行为的事件取样观察

专断行为的操作定义（Daviel E. Barrett&Marian Reelke Yarrow，1977）：

专断（ASSERTIVENESS）：试图指导或停止另一个人的活动的行为，即指使人。专断的行为是要影响或控制别人，但并不想伤害别人。专断包括命令、身体指导和暗示指令。

命令（C）：试图发出指令或告诉别人该做什么及怎样做。例如，这样说："从我们的蝙蝠洞出去。""看着我下这个坡！""给我那块大积木！"

身体指导（PL）：用身体的接触来指导其他伙伴的行为。例如，拉着手或是用手臂搂着伙伴的肩膀，对他进行身体指导。

暗示指令（ID）：并未直接命令而是建议或暗示对行为的指导。例如："我们以后再做那个。"

行为结果：专断之后的行为。包括以下几种类型：

服从（COMP）：专断对象听从或同意专断命令。

拒绝（REF）：专断对象拒绝要求他去做或命令他去做的事情。

协商而达积极的结果（＋C/N）：专断对象提出自己的建议抵制专断，结果达到妥协。

协商达消极结果（－C/N）：专断对象提出自己的建议抵制专断，但专断者拒绝让步，发生冲突等。

不予理睬（IG）：专断对象对于专断行为不加理睬。

观察指导

选定一种有许多儿童在自由交往的场景。预先理解和熟悉专断行为的定义及缩略语。当你看到一个专断事件时，观察它并在记录表（见前"事件取样观察"章节）上做记录。尽可能将事件发生的情景和具体的言语行为加以详细描述，在此基础上，判断专断的行为类型和行为结果。

作业要求

1. 收集5个专断事件的资料。对儿童的专断行为表现进行分析，写出观察报告。

2. 通过实际观察，对操作定义和记录形式提出改进建议。

3. 评价事件取样观察法。

作业(十三) 幼儿游戏的象征性水平

观察指导

观察幼儿的角色游戏。对每个幼儿观察 10 分钟，着重注意幼儿运用玩具材料做象征物的情况(例如，用半个皮球当小碗或做小船，用积塑片当食物等)。共观察 5~10 名幼儿。根据观察所获得的资料，对该年龄幼儿游戏的象征性水平作出分析判断。在此基础上，写出观察报告。

角色游戏中幼儿对玩具的象征性运用观察记录表

事件第_____号　　　　　　　　观察日期：_____　观察者：_____

被观察幼儿姓名：_____　性别：_____　年龄：_____

观察场景：_____

观察开始时间：_____　结束时间：_____

使用玩具或材料名称	替代的事物(客观描述幼儿的具体言行)	象征性水平分析

作业(十四) 幼儿自由游戏中的相互交往行为

观察指导

选择确定一个年龄班，在自由游戏时间，观察幼儿的相互交往行为。交往指人与人相互作用的过程。随机选择 5~8 名幼儿，对每个幼儿每次观察 5 分钟，注意幼儿交往行为的发生，并尽可能详尽地记录下来。观察每个幼儿 3 次。总计资料：3 次×(5~8 人)=15~24 人次。

依据观察结果，对该年龄幼儿的交往行为特征作出分析判断，进而写出观察报告。

观察时注意以下细节：

1. 交往双方的行为。

2. 交往的发起与反应。

3. 交往的具体行为方式（语言、动作、表情及其他身体姿态等的具体表现）。

4. 交往性质：积极、消极或中性交往。

5. 交往的行为类型与具体内容（如声明、询问、求助、指挥及其他等）。

6. 交往发起的环境场景。

7. 交往行为的结果及持续时间。

作业（十五） 幼儿语言能力发展的比较性观察

观察指导

在有其他人在场的情形下，观察幼儿的语言行为。观察 4 名幼儿，每人5 次。等待幼儿语言行为的发生，观察描述下来。注意以下信息：

1. 语言发生的情景、场合。

2. 幼儿的言语表达是用于交往交际还是认识方面？如果是交际性语言，注意幼儿与成人交往的语言同他与其他幼儿交往所用语言有什么不同。

3. 发音是否清楚明白？

4. 句子的长度如何？是否连贯、完整？是否符合语法结构？

5. 运用各类词语情况，语汇是否丰富？

6. 幼儿语言内容如何反映其思维水平？

在观察描述和对结果作初步汇总统计的基础上，加以分析，进而写出观察报告。

建议

1. 观察同年龄幼儿，了解语言发展的个别差异。

2. 观察不同年龄幼儿，了解语言的发展状况。

作业（十六） 幼儿亲社会行为形成的操作条件观察

操作定义

操作条件是指通过运用一个刺激逐渐引起一种变化，从而形成一种联系的学习过程。

亲社会行为是指有益的、合作的或利他的行为，如分享、同情、协作等。

观察指导

观察幼儿园1名3~5岁儿童1小时。以5分钟为一个时间单位作观察记录。注意儿童的亲社会行为的发生并加以描述。详尽地描述这个行为是否得到了在场成人或周围伙伴的注意，他人对这个儿童积极行为的反应。成人或伙伴的积极强化是否引起这类行为的再次发生？其发生频率在每个5分钟时间单位是否有变化？

这里采用的观察方法是将时间取样法与事件取样法结合的形式。可以运用以下表格：当儿童在一个时间单位里出现亲社会行为，就在相应的格内打钩；如果这个行为引起成人注意，就圈上这个钩；如果得到伙伴关注，就在钩下画线。

将定性与定量的资料加以汇总分析，写出观察报告。

观察到的幼儿亲社会行为

第1个5分钟	第2个5分钟	第3个5分钟	第4个5分钟
第5个5分钟	第6个5分钟	第7个5分钟	第8个5分钟
第9个5分钟	第10个5分钟	第11个5分钟	第12个5分钟

四、观察评定法练习

作业（十七） 观察评定教师组织幼儿注意和进行教学活动的情况

观察指导

用半个小时观察教师组织集体活动（或小组活动）的情况。特别注意教师吸引儿童注意的不同表现，以及教师对儿童的注意要求作出怎样的反应。在观察的基础上，作出评定。

● 评定教师是怎样吸引和保持儿童的注意的（数字量表）：

1. 等待所有儿童都集中注意时才开始活动。

2. 一旦大多数儿童集中注意并安静下来就开始活动。

3. 有半数儿童集中并安静下来就开始。

4. 等待着直至大多数儿童都集合拢来，然后提醒他们注意听，等几秒钟，再开始。

5. 大声禁止儿童喧哗，等到静下来时才开始活动。

△ 评定教师在活动过程中怎样控制儿童的注意力（数字量表）：

1. 在整个活动进行过程中，不断地环视全班儿童，了解其是否注意力集中，并观察有无混乱或麻烦的迹象。

2. 在活动期间环视全体儿童一两次，了解他们的注意力是否集中和有无麻烦的征兆。

3. 在整个活动期间，集中注意于某一儿童（或一小部分儿童）。

4. 在大部分活动时间中，集中注意教材等而不是儿童。

5. 在大部分活动中集中注意其他成人（教师、助手、家长）。

△ 评定教师在指导集体或小组活动中问题提出的多样性和如何对待儿童反应的要求（图示量表）：

1. 提各种各样的问题

       总是　　常常　　有时　　很少　　从不

2. 轮流要求每人作答

       总是　　常常　　有时　　很少　　从不

3. 对儿童的反应给予
   评价

       总是　　常常　　有时　　很少　　从不

4. 要求儿童评论其他
   儿童的反应

       总是　　常常　　有时　　较少　　从不

5. 先提问题然后点名
   让儿童回答

       总是　　常常　　有时　　较少　　从不

6. 在活动期间激发每个
   儿童的反应或表现

       总是　　常常　　有时　　很少　　从不

● 评定教师处理幼儿分心和错误行为的做法（反义词图示量表）：

	1	2	3	4	5	
1. 注意每一个错误行为						对之不予理睬
2. 迅速地处理捣乱行为						直到出现混乱才予以处理
3. 重新组织儿童的注意力						直接集中于错误行为
4. 赞扬好的行为						不使用赞扬
5. 继续活动						停止活动来处理错误行为

● 按下面的标准量表评定教师。把这个教师同你以前观察过的教师加以对比，看他是属于最好的 5%、10%，或是中上等的 25%，或是一般的 50%，还是属于较差的 25%。

	最好的 5%	好的 10%	中上的 25%	中等 50%	较差的 25%
1. 对儿童的需要很敏感					
2. 能发现潜在的问题					
3. 对儿童要求或需要给予满足					
4. 既注意提要求的儿童，也注意安静的儿童					
5. 具有良好的职业行为模式					

作业要求

根据对该教师教育行为的观察评定，分析其教育观念、职业能力和素质，写出观察报告。

作业（十八） 幼儿参与室内游戏的观察

观察指导

观察某个班级的室内自选游戏，注意幼儿参与各类游戏的情形。随机选取班级中的 10 名幼儿作为观察记录对象。用以下核查清单做记录，每 5 分钟记录一张清单，总共观察 30 分钟。具体填写当日提供的活动类型或区域。在备注栏记录有关幼儿伙伴交往的情况以及教师的指导影响等有关信息。（见附表）

另外，用图示记录——对活动室各游戏角或区域位置绘制平面图作辅助说明。

在观察的基础上，对儿童参与室内的游戏情况作分析，写出观察报告。

室内游戏参与情况观察记录表

观察者：＿＿＿＿＿＿

园名：＿＿＿＿＿班级：＿＿＿＿＿　　　　　　观察日期：＿＿＿＿＿

在场幼儿人数：＿＿＿＿＿指导教师：＿＿＿＿＿人　　观察时间：＿＿＿＿＿

活动类型或区域 幼儿姓名							备注	
1								
2								
3								
4								
5								
6								
7								
8								
9								
10								
11								
12								
⋮								
总计								

说明：1. 每30分钟记录一张表格：游戏开始的10分钟，记录画√，中间10分钟，记△；最后10分钟，记○。

2. 除符号记录外须作必要的简单文字说明，如独自或协作玩、主题情节等。

3. 备注栏可记录教师或环境影响、特殊行为等。

4. 在观察表背面绘出活动室场地安排及环境设置平面图。

作业(十九)　观察评定幼儿园一日生活

观察一所幼儿园的一个班，对下列问题作出评定。(请在右面刻度尺上标出的 1～5 中选择适当的一个画圈)

1. 每位教师照顾的儿童数

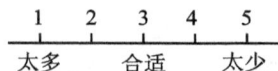

　　1　　2　　3　　4　　5
　　太多　　　合适　　　太少

2. 教师对儿童的态度情感

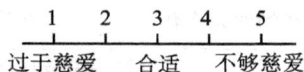

　　1　　2　　3　　4　　5
　过于慈爱　　合适　　不够慈爱

3. 教师对活动的指导

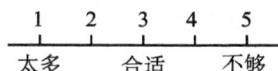

　　1　　2　　3　　4　　5
　　太多　　　合适　　　不够

4. 教师对儿童行为的限制或控制

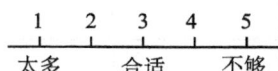

　　1　　2　　3　　4　　5
　　太多　　　合适　　　不够

5. 教具材料(图书、设备、玩具等)

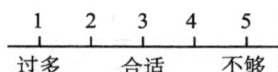

　　1　　2　　3　　4　　5
　　过多　　　合适　　　不够

6. 设施的安全与卫生

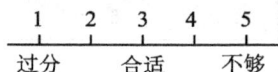

　　1　　2　　3　　4　　5
　　过分　　　合适　　　不够

7. 班级总的气氛

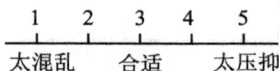

　　1　　2　　3　　4　　5
　　太混乱　　合适　　太压抑

8. 儿童的活泼程度

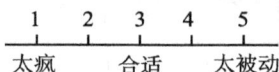

　　1　　2　　3　　4　　5
　　太疯　　　合适　　太被动

9. 儿童独立按自己的步调游戏

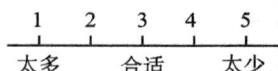

　　1　　2　　3　　4　　5
　　太多　　　合适　　　太少

10. 儿童自己处理与其他伙伴发生的问题

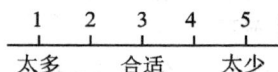

　　1　　2　　3　　4　　5
　　太多　　　合适　　　太少

11. 性别差异

　　1　　2　　3　　4　　5
　　太多　　　合适　　　太少

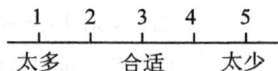

12. 强调集体感

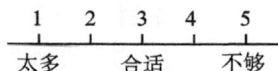

　　1　　2　　3　　4　　5
　　太多　　　合适　　　不够

在详细观察之后，你是否能对这个幼儿园的教师、课程、环境、儿童的情绪与行为状态，以及幼儿园整体有一个基本印象？你从观察中学到了什么？是否从中得到了对你的工作有益的新启示或新见解？写出观察报告。

作业(二十) 幼儿游戏一般性发展的观察评价

观察指导

确定一所幼儿园的大班或中班，观察幼儿自选自由游戏的情况。预先随机选择确定 3 组被试，每组 6 人。每次观察一组 6 人，注意他们在自由自选游戏中的行为表现，观察 30 分钟，依观察内容或项目如自选情况、目的性、材料运用等认真详细观察。每组观察 3 次，共计 9 个时间单元，18 人次。在观察的基础上，评价其游戏的一般性发展水平。观察时，还应注意有关场地设置、活动材料及类型的提供、教师的影响等信息。

幼儿游戏一般性发展水平评价表

项 目	评 价 标 准	评 分
1. 自选情况	不能自选 自选游戏材料 自选活动并约伴	
2. 主题目的性	无意识行为 主题不确定，易受外界影响 自定主题，能尽快进入游戏情境 共商确定主题、主题稳定	
3. 材料使用	不会用或无意识摆弄 简单重复 常规玩法正确熟练 材料运用充分，方法复杂多样	
4. 常规	行为混乱/基本遵守/行为有序 不注意爱护/基本爱护，常有散落/轻拿轻放，爱护玩具 不能整理/部分做到/及时收放，认真整理	
5. 社会参与性	独自玩/平行活动/联合游戏/协作游戏	
6. 交往行为	消极交往(独占或排斥、干扰破坏、对抗等)/一般中性交往(交谈逗趣、请求询问、追随模仿)、积极交往(谦让、共享、互助、轮流、合作、协商等)/无交往行为	

项　　目	评 价 标 准	评　　分
7. 创造性表现	（主题情节与材料运用及解决问题等方面）无创新/有所迁移或创新/有明显独创性、新颖性	
8. 持续性	活动变换频繁（记录次数） 有一定坚持性，完成一项活动后再变换持续活动	
9. 其他	参与环境创设及与教师交往情况	

作业要求

1. 在观察评价的基础上，写出观察报告。要求对评价结果作出解释和分析。

2. 依据你的切身体验对观察评定法进行评价。提出对"幼儿游戏的一般性发展观察评价"的改进建议。

附录Ⅱ 科研方案与报告

一、幼教科研方案

大班幼儿与一年级小学生 24 小时
活动观察比较(研究计划)

课题名称:大班幼儿与一年级小学生 24 小时活动观察比较研究

研究人员:××× ×××

协作人员:与幼儿、小学生有关的教师、家长

前　言

幼儿园与小学的衔接是一个长期没有解决的问题。幼儿园跟小学的衔接涉及教学内容、教学方法、学习习惯、作息制度等许多问题。根据小学低年级老师和家长反映,学生入学后学习负担和思想负担较重、健康状况下降、对小学学习生活不习惯的现象十分明显,儿童入学前后活动安排上的差别已成为幼儿园与小学衔接上亟待研究解决的问题之一。

我们拟通过对幼儿园大班幼儿与小学一年级学生在 24 小时内各类活动时间的调查获得数量资料,为幼儿园与小学儿童活动安排的衔接问题提供依据。

研究设计

研究对象：在本区九所幼儿园大班幼儿中随机选择 50 余名幼儿，并从本区五所小学中选择 50 余名去年从这九所幼儿园中毕业、现在小学一年级学习的小学生。与家长联系，排除一小部分由于其他原因使家长无法配合观察的对象。原则上，定为幼儿与小学生各 40～45 名。

研究方法：

1. 观察内容为一天 24 小时内的全部活动内容。

2. 儿童在幼儿园或小学内的活动情况由教师跟踪观察并做详细记录，在园外、校外活动情况由家长进行观察记录（记录草表附后）。

3. 各个儿童的观察日期不统一定为哪一天，但是，对每一个儿童的观察，应由教师主动与家长联系，定为同一天进行。观察日子应排除休息日、幼儿园或小学组织半天以上校外活动的日子。

4. 为了熟悉观察分类与要求，并形成及时记录的习惯，要求观察者特别是家长在正式观察前三天之内至少应试观察一小时以上。

儿童活动名称及归类标准

类　别	名　称	归　类　标　准
第一类	休　息	指体力与脑力均处于静息状态。一般包括晚上睡眠和午休。
第二类	一般生活活动	指日常生活活动，一般不需要明显的脑力活动，但也不是明显的体力活动。例如，起床、穿衣、梳洗、大小便、吃饭、吃点心、闲谈……
第三类	明显的体力活动	指明显地需要消耗较多体力的运动性活动。例如，上体育课时的运动活动，玩各种运动器具，与同伴追逐，走比较长的路，运动性游戏……
第四类	自由的智力活动	属于智力活动，需要动脑筋来接收知识，认识事物解决问题，但这一智力活动过程不需要意志的控制，是在无意注意状态下进行，自由而不受约束。如向别人提出智力性的问题，并听别人这方面的解答，观看电影、电视，阅读儿童读物、听故事……
第五类	需要意志控制的智力活动	属于智力活动。并且是要求在有意注意状态下进行的紧张的智力活动，活动时受到纪律的约束或是成人对儿童有一定的要求且非完成不可的。例如，上晨会课、文化课、完成作业、家庭辅导……

资料的收集与整理：

1. 记录时间准确到分钟。

2. 资料汇集后，先制成对比图表，然后进行差异显著性检验。

组织工作

1. 课题由×××同志全面负责和协调。

2. 由幼儿园或小学班主任根据抽取的对象与家长商量，落实观察事宜。

3. 定于×月×日前全部收回观察记录资料。

4. 观察表的印制与数据的分析处理由×××落实。

×××年×月×日　×××

附

24 小时活动观察记录表

第＿＿＿页

观察对象姓名：＿＿＿＿＿＿　　性别：＿＿＿＿

园名或校名：＿＿＿＿＿＿＿＿　　班级：＿＿＿＿＿＿

起始时间	活动内容	花 费 时 间				
		一类	二类	三类	四类	五类
小计						

观察人：＿＿＿＿＿＿观察日期：＿＿＿年＿＿＿月＿＿＿日

选自：《学前教育科研方法参考资料》，第 169～172 页，北京师范大学教育系学前教研室，1991。

活动幻灯与图片在直观教学中效果比较的实验设计

（1981 年）

上海市闸北区教师进修学院　李洪曾

1. 课题：活动幻灯与图片这两种直观教具在幼儿直观教学中对教学效果有何不同影响

选择本研究课题的指导思想是：

（1）在教学过程中采用现代化教学手段是提高教学质量的一条途径。电化教学是现代化教学的重要内容。根据闸北区幼儿园开展电化教学的经验，发现活动幻灯（通过复合、抽拉、双镜头、移动等手段使幻灯形象之一部分或全部可以活动）在教学过程中由于画片大、色彩鲜明、图像活动……更能吸引幼儿，加深印象，有助于提高教学效果。同时，采用活动幻灯所需的设备、片子的制作以及操作使用，经过努力也为一般幼儿园所可能。为了对活动幻灯究竟能否提高教学效果取得科学的论据，我们选择本课题进行研究。

（2）电化教育是建立在一定的理论基础之上的，但是在目前电化教学理论著作中多为国外的研究资料。我们想通过自己的研究，为电化教育理论提供一点我国自己的实验研究数据。

2. 实验程序的设计

本研究采用教育实验法。实验拟在一所幼儿园进行。受试者数量为 40 人，分甲、乙两组。教材分 A、B 两种。分别准备数量相同的幻灯片与图片各一套。由两位教师分别担任 A、B 两种教材的教学。每一教师用不同的教具分别对甲、乙两组被试进行同一教材的教学。主试者在教学中和教学后对被试者从注意状态、记忆效果和理解程度进行观察和测定。

具体做法如下。

（1）受试者的选择。

由于本实验研究准备采用轮组法进行，对无关因子将进行控制，所以受试者的数量可以不大。现在确定为 40 人。

考虑到年龄与性别对效果可能存在影响，同时对这种影响还准备进行分析检验，我们准备把这 40 个受试者分配为：中班幼儿男、女各 10 人，大班幼儿男、女各 10 人。

由于同一年级的被试者之间最大年龄差别可达 11 个月，而两个年级间的最小年龄差别只有一个月，为了避免两年龄间的差别被同年龄内的差别所掩盖，所以在选择被试者时把年龄限制为：中班被试者为 5 岁 4～7 个月，大班被试者为 6 岁 4～7 个月。

为防止个人经验不同对效果的影响，在抽样前先把适龄幼儿中已接触过教材内容的幼儿排除在选择范围之外。

由于样组规模不大，为了使结果能有代表性，本研究对受试者的抽样采用分层抽样法。准备将进行实验的幼儿园内属于取样范围内的全部幼儿，由教养员根据平时观察进行智力排队，在去掉上下端各 5％的人数后，按好中差比例随机抽取被试者。

（2）受试者的分组。

为了消除实验中教师的能力差别、幼儿的个别差异等跟研究本身无关但是可能影响研究结果的因素影响，同时避免采用等组法时使两组相等的困难以及单组法中实验时间先后的影响，把受试者分为甲、乙两组，采用轮组法进行实验。甲、乙两组的组成为：

组别	5 岁		6 岁		小计
	男	女	男	女	
甲组	5	5	5	5	20
乙组	5	5	5	5	20

实验的安排为：

组　别	教　材	
	A	B
甲组	活动幻灯	图　片
乙组	图　片	活动幻灯

由于每一受试者都经受两种方法的处理，这样除了具有前述优点以外，在比较两种教具的效果时又可使样组规模从等组法的 20 人增加到现在的 40 人，从而提高实验的可靠性。

（3）实验因子的确定。

依已确定的课题，本研究中的实验因子是直观教学中的直观教具。根据我们的具体目的和可能的条件，把实验因子定为两个水平，即活动幻灯与图片两种直观教具。它们的具体规定如下：

①活动幻灯：采用投射机投射幻灯。幻灯图像大小为 200cm×400cm。采用复合、抽拉、移动、双镜头等手法使幻灯图像具有一定的活动性。

②图片：30cm×50cm 彩色图片。

教材内容：

①普希金童话故事《渔夫与金鱼》。

②未定。

每一教材分别制成活动幻灯片与图片各一套。相同教材的两套不同教具张数相等，一般为 8～10 张。

（4）教学效果的测定。

两种直观教具在直观教学中效果如何，必须通过测定教学效果来判断。本研究拟从幼儿在上课时注意力的集中情况、课后对上课内容的记忆情况以及对上课内容的理解情况三方面进行测定。具体方法、内容和评定标准如下。

①注意力的观察：在上课时除观察全班幼儿表现以外，还组织 40 名经过训练的教师分别观察 10 对幼儿注意力的外部表现，包括视线指向、脸部表情、手和脚的动作……做好详细记录。记录内容见下表。

注意力集中情况记录表

教材：_____ 教具：_____

受试者姓名：_____ 年龄：____ 性别：___			受试者姓名：_____ 年龄：____ 性别：___		
时　间	是否集中	表现	时　间	是否集中	表现
第 1 分钟			第 1 分钟		
第 2 分钟			第 2 分钟		
第 3 分钟			第 3 分钟		
第 4 分钟			第 4 分钟		
第 39 分钟			第 39 分钟		
第 40 分钟			第 40 分钟		

记录人：_____ 日期：_____

根据幼儿表现，从"注意的集中程度""注意力明显分散的次数"和"注意力集中的持续时间"三个方面来评价幼儿的注意力。以上课时幼儿是否容易受外界无关刺激物的干扰和受干扰后能否迅速将注意回转到教学活动上来，作为"注意集中程度"的指标。根据这一指标将"注意程度"分为四级：①"很好"，即不易受外界无关刺激物的干扰；②"较好"，即虽然易受外界无关刺激物的干扰，但能使注意迅速回到教学活动上来；③"较差"，即易受外界无关刺激物的干扰，而且有时不能迅速回到教学活动中来；④"很差"，即注意易受干扰，而且经常不能回到教学中来。以注意明显离开教学活动而且不能迅速回转或者注意在集中和分散中来回摆动的时间较长（如超过一分钟），作为"注意力明显分散"的指标。从上课开始时注意力集中到第一次注意力明显分散时相隔时间的长短，作为"注意力集中的持续时间"。若无注意力的明显分散，则算作能坚持一堂课。

幼儿姓名：_____　　年龄：_____　　性别：_____

教材：《渔夫和金鱼》　教具：_____　　保留时间：_____

编号	回忆要点内容	重现顺序	评分
1	从前有个老头儿和他的老太婆，住在大海边，老头儿打鱼，老太婆纺纱织线。		
2	有一次，老头儿在海上打鱼，网到了一条金鱼。		
3	金鱼哀求老头儿说：只要放它回大海，要什么都可以。老头儿放了金鱼，什么都没要。		
4	老头儿回家向老太婆说了今天遇到的怪事情。老太婆骂老头儿是傻瓜，说要一只木盆也好。		
5	老头儿来到海边叫唤金鱼，向金鱼要新木盆。金鱼答应老头儿。		
6	老头儿回家，看见老太婆果然有了一只新木盆。		
7	老太婆骂老头儿，说木盆用处不大，要老头儿向金鱼去要木房子。		
8	老头儿来到海边叫唤金鱼，向金鱼要木房子。金鱼答应老头儿。		
9	老头儿回去，小泥棚变成了有阁楼的木房子。		
10	老太婆骂老头儿，要老头儿去向金鱼说，她不愿再做农妇，要做贵妇人。		
11	老头儿来到海边叫唤金鱼，说老太婆要做贵妇人。		

编号	回忆要点内容	重现顺序	评分
12	老头儿回来，看到一座高楼，老太婆一副贵妇人打扮，还在打奴仆。		
13	老头儿劝老太婆可以满足了，老太婆骂老头儿，还把他派到马房去干活。		
14	过了几周，老太婆要老头儿去对金鱼说她要当女皇。老头儿劝她，被打耳光。		
15	老头儿向大海叫唤金鱼，说老太婆要当女皇。金鱼答应老头儿。		
16	老头儿回到老太婆那儿，看到老太婆坐在宫殿里，一副女皇气派。		
17	老头儿劝老太婆可以满足了，结果差点被砍死。人们嘲笑老头儿。		
18	过了几周，老太婆要老头儿去对金鱼说，她要当海上女霸王，要金鱼也要服侍她。		
19	老头儿跑向大海，海上起了黑色风浪。老头儿叫唤金鱼，说老太婆要当海上女霸王，还要金鱼侍候她。金鱼什么话也没讲，返身游进了大海。		
20	老头儿久等没有回答就回去了，一看，一切恢复了原状。		

②记忆效果的测定：下课一小时后由原观察教师分别找原来的观察对象要求复述故事内容。事先将故事分为 20 个左右要点。根据幼儿复述情况，记录幼儿复述顺序和要求完整程度，记录内容见上表：（以教材 A 为例）根据复述结果以记忆数量和记录顺序两方面评价记忆效果。记忆数量以复述中有无要点遗漏，以及复述每一要点的完整性为指标。比较复述的完整性时以每一要点为 2 分，根据是否复述完整分别给 2 分、1 分和 0 分以计分。40 分为满分。记忆顺序主要看复述内容时要点顺序有无颠倒，以颠倒次数为指标。三天后用同样的方法再测定一次记忆效果。

③理解水平的测定：（以教材 A 为例）在课后一小时要求幼儿复述故事内容后，再要求幼儿回答下列问题：①"你喜欢故事中的谁？""为什么？"②问幼

儿对其他角色的看法和原因。比如，如果幼儿先说喜欢老头儿，那么就问："老太婆你喜欢吗?""为什么?""金鱼你喜欢吗?""为什么?"③"这个故事告诉我们一个什么道理?"做好记录。记录内容见下表。

理解情况记录表

受试者姓名：_____　年龄：_____　性别：_____　教材：A　教具：_____

对角色的认识	名　称	喜欢吗?	为 什 么?
	老头儿		
	老太婆		
	金　鱼		
故事告诉了我们一个什么道理?			

根据回答是否正确和抽象概括的程度将幼儿对故事的理解水平分为"抽象概括""具体概括""具体形象"和"不理解"四种水平。

3. 实验结果的整理和检验

(1)实验结果的整理。

在施行实验并进行测定后，对记录用规定的标准进行评定，然后整理成表示两种直观教具在直观教学中影响教学效果的统计表。具体内容如下。

1. 教学中幼儿注意力集中情况的统计

A.40 名幼儿教学时注意力集中的情况。

编号	受试者姓名	集中程度(✓)				明显分散次数 (单位：次)	连续集中时间 (单位：分钟)
		很好	较好	较差	很差		
1							
2							
40							
总和 $\sum x$							
平均数 $\overline{X}$							

本表分活动幻灯和图片两组分别登记为两个表，然后将两表中"总和"和"平均数"两栏中有关数据制成下表。

B. 活动幻灯与图片在直观教学中影响幼儿注意力集中情况的比较。

教具	不同集中程度的人数				明显分散平均次数	连续集中的平均时间（单位：分钟）
	很好	较好	较差	很差		
活动幻灯图片						

②故事内容重现情况的统计。

A. 40 名幼儿对故事内容重现的情况。

编号	受试者姓名	重点重现量（分）		要点遗漏数（点）		顺序颠倒次数（次）	
		一小时后	三天后	一小时后	三天后	一小时后	三天后
1							
2							
40							
总和 $\sum x$							
平均数 $\bar{X}$							
标准差 S							

本表分活动幻灯与图片两组分别登记成两个表，然后将两表中"平均数"一栏制成下表。

B. 活动幻灯与图片在直观教学中影响幼儿记忆效果的比较。

教具	重点重现量（分）		要点平均遗漏数（点）		顺序颠倒平均次数（次）	
	一小时后	三天后	一小时后	三天后	一小时后	三天后
活动幻灯图片						

③对故事理解程度情况的统计。

A. 40 名幼儿对故事理解程度的情况。

编号	受试者姓名	对角色的理解(√)				对主题的理解(√)			
		抽象概括	具体概括	具体形象	不理解	抽象概括	具体概括	具体形象	不理解
1									
2									
40									
人 数									

本表分活动幻灯与图片两组分别登记成两个表，然后将两表中"人数"一栏制成下表。

B. 活动幻灯与图片在直观教学中影响幼儿理解程度的比较。

教具	对角色的理解(人数)				对主题的理解(人数)			
	抽象概括	具体概括	具体形象	不理解	抽象概括	具体概括	具体形象	不理解
活动幻灯								
图 片								

根据三个比较表的内容可对活动幻灯与图片在直观教学中的效果进行分析。

(3)实验结果的检验。

由于教学过程中能够影响教学效果的因素是复杂多样的，除了教具这一实验因子外，还有幼儿水平、教师水平、教学环境、教材……多种跟本研究无关的因素。对我们估计到的可能影响教学效果的无关因子我们通过实验设计已进行了控制，但是，我们控制的严密程度是有限的，而且一定还有我们没有预想到的其他偶然因子的影响存在。为了提高研究的可靠性，我们不仅需要对实验结果进行上述整理和比较，而且还需进行统计学上的检验，以排除偶然因子的影响。

以对两种教具在直观教学中影响幼儿记忆量的比较为例，根据本实验研究的情况，我们准备采用"两个独立样组均数之差的意义显著性检验"的方法对数据进行检验。我们先假定这两种教具在直观教学中对幼儿记忆量的影响是相同的。根据这一假设，由于偶然因子的影响，两组幼儿的记忆量的差别应该是不大的。如果这种差距大到非常的程度，我们就要否定差距是偶然因子造成的，拒绝原先的假设而不得不承认这种差距是两种教具不同的结果了。

具体检验方法是：①分别求出 40 名幼儿在两种直观教具下记忆量的算术平均数($\overline{X}_1$，$\overline{X}_2$)和离差($S_1^2 S_2^2$)。算术平均数($\overline{X}$)等于全部 40 人的记忆量分数(X)的总和($\sum_X$)除以人数(n＝40)。用公式表示即 $X = \dfrac{\sum_X}{n}$。离差(S^2)等于每一人的记忆量分数($\overline{X}$)减去平均数($\overline{X}$)再平方，然后将所有 40 个平方数相加再除以 n－1。用公式表示，即

$$S^2 = \frac{\sum(X-\overline{X})^2}{n-1}$$

②用公式

$$t = \frac{X_1 - X_2}{\sqrt{\dfrac{(n_1-1)S_1^2 + (n_2-1)S_2^2}{n_1+n_2-2}} \cdot \sqrt{\dfrac{1}{n_1} + \dfrac{1}{n_2}}}$$

计算 t 值。由于 $n_1 = n_2 = 40$，上一公式可简化为

$$t = \frac{X_1 - X_2}{\sqrt{\dfrac{S_1^2 + S_2^2}{40}}}$$

③根据本实验样组数量，自由度 $df = n_1 + n_2 - 2 = 78$。查 t 分配表后可知：如果 $|t| > 2.00$ 的话，我们就有 95％的把握否定原来的假设，而承认两种直观教具在幼儿直观教学中对记忆效果的影响有显著的不同。如果 $|t| \leqslant 2.00$，我们仍得接受假设，说明我们还没有很大的把握说这种直观教具对记忆效果的影响有差别。

资料来源：《学前教育科研方法参考资料》，第 173～187 页，北京师范大学教育系学前教研室，1991。

关于幼儿友好关系实验
研究方法的几个问题

北京师范大学教育系　学前教育教研室

林嘉绥　执笔

1982 年，我们参加了中国儿童发展中心儿童发展心理分中心的研究工作，进行了幼儿德育心理实验。下面，从如何进行科研工作的角度，就这次实验的方法做些简要的介绍。

1. 选择研究题目

这个实验的题目为《6 岁独生与非独生儿童友好关系认识与行为的实验研究》。为什么确定这个题目？首先，为服从儿童心理发展分中心为推行独生子女基本国策提供心理科学依据的需要，我们规定了对道德品质进行研究的范围，然而，道德品质培养的内容很广泛，如热爱祖国、热爱劳动、集体主义……不可能全面进行研究。我们考虑，幼儿间的友好关系，既体现我国社会主义社会中人与人之间的新型关系，又是幼儿扩大交往、从进入幼儿园过集体生活开始，直至走向社会所要遇到的一个首要问题。它是幼儿集体主义品德教育的起步和具体体现，而我国在这方面的理论探讨还很薄弱，还需要作进一步研究。这便是我们确定以我国幼儿友好关系形成的特点作为这次研究题目的主要原因。

题目确定之后，便进一步考虑从哪些方面进行研究。道德品质的结构包括道德认识、情感和行为习惯三个成分，这也是幼儿道德品质教育的任务。据了解，国外的一些研究，重视儿童言行一致的问题。从幼儿的认识和行为表现两个方面来进行幼儿友好关系的研究，是比较恰当的。至于之所以只取 6 岁这一个年龄阶段进行研究，则是受时间限制的缘故。

2. 查阅文献，明确具体研究目的

确定具体题目之后，需要尽可能详尽地查阅有关文献资料，以了解前人已取得的成就，并进一步明确值得深一步探讨的问题，把具体研究目的明确起来。

在研究有关文献资料后，我们作出了如下一些分析。

幼儿的道德品质培养是早期教育的重要内容，它引起了国内外儿童心理学界与教育学界的普遍关注。

国外品德心理的研究在 20 世纪 60 年代后出现高潮。如美国新行为派，单纯强调行为的作用，认为道德行为是通过学习获得的，应利用一定的条件与方法，奖励学生的适当行为，有助于学生良好道德行为的形成与发展。此外，还有认知派，强调认知的作用，主张引导儿童讨论和展开道德推理的练习，促进儿童个性的发展。苏联品德心理的研究在 20 世纪 80 年代出现了动机圈的理论，认为教育者要掌握不同年龄阶段所具有的特殊的动机，就有可能抓住个性形成最有利的时期去促使它得到良好的发展。

我们认为在道德品质形成中，道德认识、道德情感、道德行为习惯都是不可缺少的成分，它们是相互联系、相互促进的。道德认识是推动个人产生道德行为的内部动力之一，是道德动机的重要成分，道德行为则是道德认识的具体表现与外部标志。幼儿教育的重要任务之一是培养幼儿道德认识与行为的一致性……独生子女问题，19 世纪末 20 世纪初国外就有人对它进行了专门的研究。一些研究指出：独生子女是"问题儿童"，行为问题突出。美国的心理学家霍尔认为："独生子女本身就是一种疾病。"但是，20 世纪 20 年代以来进行的大量有关独生子女的研究却得出了相反的结论。他们的研究表明：在不合群、不礼貌、不正直等道德品质方面，独生子女与非独生子女几乎没有差别，甚至独生子女还略微好些。

近几年来，我国一些人根据对独生子女的调查，提出了独生子女的智力发展较好，但道德品质问题较突出的观点。但这方面的研究为数尚少。我们认为从独生与非独生儿童相比较的角度来看，是否独生子女与非独生子女必然存在着差别？是否独生子女的道德品质就一定差于非独生子女？此外，促进我国幼儿道德品质的发展的因素和可能达到的水平等均须作进一步的探讨。

基于以上分析，我们确定具体的研究目的是："以儿童之间的友好关系为内容，从认识与行为表现两个方面，对 6 岁独生与非独生儿童进行比较研究，以期探讨我国 6 岁儿童道德认识与行为的特点和水平，认识与行为的一致性，以及在道德认识与行为两方面独生与非独生儿童是否存在差异，从而为贯彻我国独生子女政策、为幼儿教育提供心理学依据。"

3. 设计实验方法

实验方法是实现研究目的的途径、手段。方法的设计要紧紧围绕着研究目的，力求能较深入地揭露研究对象的本质。我们通过什么方法来取得幼儿友好关系的认识和行为的材料呢？

(1)对友好关系的认识。

我们认为道德认识是对于道德行动准则及其意义的认识，了解幼儿对友好关系认识的水平和特点，可以从广度和深度两个方面入手。广度反映幼儿对友好关系内涵(内容要求)的认识，深度则表现为对友好关系行为意义的理解，广度与深度体现了是什么和为什么以及数量和质量的要求。

为此，我们运用概括提问、看图片后提问和具体提问三种形式。

概括提问的指导语是："怎样做才是和小朋友友好地玩？""为什么？"目的是在没有任何启发的条件下，直接用口头回答的方式，了解幼儿对友好关系内容以及为什么包括这些内容的认识情况。

看图片后提问，是为了通过图片提示幼儿对友好关系内容的认识，了解在直观形象的条件下，幼儿的认识与单纯口头作答(抽象水平)有何不同。图片共6张：①儿童共享玩具；②不友好地玩(抢玩具、打人……)；③能合作共同游戏(几个小朋友共同用积木搭火车)；④不能合作共同游戏(拆散未搭成的动物园各抢一块积木)；⑤互相帮助(扶起摔倒的小朋友)；⑥谦让(把皮球让给别的小朋友先玩："你先玩吧。")。做法是同时出示6张图片，告诉幼儿仔细看看这几张图片上画的是什么，他们谁做得对、谁做得不对，为什么做得对、为什么做得不对，等幼儿观察1～2分钟后，让幼儿回答。回答中不追求幼儿过多的情节描述，因为目的不是发展口语的看图讲述，所以只要求说出是什么、谁对谁不对以及为什么即可。儿童回答后，主试者再做一次概括性的提问："怎样做才是和小朋友友好地玩？为什么？"以期比较出在直观形象条件下与概括抽象条件下幼儿认识的不同。

我们考虑到以上两种方式的提问统属间接性的，儿童往往对具体的行为有判别能力，但不一定知道它们是属于"友好"这一概括的词汇中，所以设计了第三种直接提问的方式，问题是：①"几个小朋友在一起用积木搭天安门，你去推倒了对不对？""为什么？"②"打人、骂人对不对？""为什么？"③"几个小朋友都想玩'火车'游戏怎么办？""为什么？"④"看到别人有困难怎么办？""为什么？"如果儿童对困难两字不理解可补充问："如果看到一个小朋友不会系鞋带(或扣衣服)你该怎么办?""为什么?"⑤"有件新玩具大家都想玩怎么办?""为什么?"⑥"看见别人的优点你怎么做?""为什么?""自己有了缺点怎么办?""为什么?"

(2)友好关系的行为表现。

要切合实际地了解幼儿的行为表现是否友好,比了解认识要困难而且费时,因为在儿童的生活中,不友好行为不会时时事事都表现出来。由于幼儿的人数多,时间有限,我们须找出最易反映幼儿行为状况的活动来加以科学的观察和评定。为此,我们设计通过对自由游戏和情景游戏的观察以及老师的评价这三种方式进行了解。

自由游戏,是幼儿最喜爱的活动,也是最易表现与别的小朋友关系的活动。在自由游戏时间,对每名被试分别在游戏的开始、中间和结束各观察一次,每次 10 分钟,这三次不在同一天连续观察而是分别在间隔的日子中进行。观察记录的内容是:①被试玩什么游戏?是独自玩还是和小朋友一起玩?②游戏中与小朋友的关系如何?说什么?做什么?能友好地玩多久?另选什么活动?原因是什么?③游戏过程中出现什么矛盾?对矛盾持什么态度?如何解决?④对别的小朋友发生的行为问题采取什么态度?是关心积极帮助解决问题?还是不关心、无动于衷,甚至幸灾乐祸、支持不友好行为?

创设情景游戏:我们设计了一个易引起行为冲突的游戏情境,以观察在矛盾激化的情况下儿童的行为表现。做法是将被试分为 4～5 人一组,在室内一张桌上放置 4～5 件(与被试人数相等)玩具,其中只有一件是新玩具,每次请一组被试来玩,告诉他们每人可以拿一件玩具玩,但不提出对行为的要求,在玩的过程中主试观察并记录被试对待新玩具的行为表现。

教师评价:以书面问卷方式,由被试幼儿的教师对其平时行为表现评价出等级。

以上三种方式既包括客观的行为观察,又包括教师平时的经常性的了解;既避免了观察的偶然性,又排除了单纯的教师评价的主观性。

4. 选择被试

(1)选择年龄相差不超过两个月的 6 岁独生与非独生儿童各 30 名(按统计要求每年龄组不得少于 30 名),共计 60 名。注意在同一班上选取相等数量的独生与非独生儿童,如在甲班选 5 名独生儿童,同时在该班也选 5 名非独生儿童,以求得双方相等的教育条件。

(2)选择道德教育效果较好的幼儿园中的儿童作为被试。我们的实验是在北京师大实验幼儿园、六一保育院、棉花胡同幼儿园、西四北幼儿园中进行的，这样取得的材料包括教育因素，即经过了教育所能达到的水平。

5. 评定标准

为了实验后便于统计处理取得数据，须对上述各项实验内容给以分级评定。我们的实验按心理分中心的统一要求，进行由低至高的五级评定。但不论分成几级评定，重要的是能较科学地拟订出评定不同等级的标准。

我们对上述各项拟定的评定标准如下。

(1)友好关系认识的评定标准。

广度：Ⅰ级 正确回答出一个内容；

　　　Ⅱ级 正确回答出两个内容；

　　　Ⅲ级 正确回答出三个内容；

　　　Ⅳ级 正确回答出四个内容；

　　　Ⅴ级 正确回答出五个以上内容。

深度：Ⅰ级 回答不出，答非所问或同语反复；

　　　Ⅱ级 考虑奖惩或对成人的服从（如"做好事老师会夸奖你""我妈妈说的不抢小朋友的东西"等）；

　　　Ⅲ级 以行为后果对自己的影响作评价（如"你抢人家的东西，小朋友就不理你，就不跟你玩了"等）；

　　　Ⅳ级 以行为后果对他人或集体的影响作评价（如"人家搭得好好的，你推倒了，人家还得重搭"等）；

　　　Ⅴ级 以社会道德标准对行为作评价（如"学雷锋叔叔，让着别人，长大当解放军"，因为要五讲四美，讲文明，讲礼貌等）。

(2)友好行为的评级标准。

自由游戏

Ⅰ级 ①主动作出不友好行为，情节严重的二次或不严重的三次；

　　　②被动地作出不友好行为，情节严重的三次以上。

Ⅱ级 ①主动作出不友好行为，情节不严重二次或严重的一次；

　　　②被动作出不友好的行动，情节严重的二次或不严重的三次。

Ⅲ级 ①主动作出不友好行为，不严重一次；

　　　②被动作出不友好的行为，不严重一次，严重一次。

Ⅳ级 被动友好行为，不严重一次。

Ⅴ级 无不友好行为。

创设情景游戏

Ⅰ级 抢占新玩具；

Ⅱ级 抢先玩，不独占；

Ⅲ级 有抢先玩的行动，没抢到，也没发生行为问题；

Ⅳ级 有抢先玩的意图，但也能等着轮流玩，未产生行为问题；

Ⅴ级 能谦让，能互相商量如何玩，能主动等别人玩后自己再玩。

6. 预试

所谓预试，就是在未正式进行实验前，找 3～5 个儿童（非正式被试），按初步设计的实验方法，全部做一遍，以考查实验计划中的目的要求、方法、评定标准、指导语等是否科学和可行，从而便于进一步修改和补充。

预试也是对参加实验的全体人员的训练过程。所以，全体实验人员都要参加预试，既可熟悉实验方法、明确实验要领，又可共同研究，进一步修改实验计划。

7. 正式实验

经过预试修订后的计划，一经正式开始实验，就不能中途更改，否则实验结果是不科学的。如果中途发现有问题，也只好留待总结时作为问题提出或下次实验时参考改正。

正式实验开始后，我们体会主要注意两个问题。

(1)尽量严格控制实验条件。

我们的实验除了自由游戏以外，均要在一个单独的地方进行（睡眠室或教师备课室等）。所以要注意环境的安静，不要有吸引儿童注意的新奇的物品，特别是要让被试儿童的情绪在正常平稳的情况下参加实验，否则实验结果的真实性会受到影响。我们让进行实验的儿童提前在活动室里安静地玩一会儿，不要在他玩得满头大汗或正热衷于某种游戏时突然请他做实验，这时儿童会表现出精神不定、心不在焉、回答草率、不认真等情况，影响儿童原有水平的反映。

(2)及时整理记录、积累典型资料，作出分析和评定。

每天实验后，要力争当日把每个被试的记录做些加工、整理工作，特别是对一些突出的或典型的事例要及时地标明或摘录，同时对所得的实验材料作一番思考分析工作，看看能说明什么问题或提出什么问题，是否能形成一些观点、看法，有什么问题值得加以注意、研究等。这样使整个的实验过程变成为积累资料、思考问题、由浅入深分析问题、逐步形成自己观点的不断深化的研究过程。

在整理、分析资料的同时，要对每个被试及时按评定标准对所实验的各项作出评定的等级，以便最后统计。

我们有这样的体会，对典型的事例或初步分析的一些看法、问题，可以用小卡片单独记录下来，一个问题一张卡片，并在卡片的一角标明问题的类别，实验结束后将小卡片按问题分类，并用这些集中了实验中典型素材和初步分析的卡片，一个问题一个问题地进行由表及里、由现象到本质的比较、分析和综合、抽象和概括工作，力求得出一些合乎实际的、规律性的和本质的结论。

8. 实验记录及统计加工

实验记录和统计加工是我们这次科研工作的一个重要的部分及步骤。为了做好这项工作，首先要做好实验前的记录表格和统计表格的设计。我们注意到这些表格要尽量简单明了，力求使所有的实验项目通过表格能清晰而扼要地表现出来。

(1)实验记录表。

实验的原始记录(由于研究课题性质不同，也可不用表格形式)，是对当时实验情况的记载，要每个被试一张。

我们设计了下列两种记录表。

记录表 1

幼儿友好关系认识记录表

园名　　　班级　　　姓名　　　年龄　　　调查者　　　日期

项目	广　度			深　度			
	问　题	回答	等级	问题	回答	等级	备注
笼统提问	怎样做才叫和小朋友友好地玩？			为什么			
看图后提问	同　上			为什么			

项目	广 度			深 度			
	问 题	回答	等级	问题	回答	等级	备注
具体提问	几个小朋友一起搭"天安门"，你去推倒了，对不对？			为什么			
	打人、骂人对不对？			为什么			
	几个小朋友想玩"火车"游戏怎么办？			为什么			
	看到别人有困难怎么办？			为什么			
	有新玩具都想玩怎么办？			为什么			
	看见别人的优点，你怎样做？自己有缺点怎么办？			为什么			

记录表 2

幼儿友好关系行为表现记录表

园名　　班级　　姓名　　年龄　　调查者　　日期

项　　目		行 为 表 现	等 级	备　 注
自由游戏	开始			
	中间			
	结束			
创设情景游戏				

（2）统计表。

实验结束后，须将调查表中的材料集中起来，算出数据。

统计表要分步骤进行，一般要经过下列几步。

第一步：先把个案的记录表汇总成一个年龄组的统计表，每个年龄组一张。

统计表1

6岁儿童友好关系认识统计表

类型及编号	姓名	广度																		深度																	
		笼统提问						看图后提问						具体提问						笼统提问						看图后提问						具体提问					
		Ⅰ	Ⅱ	Ⅲ	Ⅳ	Ⅴ	得分	Ⅰ	Ⅱ	Ⅲ	Ⅳ	Ⅴ	得分	Ⅰ	Ⅱ	Ⅲ	Ⅳ	Ⅴ	得分	Ⅰ	Ⅱ	Ⅲ	Ⅳ	Ⅴ	得分	Ⅰ	Ⅱ	Ⅲ	Ⅳ	Ⅴ	得分	Ⅰ	Ⅱ	Ⅲ	Ⅳ	Ⅴ	得分
独生 1	郝××																																				
2	贾××																																				
3	苏××																																				
⋮	⋮																																				
30																																					
小计																																					
非独生 1	关××																																				
2	曲××																																				
3	刘××																																				
⋮	⋮																																				
30																																					
小计																																					
合计																																					

第二步：如果实验不止一个年龄组就要列出各年龄组的汇总统计表，表头应与年龄组的统计表一致，只是横栏上儿童个人姓名改为年龄组。这个汇总表集中了所有的统计数据，可用到实验报告中去，也可不用，这要按需要而定。

第三步：按照实验报告中所要说明和讨论的问题，再从汇总表中取出数据，列出某个问题的表或图用到报告或论文中去。例如：

表1　6岁独生与非独生儿童对友好关系的认识

项目		广　度						深　度					
水平		I	II	III	IV	V	小计	I	II	III	IV	V	小计
类别	独生	0	0	0	6	24	30	0	0	4	5	21	30
	非独生	0	0	1	5	24	30	1	0	3	4	22	30
	合计	0	0	1	11	48	30	1	0	7	9	43	60
显著性		$P>0.5$ 不显著						$P>0.25$ 不显著					
考　验		6岁儿童认识广度与深度差异 $P>0.1$ 不显著											

表2　不同呈示方式对6岁独生、非独生儿童友好关系认识广度的影响

项目		笼统提问					看图片后提问					具体提问				
水平		I	II	III	IV	V	I	II	III	IV	V	I	II	III	IV	V
类别	独生	4	15	9	0	2	3	15	10	2	0	0	0	0	6	24
	非独生	5	15	6	4	0	2	11	12	4	1	0	0	1	5	24
	合计	9	30	15	4	2	5	26	22	6	1	0	0	1	11	48
显著性考验		$P>0.05$ 不显著					$P>0.05$ 不显著					$P>0.5$ 不显著				
		6岁儿童笼统提问与看图片后提问差异 $P>0.5$，笼统提问与具体提问差异 $P>0.005$，看图片后提问与具体提问差异 $P<0.005$														

表3　6岁独生、非独生儿童友好关系认识与行为比较

项目		认　识					行　为					显著性
水平		I	II	III	IV	V	I	II	III	IV	V	考验
类别	独生	0	0	3.3	9.2	37.5	2.8	1.6	5	5	35.5	$P>0.1$
	非独生	0.8	0	3.3	7.5	38.3	2.1	2.8	9.5	5	30.5	$P>0.1$

注：①认识一项为具体提问的广度与深度的平均人数的百分比。

　　②行为一项为自由游戏、情景游戏及教师评价的平均人数的百分数。

9. 撰写实验报告

科研工作最终要写出报告(实验报告、调查报告等)或论文。我们是以实验报告的形式表达 6 岁幼儿友好关系实验的结果。报告包括以下几个基本部分：问题的提出、内容及方法、结果、讨论、结论。其中以结果和讨论最为主要。下面举例说明。

(1)结果部分实例。

根据前面表 1、表 2 及图 1，我们在结果中对友好关系认识的广度作了如下分析：①我们以儿童对具体提问作出正确回答题数的多少区分为五级水平，表 1 表明，6 岁独生与非独生儿童友好关系认识广度无明显差异($P > 0.5$)，对主试提出的 6 个具体问题，能完全正确判明的(Ⅴ级)，独生儿童与非独生儿童均为 24 人，判明基本正确的(Ⅳ级)，独生儿童 6 名，非独生儿童 5 名，其他等级无差别或相差不超过 1 人。②图 1 显示，6 岁儿童友好关系认识广度的发展，在第Ⅳ级和第Ⅴ级水平之间出现了直线上升的激增趋势，这一趋势在 6 岁独生与非独生儿童之间接近完全一致。③表 2 表明，不同的提问方式对 6 岁儿童友好关系认识起着不同的作用。口头笼统提问和看图片后提问这两种方式对认识广度所起的作用很接近，经显著性考验无明显差异($P > 0.5$)。但这两者与具体提问的效果差异显著，它们与具体提问差异均为 $P < 0.005$，而各种提问方式中的独生与非独生儿童之间的差异却不显著。

根据上述表 3 我们在结果中对友好关系认识与行为比较作了如下分析：表 3 表明 6 岁儿童无论是独生还是非独生友好关系的认识与行为总倾向是一致的，经显著性考验无明显差异，独生与非独生儿童认识与行为比较均为 $P > 0.1$。

(2)讨论部分实例。

我们实验报告中的讨论部分共讨论了 7 个问题，这 7 个问题均以实验结果或实验过程中所得材料为依据而提出的。

第一，本实验所得 6 岁独生与非独生儿童在友好关系的道德认识(广度与深度)、行为以及认识与行为的一致性等方面均无显著差异的结果说明，就总体而论，即将独生与非独生儿童进行总体的数量比较，而不是单方面地对独生子女进行调查，那么 6 岁儿童的道德认识与行为，独生子女并不逊色于非独生子女，甚至在个别方面还略优于非独生子女(如友好行为表现的水平方面），自然难以得出独生子女是"问题儿童"的结论。它启示我们，在相同的家庭和社会教育条件下，独生子女的品德和其他同年龄儿童一样，能获得较好的发展，具有同等的发展和可能性。

第二，从个体上看，确有个别或少数独生子女不良行为表现突出，如表4教师评价一栏，属于最低水平的独生子女有 4 人，占 30 名独生儿童的 13.3％，但这只是问题的一个方面。在非独生儿童的那一方面，也存在同样的情况，如在创设情景游戏中，抢先独占玩具的就有 3 人，占 30 名非独生儿童的 10％。个别非独生子女在多次游戏中均表现出了不友好的行为，如挑剔玩具、任性、骂人等。这些非独生子女的行为问题往往是不良的家庭教育的结果，有的是"处于独生子女地位"的非独生儿童，他们也同样受到家长、兄长的娇惯。因此，幼儿品德培养对独生与非独生儿童是同等重要的。

第三，关键在于教育。（略）

第四，友好关系的认识与行为相互关系上的无显著差异表明，我国 6 岁儿童（独生与非独生）基本上具有道德认识与行为的一致性。这种一致性是幼儿在正确教育下形成的初步道德观念和行为习惯的统一。正确的认识对自身的道德行为起着支持和促进作用，并有利于形成正确的行为动机。因此，在向幼儿进行道德品质培养时，特别在幼儿晚期，应同时加强道德认识及行为的训练，二者不可偏废，使儿童的道德行为及习惯，在他们所理解的道德内容和意义的基础上得到发展，日臻巩固。

但道德认识要转变为道德行为，使之成为基础和支柱的作用需要有个过程。在实验中，我们看到少数儿童存在行为表现落后于认识的现象。这种脱节的现象，涉及的因素比较多，它与儿童早期道德情感体验、道德习惯的培养，特别是个性品质特征、意志力的发展，有较密切的联系。例如，在创设情景游戏中，对待新玩具能否控制住自己的行为按正确的认识行动，这对意志力是个严峻的考验。根据实验材料，可分为如下几种情况：①很想玩，但始终控制住自己不抢先，几次均先让别的小朋友玩。②等轮到自己时才玩。③想先玩，但未能先占有玩具时，则围着拿玩具的小朋友转，待有机会就捷足先登。④急不可待，先玩为快。这种种可视为不同的认识水平和意志品质制约着道德行为的不同表现。

第五，对幼儿的道德认识应如何要求。一般认为"道德认识所指的是对具体的行动准则以及执行它们的意义的认识"。即知道应该怎样行动（广度）

以及为什么要这样做（深度）。广度涉及数量，深度涉及质量。幼儿道德认识应从广度与深度两个方面进行考查。

我们认为，幼儿道德认识的广度应以对具体行为的是非判断作为标准，不应以概括性的提问所得结果为标准。首先因为不同的道德概念的概括程度各异。其次由于儿童思维的具体性特征，就是学前晚期的儿童也难于对某一概括程度较高的道德概念认识到完善的程度。实验中，我们企图以三种呈现方式考查儿童对友好关系广度的理解，实验的结果是口头笼统提问与图片提示的效果均明显低于具体提问（详见表2）。这说明6岁儿童能够正确判断具体的友好行为，而对概括的概念（怎样做才叫友好地玩）却难于完整地掌握。6岁儿童尚且如此，较小的幼儿就更不待言了。因此，我们认为考查幼儿的道德认识应以对具体行为的判断为标准，而不应以对某一抽象的道德概念的理解为标准。前者能更充分地反映儿童对具体道德行为准则的认识，后者更多地说明幼儿思维的概括程度。

第六，活动方式在幼儿道德教育中是一个不可忽视的因素。不同的方式效果迥然不同。

在道德认识方面，国外一些关于道德判断的研究证明，形象（图片）的呈示比言语的呈示效果更好，即使对象为7岁儿童也不例外。一般说来，这一观点无疑是正确的。但我们认为，形象（图片）对扩展认识的广度的作用是否显著，与使用形象的目的和具体方法有着直接的关系。本实验中也采用形象的方式，其目的是探索通过图片的观察对扩展6岁儿童认识友好关系广度（即友好关系包括哪些要求）的效果。方法是在儿童对口头笼统提问："怎么做才叫和小朋友友好地玩?"作出回答后，同时出现6张图片。让儿童观察1～2分钟后，让他逐张阐述图片的内容，并作出判断。随后再重复上述口头笼统提问的问题，记录下儿童在观察图片后对友好关系包括什么内容，认识上有哪些变化。应强调的是这次重复提问，主试者并不暗示儿童要联系图片内容作回答。因此在这样的目的及方法下，前述统计数字表明形象与口头笼统提问效果无差异。这可以说明，6岁儿童缺乏自觉地有意识地将形象的表象归纳到概念中的能力，概括的水平尚有限，所以在提高6岁儿童有关道德概念的认识的教育时，成人应有意识地指明或引导儿童利用形象所提供的材料，概括到有关道德概念中去，从而才能提高幼儿道德认识的水平。

此外，具体提问的问题本身包括内容及情景，如问："打人骂人对不对？

为什么?""有一件新玩具,大家都想玩,怎么办? 为什么?"这无须儿童概括,可直接作出判断,所以较前两种方式容易,其差异显著。

在道德行为上,不同活动方式对儿童行为表现也有影响,实验中我们注意到少数儿童在创设情景游戏中的行为表现要差于自由游戏时间的行为表现。在自由游戏中无发生不友好行为问题的儿童,在创设情景的游戏时可能发生抢占新玩具的不良行为。因为自由游戏时儿童分散,各择所好,产生矛盾的概率少,而创设情景游戏中,出现了新颖的、有趣的玩具,众目睽睽,这时,个人想玩的愿望(需求)与可能(只有一种新玩具)之间矛盾激化了,在缺乏巩固认识和行为习惯的儿童身上,就可能出现不友好的行为表现。这提示我们,对幼儿行为巩固性的了解不能只看一般常态情况下的表现,更重要的是要从特殊的环境和条件中测定。同时,在教育工作中要注意在出现和可能出现新的条件和环境时,要加强道德行为的培养,预防不良行为的发生,如班上出现新玩具时,要向幼儿说明应该如何友好地行动。

第七,道德情感是幼儿道德品质的基本成分之一。它在幼儿的道德形成中起着重要的作用。本实验只研究 6 岁儿童的道德认识与行为,故未专门论及道德情感的问题。

以上是关于幼儿友好关系品德教育实验方法的简略说明,工作尚待深入和改进。例如,对于儿童自由游戏,如能增加观察次数及观察时间,就能减少偶然性。又如,如果增加一项家长对儿童友好行为评价的书面调查,可以从另一角度提供儿童经常性行为表现的参考材料。

资料来源:中央教育科学研究所幼儿教育研究室编,《幼儿教育的科学研究》,教育科学出版社,1986,第 44~65 页。

两种文化中幼儿艺术教育的比较研究

（全国教育科学规划重点研究课题申请、评审书）

数 据 表

课题名称		两种文化中幼儿艺术教育的比较研究					
主题词		幼儿艺术教育比较					
课题类别	D	1. 重大课题　A. 国家重点　B. 一般课题　C. 青年基金　D. 教委重点 E. 青年专项					
学科分类	基	基础教育	研究类型	D	A. 基础理论　B. 应用研究 C. 调查研究　D. 综合研究		
负责人姓名		祝士媛	性别	女	民族	汉	出生年月	1935 年 1 月 7 日
行政职务			专业职务		教授		研究专长	幼儿文学及语言教育
最后学历		大学本科	最后学位		学士		担任导师	硕士生导师
所在省（自治区、直辖市）			北京		所属系统		国家教委直属重点师大
工作单位		北京师范大学教育系		联系电话		单位：62208004	
通信地址		北京市（县）新街口外大街（路）19 号		邮政编码		100875	

271

续表

	姓名	性别	出生年月	专业职务	研究专长	学历	学位	工作单位
主要参加者	张　燕	女	1951.9	副教授	教育科研方法	研究生	硕士	北京师范大学教育系
	王懿颖	女	1964.12	讲　师	音乐教育	博士生	博士	北京师范大学教育系
	张念芸	女	1954.1	讲　师	美术教育	研究班	学士	北京师范大学教育系
	赵德英	女	1948.1	副处长	学前教育	大本	学士	山东省教委学前教育处
	王春英	女	1964.1	干　部	学前教育	本科	学士	山东省教委学前教育处
	董奎卿	女	1945.12	科长	学前教育	大专	学士	烟台市教委学前教育科
	陈玉娜	女	1956.8	教研员	学前教育	大本	学士	烟台市教委学前教育科
	俞妮亚	女	1958	副处长	学前教育	大本	学士	广西壮族自治区教委基础教育处
	罗　琦			副主任	学前教育			柳州市教委普教办公室
	张德荣			教研员	学前教育			柳州市教科所
	莫绪琼			幼教专干	学前教育			柳城县教育局

第一推荐人姓名		专业职务		工作单位	
第二推荐人姓名		专业职务		工作单位	

预期的主要成果	A	D	A. 专著　B. 译著　C. 论文　D. 研究报告 E. 工具书　F. 电脑软件　G. 其他

申请经费（单位：万元）				5 万元	预期完成时间	2000 年 3 月 30 日

课题论证

1. 对研究课题的论证：本课题研究的基本内容、重点和难点；国内外同类课题研究状况；本课题的理论意义和实践意义。

　　艺术活动（文学、音乐、美术）的特点是形象、生动，这与幼儿思维和情绪特点相吻合，对幼儿有很强的吸引力和独特的教育作用，在世界各国幼儿教育中艺术教育都占有很大比重，备受重视。艺术活动进行得如何牵动着整个幼儿教育的质量，故此，艺术教育上的突破即是幼儿教育的突破。

　　世界各国的幼儿艺术教育各有传统的优势，也各有不足。当前的主要问题是：就我国来讲，儿童的艺术教育受传统和习惯影响，既有知识的传授和模仿一直是教学的中心手段，儿童只是学习现成的艺术形式，缺乏利用媒介特征表达经验和情感的尝试，一旦离开了样本，便无从下手。在国外，以儿童为中心的教育，由于师资难以胜任，走向了过度自由放任的道路。完全仰仗自发，儿童很难将自然表现与艺术表现相区别，发展艺术创造力。多年来国内外的艺术教育工作者深感各自教育的弊端，力求走一条新路。

　　在近年来的国际交流中，我们北师大教育系学前教研室与澳大利亚昆士兰理工大学学前系走到了一起。对方的幼儿艺术教育的力量很强，很有特色，从1993年两校开始接触，经过历时两年多的酝酿，意在两国间进行幼儿艺术教育的比较研究，解决上述国内外幼儿艺术教育中存在的实质性问题，发展一种培养幼儿的创造力，既强调幼儿自发的艺术倾向，又强调外部环境对调动和发展幼儿艺术能力的作用；既强调幼儿个人经验，又强调人类艺术遗产对幼儿审美和创造的催化作用的双向平衡的幼儿艺术教育实践和理论体系。

　　研究拟分两步走。第一步，在中国和澳大利亚双方大城市（北京、悉尼、布里斯班）、农村（山东、Gympie）、偏远农村（广西、Cunnamulla）各选好、中、差三个幼儿园，以一年为周期，采取直接观察和调查的方法取得幼儿艺术教育过程和结果的资料。通过比较，发现两种文化中幼儿艺术教育的特征和倾向，环境影响与幼儿艺术能力发展之间的关系，评判两国幼儿艺术教育的得失。

　　第二步，依据比较所得结论，设计适宜幼儿艺术创造力发展的教育方案，付诸实践，检验确认合理有效之后进行总结，阐明新方案的主要内容和理论依据，编写相应的高师学前教材和幼儿园教材。

　　本课题研究难点有二：其一是方法。具体于两个环节：资料的收集和效果分析评定，需要有精心的科学设计，以提高研究的客观可靠性保证研究的价值和意义。其二是方案设计。须以它的切实可行和创造性克服原有教育弊端，走出新路，实现研究目标。

　　本课题研究的优势在于它是由两国学者和教育实际工作者共同参加的双边立体合作研究，非单向孤立的研究。同时，它将以第一手材料为依据，展开定性定量分析，而非从第二手文字材料出发的书斋式比较。比较的目标是建设性的，不局限于"知"的范围。因此，它能使我们更确切地了解两国幼儿艺术教育的得失，取长补短，建设具有中国特色的幼儿艺术教育，并对国际幼儿艺术教育做出贡献。

续表

2. 对课题实施和完成条件的论证：负责人的研究水平、组织能力和时间保证；参加者的研究水平和时间保证；资料设备，科研手段；课题组人员分工。

　　本课题研究负责人祝士媛教授从事幼儿教育工作 43 年，其中在高师从事教学、科研 36 年。专长幼儿文学和语言教育，有 9 部专著出版，是国内有影响的幼教和幼儿文学及语言教育专家，1993 年被国家教委聘为国家教委艺术教育委员会委员。

　　祝士媛教授曾担任北京师大教育系学前教研室主任 11 年，担任中国学前教育研究会秘书长 16 年，现任世界学前教育组织中国委员会主席，有丰富的工作经验和组织能力，曾成功地组织了全国 4 次学术研讨会，4 次幼儿教育国际研讨会，且祝士媛教授多次出国参加国际会议和访问交流，在国内外幼教界都有较高的知名度。

　　祝士媛教授自 1996 年起不再担任教研室主任，除教学和社会兼职以外，能有 1/3 时间从事研究工作，且本课题研究方向与其从事教学方向同一，完成课题研究具有时间保证。

　　本课题研究者包括高师专门从事幼儿艺术教育教学和研究人员、教育实际工作者。高师人员至少可以拿出除教学和日常事务以外 1/3 的工作时间，集中或分散使用。且这项研究与他们平时教学内容相关，时间上有充分保证。基层工作者只需调整一下工作重点，即可完成任务，已经表示了积极参与的态度。高师研究人员均有多年从事幼儿艺术教育教学和科研经历，充分掌握艺术教育的理论和科研方法，其中特有从事文学、音乐、美术的人才，掌握专业理论和技能，有国际合作交流的经验。基层工作者皆素质优良。

　　北京师范大学拥有丰富的研究资料，可资利用。教育系拥有研究所需的计算机、打印、复印、照相、录像设备。

　　本研究采用观察、调查、作品分析和教育实验手段进行。

　　研究人员的分工如下：

　　祝士媛：总负责及文学部分

　　张燕：研究程序及方法设计

　　王懿颖：音乐部分及对外联络

　　张念芸：美术部分及对内联络

　　俞妮亚：广西点负责人（参加者：罗琦、龙敏、张德荣、莫绪琼、覃梅、罗泽渊、张佩琼）

　　陈玉娜：山东点负责人（参加者：赵德英、王春英、董奎卿、陈永丽、吕连芬、曲景荣、刘艳娜、王焕梅、栾翠敏）

　　注：有关预期研究成果、经费预算等项略。

二、幼教科研报告

幼儿在园遵守集体规则中
存在问题及原因的调查

闸北区幼教科研学习小组

1. 问题

幼儿在园应遵守的集体规则，是指为保证幼儿园集体生活活动的正常进行，要求幼儿在园必须遵守的行为准则。本研究拟就幼儿园应建立哪些集体规则、目前幼儿在园遵守集体规则的现状和存在问题、幼儿不能遵守某些集体规则的原因进行调查，取得具体资料，为进一步有针对性地、有效地培养幼儿遵守集体规则提供依据。

2. 方法和结果

(1)参加调查的九所幼儿园分别组织本园教师学习《幼儿园教育纲要(试行草案)》中思想品德教育部分，结合教育实际，领会讨论并提出幼儿在园应遵守的集体规则的内容，然后由我们汇总各园讨论结果，并将幼儿在园应遵守的集体规则归纳为 25 条，这 25 条即作为调查项目。

(2)抽取 46 个班(包括小班 5 个，中班 21 个，大班 20 个)，每班 6~12 名幼儿(中、大班每班根据平时表现，剔除最好及最差各 1 名幼儿后，分层抽取好、中、差各 2 名，共 6 名幼儿；小班用同样方法分层抽取好、中、差各 4 名，共 12 名幼儿)，调查对象共为 306 名。组织教养员按调查项目逐一调查每个幼儿的具体表现，并做好记录。然后，对每一幼儿每一项目的表现进行评定。评定分为"能遵守""基本遵守"和"不能遵守"三类。三类的评定按遵守与否的"经常性"和"程度"两个角度进行(具体标准从略)。

(3)根据每一项目遵守的不同情况的人数分配进行评定，求出项目平均得分数。评分办法按"能遵守"—2 分，"基本遵守"—1 分，"不能遵守"—0 分的标准，求出项目平均得分数 $= \dfrac{2\text{分}\times\text{"能遵守"的人数}+1\text{分}\times\text{"基本遵守"的人数}}{\text{总人数}}$，计算每一项目的平均得分数，根据每一项目的平均得分数进行等级划分及名次排列(具体办法略)。

等级划分结果及名次排列见表1。

以一、二、三等项目为幼儿遵守得比较好的集体项目，以四、五、六等项目为幼儿遵守情况一般的项目，以七、八、九等项目为遵守得比较差的项目，根据这一标准，可找出目前本区幼儿在园遵守集体规则中比较好的项目依次为：第23项"午睡时衣服鞋袜放在规定的地方"；第6项"游戏后要把玩具放回原处"；第20项"离开活动场所时应报告老师"；第10项"上课时要举手发言"和第4项"游戏时不乱丢玩具"，遵守得较差的为第16项"走路时不推人"；第8项"上课时不做小动作"；第3项"游戏时不争夺玩具"和第7项"上课时保持正确坐姿"。

表1　306名幼儿在园遵守集体规则的情况

项目编号	项目内容	能遵守人数	基本遵守人数	不能遵守人数	平均得分数	等级	名次
1	桌面游戏时轻声进行	191	77	38	1.50	五	17
2	游戏时不独占玩具	223	52	31	1.63	四	10
3	游戏时不争夺玩具	159	101	46	1.37	七	23
4	游戏时不乱丢玩具	248	30	28	1.72	三	5
5	游戏时听到信号，能及时结束游戏	240	23	43	1.64	四	9
6	游戏后把玩具放还原处	286	13	7	1.91	一	2
7	上课时保持正确坐姿	180	64	62	1.39	七	22
8	上课时不做小动作	136	97	73	1.21	八	24
9	上课时不随便与同伴交谈	205	62	39	1.54	五	14
10	上课时要发言能举手	246	38	22	1.73	三	4
11	上课时能安静听老师讲话	221	65	20	1.66	四	8
12	上课时能安静听同伴发言	185	79	42	1.47	六	18
13	小便、洗手时不争先恐后、推推拉拉	200	43	63	1.45	六	20
14	洗好手后不玩水	222	32	52	1.56	五	13
15	洗好手后及时回活动室	217	43	46	1.56	五	12
16	走路时不推人	127	114	65	1.20	八	25
17	排队时不推推拉拉影响队伍	199	48	59	1.46	六	19
18	场地活动时不乱窜乱跑	209	44	53	1.51	五	16

项目编号	项目内容	能遵守人 数	基本遵守人数	不能遵守人数	平 均得分数	等级	名次
19	游戏、活动时不大声乱叫，影响别人	219	55	32	1.61	四	11
20	离开活动场所时应报告老师	284	14	8	1.90	一	3
21	能安静进餐	204	58	44	1.52	五	15
22	按时吃完自己的饭菜	231	46	29	1.66	四	7
23	午睡时衣服鞋帽放在规定的地方	293	5	8	1.93	一	1
24	午睡时保持安静	244	32	30	1.70	三	6
25	醒来时保持安静	188	61	57	1.43	六	21

（4）分别向9所幼儿园教师报告上述调查结果，并组织教师讨论遵守得比较好的五大项目与遵守得比较差的四大项目的不同特点，寻找造成两类项目的原因。

（5）对遵守得好的五大项目和遵守得差的四大项目分别逐条调查其原因，前者调查对象分别为第一次调查对象中对该项目"能遵守"与"基本遵守"的幼儿。后者调查对象分别为第一次调查对象"不能遵守"与"基本遵守"的幼儿。遵守与否的原因由班级教师根据日常观察进行分析评定。将遵守得较差的四大项目的调查结果分别整理为表2、表3、表4、表5。

表2 游戏时争夺玩具的原因、人数、百分比

原 因	人数（个）	百分比（%）
玩具刚来，很新鲜	53	34.9
该玩具很少，难得玩到	37	24.3
比较自私，想独占	33	21.7
因别的小朋友要玩，受到影响，也争着玩	22	14.5
对老师说的"玩具大家玩"不理解	3	2.0
其他	4	2.6
争玩具的人数及占总人数的百分比	152	49.7

表3 上课时坐姿不正的原因、人数、百分比

原　因	人数（个）	百分比（％）
好动，控制力差	40	29.9
上课时间长，后半节课坚持不了	34	25.4
做小动作	22	16.4
在家养成坏习惯	14	10.4
同伴发言，听来没劲	14	10.4
教材内容无吸引力，教法不生动	6	4.5
其他	4	3.0
没保持正确坐姿人数及占总人数的百分比	134	43.8

表4 上课时做小动作的原因、人数、百分比

原　因	人数（个）	百分比（％）
好动，控制力差	65	36.7
上课时间长，后半节课坚持不了	28	15.8
习惯性动作	21	11.9
受旁座影响	20	11.3
智力水平较高，上课内容不能满足	9	5.1
同伴发言，听来没劲	8	4.5
上课内容听不懂	8	4.5
举了手，没被请到发言	7	4.0
上课内容、形式单调枯燥	3	1.7
其他	8	4.5
上课做小动作的人数及占总人数的百分比	177	57.8

表5 走路时推人的原因、人数、百分比

原　因	人数（个）	百分比（％）
要抢先	77	51.7
前面的小朋友走得慢	33	22.1
个性特殊	17	11.4
不称心	7	4.7
其他	15	10.1
推人人数及占总人数的百分比	149	48.7

3. 分析与讨论

(1)在确定集体规则时应考虑是否直接影响其他小朋友活动，是否造成教师教育活动的停顿，使整个活动受到干扰。

由于幼儿园各项集体活动都有规则，我们主要选择教师常遇到的问题作为调查的项目。

(2)调查结果表明，幼儿在园遵守集体规则的基本情况是好的。25 条集体规则中"能遵守"的人数只有 2 项未达总人数的一半，"不能遵守"的人数平均每条占总人数的 1.3%，说明这些集体规则是可行的。

(3)通过比较可以发现，凡是遵守得较好的集体规则，教师在幼儿的日常生活和集体活动中都是经常教育、提醒，并且经常实践巩固的。这属于习惯的培养问题；此外，也与教师的示范、以身作则以及树立幼儿中的榜样等正面教育有密切关系。

(4)从对遵守得差的四项集体规则的原因的调查可以看出：幼儿年龄特征与幼儿遵守集体规则之间有着密切的关系，其中比较集中地表现在四个方面：

①有兴趣。幼儿对新的玩具和班内很少玩得到的玩具特别感兴趣，或者拿在手中不肯让给别人玩，或者从别人手中抢过来玩。

②自我控制能力弱。学前儿童内抑制的发展水平远远不如学龄儿童和成人，集中表现在两个方面，第一，兴奋过程与抑制过程还很不平衡，抑制过程远不如兴奋过程发展充分。这一特点在本研究中表现为：因为"好动，不能控制自己"而在上课不能保持正确坐姿的幼儿占不能保持坐姿的全部幼儿的 29.9%；由于同样的原因而在上课做小动作的幼儿占 36.7%。第二，延缓抑制是一种比较困难的内抑制。在行为中往往表现为一旦产生行为的目的，立即化为行动，调查发现幼儿对第 16 项"行走时不推人"这一集体规则有违反现象的占 48.7%，其中为了"抢先"或因"前面的小朋友走得特别慢而不耐烦"而推人的幼儿共占 73.8%。可见，幼儿内抑制发展水平较低，自我控制能力弱是不能遵守上述四项集体规则的重要原因。

③活动的坚持性差。后半节课开始不能保持正确的坐姿的幼儿占 25.4%；上课时做小动作的幼儿占 15.8%，可见，坚持性差是幼儿对四项集体规则遵守情况比较差的重要原因之一，也是幼儿的年龄特点之一。研究表明，由于幼儿正处在生长发育时期，活动可能持续的时间较短，疲劳出现较

快，因此，要求幼儿长时间安静地坐在椅子上保持正确坐姿是不妥当的。儿童在意志控制下紧张地进行智力活动的持续时间有一定的限度。上课的内容和形式如果单调、乏味、不吸引人，幼儿只靠有意注意学习，疲劳就很容易产生。

④行为的独立性差。由于幼儿的自我意识尚未得到充分的发展，心理活动的自觉性、有意性和独立性均受到影响，学前儿童的行为容易受到周围小朋友的影响。在本调查中表现为：因为别的小朋友要玩某一玩具自己也争着要玩这一玩具，因而跟小朋友争夺玩具的幼儿占 14.5%，因为旁边的小朋友做小动作，自己也跟着做小动作的幼儿占 11.3%。可见，加强对幼儿行为独立性的培养，是进行遵守集体原则教育的重要内容之一。

家庭教育中形成的某些不良行为和习惯也是造成部分幼儿不能很好遵守集体规则的重要原因。例如，有的小朋友拿了玩具不准别人一起玩；自己想玩的玩具，不管别人同意不同意都要拿来自己玩。再如，有的幼儿由于家长不注意，入园时已养成跷腿、半躺等不良坐姿，上课时往往表现出来。一些幼儿的习惯性动作，如咬手指、拉衣角及纽扣，在上课时也不自觉地表现出来。可见，在对幼儿进行遵守集体规则教育的过程中，还要进行家长工作。

当然，在实行集体规则过程中要防止管、卡、压，因为这与制订集体规则的出发点是背道而驰的。

资料来源：北京师范大学教育系学前教研室，《学前教育科研方法参考资料》，1991，第43～51页。

5～6岁幼儿肌肉力量发展的研究

上海幼专　　　嵇　平

上海龙山幼儿园　　范六妹

前几年，上海地区对幼儿体质进行了形态、机能、素质三个方面19个项目的测查。结果表明，幼儿的肌肉力量较差，就背肌力与握力的平均值来看，均低于同年龄的日本、美国儿童。

有种幼儿运动生理理论，主张幼儿肌肉力量自然增长，认为不必采取加强幼儿肌肉力量的措施，即使加强也是无效的；但也有一种理论主张在幼儿阶段，应对肌肉施加一定的影响，适当增加肌肉的负荷，以增加幼儿肌肉的力量。

查阅有关资料，日本等地对幼儿肌肉力量的发展有相应措施，而我国《幼儿园教育纲要》中没有专门加强肌肉力量的练习。为此，我们认为有必要对幼儿肌肉力量发展这一问题进行研究，在幼儿体育的理论上提供我国自己的实验数据。我们采用等组对比实验法，试解决如下几个问题，通过测查握力、背肌力，①了解5～6岁幼儿肌肉力量现状；②了解握力、背肌力自然增长情况；③适当增加肌肉的负荷对幼儿肌肉力量的发展起的作用。

1986年3月1日～6月10日，我们分别在上海市徐汇区龙山、虹桥、漕北三所幼儿园（大班幼儿128名，其中实验班64名，男女各半，对比班64名，男女各半）进行了实验。

实验开始，对照班按原来正常的体育教育计划进行活动，即以基本动作为主的锻炼内容。实验班每周有3天按原来正常的体育教育计划活动，另外3天开展适当增加肌肉负荷的体育活动，并为此设计了符合幼儿年龄特点的练习内容——

发展上肢力量练习：拉拉力器，捏健身球（圈），悬垂，两臂支撑桌面，投掷250克沙包，爬攀登架等。

发展下肢力量练习：造房子（单足轮换跳），骑大马（两腿位于平衡两旁向前蹲跳），负重接力等。

发展腰腹力量练习：象行（体前屈行走），兔跳（手脚交换跳），猴爬（用积木作前肢支撑，手脚着地屈膝爬）等。

综合练习：每周 3 次早操做四个八拍。每周 3 次午睡起床后做垫上操。内容有骑车(仰卧蹬腿)、小猫咪(手膝着地、弓背、塌腰)、鱼儿抬头(俯卧、上体抬起)、仰卧起坐等。

3 个月后测定，实验班、对比班幼儿握力、背肌力平均增长情况。

表 1　握力、背肌力平均增长值(单位：千克)

		握 力		背肌力
		左	右	
实验班	男	0.59	0.80	7.44
	女	0.89	1.16	4.41
对比班	男	0.18	0.19	4.71
	女	−0.52	0	2.18

讨论：

(1)从 3 个月实验结果来看，幼儿背肌力自然增长较快，对照班完全采用幼儿园平时以发展基本动作为主的锻炼内容，其背肌力也能增长。特别是男孩，3 个月中，对照班 32 名男孩中自然增加人数为 29 名，占 90%，同实验班仅相差 6%，而握力自然增加情况就较差，特别是对照班的女孩，3 个月来左、右手握力出现减弱的人数各为 18 与 15 名，占全班人数的 56% 与 47%；而实验班左、右手握力减弱的各为 3 名与 2 名，仅占全班 9% 与 6%。

(2)从 3 个月锻炼效果来看，我们为幼儿肌肉力量的发展所安排的活动内容是合适的。实验班幼儿在实验期间自始至终充满了兴趣，从无厌倦与过分疲劳感，许多幼儿一进幼儿园就自觉地捏健身圈，随着时间推延，健身圈越捏越扁，他们高兴地说自己的手劲儿大了。猴爬、兔跳、象行、骑大马、悬垂都深受幼儿喜爱，午睡起身，不是轮到锻炼的日子也要求做垫上操。

实践证明，隔天安排力量素质训练能使幼儿肌肉紧张与松弛相结合，即使当天肌肉有所疲劳，第二天有充分恢复的时间，对幼儿肌体是有利的。

(3)幼儿肌肉力量的发展蕴藏着很大的潜力。

①从结果来看，实验 3 个月就取得了如此可喜的成绩，如果各幼儿园都开展锻炼，持之以恒，成绩会更突出。

②从同年龄幼儿发展的不平衡性来看，第二次复测中，男孩左、右手握力最高值分别为 12 千克与 14 千克，最低值分别为 4 千克与 5 千克。女孩

左、右手握手最高值分别为 11 千克与 10 千克，最低值分别为 4 千克和 4.5 千克。男孩背肌力最高值为 42 千克，最低值为 7 千克。女孩背肌力最高值为 34 千克，最低值为 6 千克。

一方面，从以上最高值来看，幼儿目前肌肉力量方面的平均水平并不是极限水平，幼儿是有可能达到和超过这个水平的；另一方面，我们还看到，如果我们能够使那些肌肉力量差的幼儿有针对性地加强体育锻炼，达到或接近平均水平，那么幼儿肌肉力量的发展将会有进一步的变化。

（3）实验表明，安排发展幼儿肌肉力量的锻炼内容对增强幼儿体质是可行的，我国《幼儿园教育纲要》体育活动部分的内容，可适当增加发展幼儿力量素质的体育教育内容，只要从幼儿生理、心理特点出发，讲求科学性，讲求锻炼实效，幼儿体育活动的内容是可以进一步丰富发展的。

资料来源：北京师范大学教育系学前教研室，《学前教育科研方法参考资料》，1991年，第 64～67 页。

短期训练对矫正儿童不公正
行为的影响的实验研究

山西省教育科学研究所　陈会昌

1. 问题的提出

对儿童道德行为的心理机制及影响道德行为的各种因素的研究，是迄今为止教育心理学中获得资料最少的领域之一。

较早对儿童道德行为进行研究的是哈桑（H. Hartshorne）和梅伊（M. A. May，1930）。他们在一项规模宏大的调查中，发现了儿童道德行为的许多特征，以及对儿童进行道德行为训练的一些方法。另一位研究者琼斯（V. Jones，1936)指出，对儿童道德行为的指导不应该采取简单的直来直去的方法，最好的方法是直接体会加讨论。用现在的标准来看，他们的研究方法显然是简单、粗糙的。

麦克佛森（D. Mcpheson，1950)的一项研究在方法上有了进展。他发现，每天对儿童进行15分钟的道德指导，交替进行8天之后，儿童道德判断有显著改进。但是后来的行为测验证明，这种训练对儿童道德行为却没有显著影响。类似的研究还有很多，如班杜拉（A. Bandura）和麦克唐纳（F. J. McDonald，1963)、德沃金（E. S. Dworkin，1968)以及岑国桢、李伯黍等人。他们的研究大多偏重训练对儿童道德判断的影响。

雅科布松（якQσcoн)在一项探讨儿童调节道德行为心理机制的研究中，设计了三种训练方法以改变6～7岁儿童在分玩具中的不公正行为。第一种方法是由成人向儿童讲解一个含有公正人物（普罗提诺）与不公正人物（卡拉巴斯)的故事（列夫·托尔斯泰：《金钥匙与普罗提诺奇遇记》），使儿童知道什么样的行为是公正的、什么样的行为是不公正的；第二种方法是让同龄儿童直接对被试的不公正行为作出不好的评价（"你今天和卡拉巴斯一样"）；第三种方法是成人与同龄伙伴对被试的整个形象作出好评价（"你总起来说是普罗提诺"），而被试在分玩具中的不公正行为则引导他自己作出评价（"普罗提诺不是这样分的"）。雅科布松发现，第一种方法对改变儿童行为完全无效；第二种方法收效甚微（使10％的被试改变了不公正行为）；第三种方法则使全部被试一下子都改变了原先的不公正行为。

但是，目前我国的学前教育中，口头讲解法显然仍然占有主要地位。这种方法对改变儿童行为是完全无效的吗？雅科布松的实验中故事只讲一遍，结果证明是无效的，但是如果把结构相同、内容不同的故事讲解多遍，同时采用讨论的方法，促使儿童身临其境地去理解故事，这种方法能否对儿童行为产生影响呢？

另外，波利舍夫斯基(M. N. БорNWe-BCKNn)在一项研究中发现，让一些在下跳棋时由于输棋而经常违反规则的7～8岁儿童充当"规则体现者"，即让他们担任"队长"，监督别人的不遵守规则行为之后，他们本人不遵守规则的行为(仍然在输棋情况下)有了显著的减少。如果参照波利舍夫斯基的方法，让儿童充当别人行为的监督者，对别人行为作出评价，这种方式是否可以改变他们本人的不公正行为呢？

为了解答这两个疑问，我们设计了本次实验。

2. 方法

(1)被试的选择。

参考雅科布松的方法，用分玩具方式挑选出"不公正"的儿童作被试。具体做法是：

在山西省康乐幼儿园(寄宿制幼儿园)大班中，以接近于自然游戏的方式，把每三个儿童分为一组，令其中一人分6个玩具给三个人玩。分玩具时，把该儿童领进小房间，单独向他(她)交代："现在给你6个玩具，三个小朋友玩，由你来分。另外两人至少给1个，多给也可以。"两个大班的全体62名儿童，每人都充当一次分玩具者之后，挑出其中的"不公正"者(把6个玩具中的2～3个分给另外二人)。隔一天后，再用同样方法对这些儿童进行检测，以证明他们"不公正"行为的稳定性。最后，挑出在两次初测中均表现出"不公正"行为的儿童共34人(男22人，女12人)，平均年龄为5岁3个月，这些儿童即作为被试。在第一次初测中表现"公正"(把4～5个玩具分给别人)的儿童不再作为被试。

(2)教育训练。

把挑出的34名"不公正"儿童随机分成三组：实验一组、实验二组和控制组。然后分别采取故事讲解加讨论和监督别人行为的方法对两个实验组进行为期一周的短期训练。具体过程如下。

①实验一组(故事讲解加讨论)：每天下午讲两个结构不同的故事，结构A为三只动物分食物或分配劳动任务，结构B为两个孩子分玩具。结构A的故事情境与他们初测时分玩具的情境基本相同，以引起他们的相似性联

想。结构 B 的故事结构有些变化，目的在于使他们认识到有关"公正"的一些道德原则。结构 A 的故事讲完之后，不加讨论；结构 B 的故事讲完之后，以提问的形式展开讨论，提的问题如："××的做法好不好？为什么？""应该怎样做？""如果你遇到这样的事情，应该怎么办？"

每天讲的两个故事，结构不变化，但具体内容加以改变。如第一天，故事 A 为三只白兔分 6 个萝卜，故事 B 为兄弟两人玩枪；第二天，故事 A 则改为三只猴子分 6 个香蕉，故事 B 改为姐妹两人玩娃娃；第三天，故事 A 又改为三只小羊分配搬运 6 堆青草的劳动任务，故事 B 改为兄弟两人玩积木（故事 A 与故事 B 举例见附录）。

为了使故事形象化，易于被儿童接受，故事 A 的讲解同时辅以贴绒教具，这样同时避免了个别儿童由于数概念发展差而不能理解故事的无关因素。

②实验二组：每天下午从另外的班里挑选三个儿童，经过事先指导，让他们"表演"出不公正的分玩具行为，即 6 个玩具只分给另外二人每人一个，自己留 4 个。然后把实验二组儿童逐个叫来，对他们说："今天，让你来当他们三个人的小老师，你来看看他们这样分玩具对吗？"在目睹这三个儿童之一的"不公正"行为之后，让被试对他的行为作出评价。如果被试不能主动作出评价，就用引导的方法问他："这样分对吗？""为什么？""应该怎样分才对？"这一训练同样持续一周。

控制组儿童在这一周中，不加以任何训练。

（3）复测

训练结束之后即进行复测。复测分两次进行：第一次复测的方式与初测完全相同，仍然是三人分 6 个玩具；第二次复测在隔一天后进行，改为三人分 7 个玩具。其中第一次复测三个组全参加，第二次复测只对两个实验组进行，以发现他们在变换玩具数目后不能完全平均分配时的行为。

在初测和复测的各次分玩具过程中，每次均变换使儿童更喜爱的更好的玩具。各次检测均尽量做到自然、真实，以免使儿童感觉到是在进行实验。

本实验是在寄宿制幼儿园的一个教学周之内进行的，因此，可以排除其他外界因素的影响。

资料来源：北京师范大学教育系学前教研室，《学前教育科研方法参考资料》，1991，第 75～79 页。

注：关于实验结果、讨论、参考文献等均略。

幼儿园兴趣游戏活动与
儿童的智力发展

中国福利会幼儿园　　王令望　陈善明
山西省教育科学研究所　陈会昌

摘　要

本研究试图探索幼儿园游戏活动与儿童智力发展的关系。在对 30 名年龄为 4 岁 8 个月的儿童进行长达 7 个月的教育训练后的测验表明，每周两次的符合儿童兴趣而又在成人充分指导下的游戏活动，显著地促进了儿童的智力发展。

1. 问题的提出

心理学者曾经认为儿童游戏是很难采用实验方法加以研究的现象。60 年代以前，关于幼儿游戏的心理学研究资料远远少于其他领域，近 20 年来，这方面的研究才逐渐增多。

游戏与儿童智力发展的关系是在这一方面最引人注意的问题之一。J. 皮亚杰认为游戏是儿童认识兴趣与情感兴趣之间的一个缓冲地区，意即，游戏中既包含着儿童认知的需要，也包含着他们情感上的需要。美国哈佛大学 K. 西尔瓦和 J. 布鲁纳的研究证明，让两组幼儿完成同一智力动作（把两根木棒接起来够一个物品），第一组幼儿被明确告知，此动作要作为任务来完成，第二组完全在游戏中完成。结果，第一组幼儿需要成人或多或少的指引，第二组幼儿则不需要成人指引也能完成得同样好。C. 亨特的研究证实，在游戏中表现出来创造性探究倾向的 3～5 岁幼儿，四年后在智力测验中的创造性方面的得分，比当初不曾表现出这种倾向的幼儿为高，他据此说明学前期的游戏活动对以后的智力发展可能有长期影响。

苏联莫斯科大学心理系 E. B. 苏波茨基从社会心理学角度探索了幼儿园教学对儿童创造力发展的影响。他的结论是：儿童与成人之间利他主义的交往，即双方地位平等、互为监督者的交往，有助于儿童不依赖性的发展，从而对儿童在教学中的自发创造性发展有显著影响。

我国的幼儿园教学中，一向存在以下两种倾向：①严格按照教学大纲或教师主观意志组织游戏活动，因而忽视了儿童的兴趣，抑制了他们情感的发展。②对儿童的游戏活动缺乏周密的组织和巧妙的引导，自由放任，因而忽视了儿童智力，特别是创造性的发展。

我们的假设是：如果在幼儿园的游戏活动组织中，充分考虑到儿童的兴趣，让他们在一种自由、轻松、愉快的气氛中，自由选择游戏方式；教育者在充分满足他们兴趣的同时，对游戏活动加以周密组织和巧妙引导，这种方法可能会促进儿童智力的发展。我们把这种游戏活动称为"兴趣游戏活动"。

作为本研究的准备，我们曾于1981年对幼儿园儿童的游戏兴趣进行调查。

基于以上假设和调查，我们设计了本实验。

2. 实验方法

(1)被试。从中国福利幼儿园1981年秋招收的125名中班儿童中，随机选择实验组与控制组儿童各30名(男女各半)，实验开始时(1981年10月)，两个组的平均年龄均为4岁8个月。

(2)初测。被试确定之后，立即对两组被试的智力进行初测。初测包括两部分：①一般智力，参考斯坦福—比纳L—M型量表4岁半组的题目，加以增删，提高难度，改用百分制计分。②创造性，参考E.B.苏波茨基实验中衡量儿童自发创造力的指标：由教师给儿童布置一命题画作业并出示范例，然后鼓励儿童画好规定内容后可自由添加与原题有关的其他内容，把儿童在规定时间内添加的其他内容的种类多少作为衡量创造性的指标。

(3)教学实验。实验组与控制组的儿童分别被散编在二班、四班和一班、三班。从1981年11月至1982年6月初的7个月时间里(寒假除外)，控制组儿童所在的一班、三班按传统方式教学，实验组儿童所在的二班、四班每周有两次"兴趣游戏活动"，每次25~45分钟。根据我们的兴趣调查结果，每次为儿童提供四五种他们有兴趣的游戏方式。活动开始时，由儿童自由选择游戏种类，教师尽量满足他们的要求。在游戏活动过程中，教师随时加以个别指导和启发。每次"兴趣游戏活动"的进行情况均在"教育训练日志"上加以详细记录，内容包括：游戏活动组织情况(内容、延续时间)；儿童的游戏兴趣情况(兴趣的稳定性、兴趣的转移、兴趣的表现方式、典型案例)；儿童的一般情绪；纪律情况。控制组的游戏活动一如既往，按照教学计划，每次全班按同一方式游戏。

(4)复测。复测在1982年6月初进行，内容仍分两项：一般智力部分参考斯坦福—比纳量表 5 岁组试题，加以增删，提高难度，改用百分制计分；创造性部分包括四个问题：①哪些东西是圆形的？②沙子可以做什么用？③请用沙子搭成几种结构；④请用塑泥塑出几种东西。

3. 结果

(1)实验组与控制组一般智力和创造性初测成绩。

表 1 实验组与控制组一般智力初测成绩的比较

组　别	实验组			控制组		
	男	女	总数	男	女	总数
人数	15	15	30	15	15	30
平均成绩	75.67	77.07	76.37	79.73	69.93	74.83
Sn－1	15.08	16.87	15.74	10.12	21.98	19.53
性别差异	t=0.240　P>0.5			t=1.569　P>0.1		
组间差异	t=0.358		P>0.5			

表 2 实验组与控制组创造力初测成绩的比较

组　别	实验组			控制组		
	男	女	总数	男	女	总数
人数	15	15	30	15	15	30
平均成绩	2.46	3.33	2.90	3.67	3.67	3.67
Sn－1	1.25	1.63	1.49	1.23	1.54	1.37
性别差异	t=1.640　P>0.1			t=0		
组间差异	t=2.084　P<0.05					

表 1 说明，一般智力初测结果，实验组与控制组之间无显著差异，各组内性别差异不显著。

表 2 说明，创造性初测结果，控制组的成绩高于实验组($P<0.05$)，两组内性别差异不显著。

(2)教育训练后复测结果。

表 3　实验组与控制组一般智力复测成绩的比较

组　别	实验组			控制组		
	男	女	总数	男	女	总数
人数	15	15	30	15	15	30
平均成绩	84.27	82.80	83.53	75.40	73.93	74.67
Sn－1	7.61	9.10	8.27	9.88	11.87	10.76
性别差异	t＝0.480　P＞0.5			t＝0.369　P＞0.5		
组间差异	t＝3.576　P＜0.001					

表 3 说明，经过 7 个月的"兴趣游戏活动"，实验组儿童在一般智力测验中的得分显著地比控制组高，两组平均分相差 8.86 分($P<0.001$)。

创造性复测共包括 4 个题目，第一题"什么东西是圆形的"以答出物品种类的多少为指标，两组的比较如表 4：

表 4　创造性复测第一题成绩的比较

组　别	实验组			控制组		
	男	女	总数	男	女	总数
人数	15	15	30	15	15	30
平均成绩	3.40	3.13	3.27	3.00	3.20	3.10
Sn－1	1.88	1.89	1.86	1.00	1.32	1.16
性别差异	t＝0.392　P＞0.5			t＝0.468　P＞0.5		
组间差异	t＝0.425　P＞0.5					

第二题"沙子可以做什么用"的结果比较见表 5：

表 5　创造性复测第二题成绩的比较

组　别	实验组			控制组		
	男	女	总数	男	女	总数
人数	15	15	30	15	15	30
平均成绩	1.27	1.13	1.2	0.93	1.07	1.00
Sn－1	0.44	0.34	0.40	0.25	0.44	0.37
性别差异	t＝0.975　P＞0.3			t＝1.071　P＞0.2		
组间差异	t＝2.010　P＜0.05					

第三题"请用沙子搭成几种结构"的结果比较如表6：

表6 创造性复测第三题成绩的比较

组　别	实验组			控制组		
	男	女	总数	男	女	总数
人数	15	15	30	15	15	30
平均成绩	2.93	2.60	2.77	2.73	2.27	2.50
Sn−1	1.28	0.99	1.14	1.16	1.28	1.23
性别差异	$t=0.790$　$P>0.4$			$t=1.031$　$P>0.3$		
组间差异	$t=0.882$　$P>0.3$					

第四题"用塑泥塑出几种东西"的结果比较如表7：

表7 创造性复测第四题成绩的比较

组　别	实验组			控制组		
	男	女	总数	男	女	总数
人数	15	15	30	15	15	30
平均成绩	2.60	2.13	2.37	1.20	1.00	1.10
Sn−1	0.91	0.64	0.81	0.41	0	0.31
性别差异	$t=1.636$　$P>0.1$			$t=1.889$　$P>0.05$		
组间差异	$t=8.020$　$P<0.001$					

由于以上四题的指标性质相同，因此把被试对四道题的解答成绩相加，可以作为创造性的总成绩。实验组和控制组的总成绩比较如表8。

表8 创造性复测总成绩的比较

组　别	实验组			控制组		
	男	女	总数	男	女	总数
人数	15	15	30	15	15	30
平均成绩	10.20	9.00	9.60	7.87	7.53	7.70
Sn−1	2.86	2.73	2.81	1.30	1.96	1.64
性别差异	$t=1.175$　$P>0.2$			$t=0.560$　$P>0.5$		
组间差异	$t=3.198$　$P<0.01$					

表 4 到表 8 说明，实验组儿童在创造性能力复测中的得分也高于控制组。分题统计，第一、第三题实验组成绩高于控制组，但不显著(见表 4、表 6)；第二、第四题，实验组成绩分别在 0.05 和 0.001 水平上高于控制组(见表 5、表 7)；四题综合起来统计，实验组总平均分比控制组高 1.17($P < 0.01$)。

表 3 和表 4 到表 8 说明，复测中各组、各题的平均成绩均未发现显著的性别差异，但在各次比较中，男孩子的成绩均略高于女孩子。

4. 讨论

本研究在探索游戏与幼儿智力发展方面，提供了新的资料。

前面提到，皮亚杰曾注意游戏对儿童认识与情感发展的双重作用，但他的研究一向侧重于认识的发展，没有用具体资料说明认识与兴趣、情感之间究竟有怎样的关系。E.B. 苏波茨基的研究在这方面前进了一步，他的工作证明，儿童与成人之间非命令式的平等交往为儿童创造了一种热烈积极的情绪气氛，这种气氛与儿童创造力的产生有一种内在的联系，活泼的气氛与严肃的活动相结合，促进了儿童即兴创造活动的发生。但苏波茨基对这一问题的探讨只是间接的。

本研究直接探索了儿童的游戏兴趣、儿童在游戏中的情绪与儿童智力发展的关系。实验前后两次测验的统计资料已明确证实，"兴趣游戏活动"对儿童智力发展有明显的促进作用；在此之前，实验组在一般智力方面与控制组无显著差异，在创造性方面显著低于控制组，在此之后，则实验组在两方面均显著高于控制组了。

我们的假设得到了证实。

然而，在整个实验中，还有哪些本质的东西应该进行深入分析呢？

(1)"兴趣游戏活动"所包含的两个主要变量。

"兴趣游戏活动"之所以能够促进儿童的智力发展，是由于它包含着两个主要的自变量。

①一个自变量是，游戏符合儿童兴趣，使他们情绪愉快，不受约束，这种气氛可能有助于他们进行无意识的探究活动。

"兴趣游戏活动"采取室内游戏方式，主要包括三类游戏：A. 建筑游戏，如用沙、积木、插塑等组成各种结构；B. 做手工，如剪纸、粘贴等；C. 图画。

每次游戏活动之前，教师准备四五种游戏必备的材料，如沙(装在沙箱里)、纸和剪刀、积木、塑泥、插塑等。上课后教师顺次询问："谁愿意玩沙?"等。儿童举手表达意见,然后根据每个人的意愿开始游戏,游戏过程中,教师视具体情况全体或个别地改换游戏种类。

②"兴趣游戏活动"的另一个自变量是教师的周密准备和及时巧妙的引导。它包括三个方面:

游戏活动的准备。教师在每次活动前,须做好充分准备,除物质准备之外,还要对活动程序做好计划,并充分估计可能出现的问题。在整个 7 个月的训练中,游戏种类应该逐渐增多,游戏难度应逐渐提高,应逐渐在游戏中加入适当的认知成分。

在游戏活动中给以恰当的示范和引导。示范的目的是避免儿童由于感到困难而降低积极性,同时把握游戏的方向。示范的同时,应鼓励他们有独特看法和丰富的想象。在儿童遇到困难时则给以指导。例如,教师示范用蛋壳做娃娃之后,马上提问:"用这只蛋壳还可做什么玩具?"启发儿童的创造性思维。

在教师引导方面,实验日志中有如下一则:

"侯××平时创造性较差,今天他造好一艘二层楼的船之后,老师问:这只船没有栏杆,人掉下去怎么办? 他连忙加了栏杆,船更像了。但他不满足,又想法装饰船,使它更像……"

结合幼儿园的各种活动和儿童的丰富生活搞好游戏活动,以巩固和保持他们的兴趣。例如,参观黄浦江后,游戏活动以造船为主要内容;参观动物园之后,又围绕动物园的内容进行活动;三八妇女节前的活动是"送给妈妈的礼物"等。

(2)儿童在实验过程中的两大变化。

①第一个变化表现在儿童游戏积极性方面。实验开始时,全班儿童可分为三类:第一类游戏积极性非常高,兴趣非常浓厚,约占 45％;第二类积极性一般,兴趣尚浓厚,约占 30％;第三类比较消极,兴趣比较淡漠,他们在智力初测中成绩普遍较差,这类儿童约占 25％。在实验过程中,由于游戏活动活跃、欢快气氛的影响,由于对周围积极性高的儿童的模仿以及教师的引导,第二、第三类的儿童游戏积极性分别有所提高。观察表明,到实验结束时,三类儿童的比例分别变成 70％、24％和 6％。

如夏××实验开始时对游戏的兴趣不高,智力较差,别人玩蜡泥,他在一边看。实验一个月后，他的游戏兴趣显著提高，已能用蜡泥捏出汤圆、小人，进步很快。

从实验记录里，可以看出儿童兴趣盎然地做游戏的情景：

1982 年 3 月 3 日，星期三

今天向孩子们宣布，3 月 8 日是妇女节，每人做一个照相架、一朵大红花送给妈妈。小朋友们一听都高兴地叫起来。有的说：我要画一张最好的画。有的说：我要画两张，还要送给爸爸一张。做照相架的时候，孩子们都特别认真、仔细，贴得很整齐。完成之后，还互相交流看看，气氛非常热烈。

1982 年 3 月 10 日，星期三

……活动时儿童的兴致很高，在蜡工塑造那一组里，孩子们塑出很多种小动物都装上两只亮晶晶的塑料眼睛，有小兔、熊猫、长颈鹿、小鸡、小鸭、狮子、蛇等。塑出来后，自己越看越喜欢。

②第二个变化表现在儿童游戏中的认识成分逐渐增加。

这种变化可以分为三个阶段：

A. 适应阶段。约在实验开始后 2～3 周，在这一阶段，儿童对这种从未搞过的游戏活动感到新奇和兴奋，但情感、兴趣在游戏中占主要成分，表现在：多数儿童选择玩沙之类不大须动脑筋的游戏；在选择游戏种类时，很多儿童表现易受暗示性，游戏过程中亦较少独立思考和探究活动。

B. 兴趣泛化与纪律松弛阶段。由于对游戏活动的逐渐适应，儿童的游戏兴趣逐渐变宽，变得多样化。例如，连续几次选择玩沙游戏后，他们会放弃玩沙，改玩其他游戏。游戏中的认识兴趣逐渐增加。与此同时，活动纪律有松弛的趋势，由于情绪高，活动时有些孩子不停地高声喊叫，有的还在争抢中毁坏了玩具等。这一阶段大约持续两个月。

教师在这一阶段的态度是，以正面诱导为主，一般不采取严厉的批评：给每个儿童以平等的游戏机会，且教师是作为游戏参加者出现的；只要儿童的行为没有到破坏和侵犯地步，就不加干涉。

C. 认识与探究活动显著增加阶段。在这一阶段，很多儿童开始选择那些比较精细的游戏，选择游戏的独立性增强，受暗示现象减少。活动中纪律有所好转，因为他们不再像原来那样兴奋喊叫，而是埋头做自己的事了。游戏中的探究活动显著增多，如果教师出示两层楼的轮船示范，他们就努力做出三层、四层、五层楼的船。游戏中的想象力、相互合作等品质有明显进步。请看实验记录：

×××× 年 ×× 月 ×× 日

孩子们用积木造了运动场、火车站、大轮船、楼房，积极性很高，也很认真。有的说："我造的是大客轮，是出国的。"有的说："我造的是十吨大卡车，后面可以拖小车。"杨 ×× 等四人合造了一艘大轮船，船身较高，有两层，窗子是半圆形的。一个孩子说："这是新式船，浪头大也不怕。"船头甲板上还站着一个人，说是在瞭望，船尾有梯子，船身两边挂着救生圈、小汽艇。造好后，全班小朋友来观看，兴致很高。后根据建造者的要求，这艘船保留了一天。

×××× 年 ×× 月 ×× 日

蔡 ×× 平时游戏缺乏持久性，遇到困难就退却。今天做泥工很认真、仔细，始终埋头制作小动物。小鸭子嘴巴装了几次都不像，杨 ×× 要帮助他，他连声说："不要，不要，我自己来。"直到做成功，圆的部位都搞得很光滑。他说："鸭子的毛摸上去是很光滑的。"事后他对别人说："今天做了一只漂亮的小鸭子，是我一个人做的。"他享受到了自己劳动的快乐。

×××× 年 ×× 月

近来游戏活动的纪律一直较好，因为一活动，人人有事做，孩子们认真看老师示范，然后聚精会神地玩，都希望做出一些新的样子来，直到活动结束还依依不舍。

以上的讨论说明，"兴趣游戏活动"提高了儿童的游戏积极性，增加了他们游戏中的认知成分，因此，实验组儿童在复测中成绩显著高于控制组，这不是偶然的。

5. 结论

(1)在教育者的周密计划和巧妙引导下，幼儿园开设的符合儿童兴趣、按自由选择原则进行的"兴趣游戏活动"，有助于提高 4～5 岁儿童的游戏积极性，增加他们游戏中的认知成分，因而可以显著地促进他们的一般智力与创造思维能力的发展。

(2)在本实验前后对实验组、控制组儿童进行的一般智力与创造性思维能力的各次测验中，均未发现显著的性别差异。

参考文献（略）

附1　一般智力初测题目（满分为100分）

1. 说明房子、窗户、书是用什么做成的？（说对两种满6分）

2. 类比：①哥哥是男孩子，姐姐是_____；②白天亮，晚上_____。③牛跑得慢，马跑得_____；④白天太阳发光，晚上_____发光。⑤工人叔叔在工厂做工，农民伯伯在_____种田。（每题5分）

3. 判断图形的异同（两幅看上去相同的图中有6处不同，找出一处得4分，共24分）。

4. 常识：①我们在什么上面做饭？（4分）②下雨出门要带什么？（4分）③我们喝的奶是从哪里来的？（4分）④什么动物的脖子很长？（4分）⑤什么东西使电车开动？什么东西使汽车开动？（两问答对一问，4分）

5. 理解：①人的眼睛是干什么用的？（5分）②人的耳朵是干什么用的？（5分）⑧砖头可以做什么用？（答出的越多越好，每答一种得3分，满5种得15分，超出5种，每种另加3分）

附2　一般智力复测题目（满分100分）

1. 人像（缺右耳，左眉）画上补笔。（8分）

2. 把一张正方形的白纸叠成三角形。（5分）

3. 类比：①鸟飞，鱼_____；②棍子的头是钝的，刀子的头是_____的；③3个苹果少，6个苹果_____；④石头很坚硬，棉花很_____；⑤狼是野兽，鸡是_____。（每题4分）

4. 理解：①皮球是用什么做的？有什么用？②雨伞是用什么做的？有什么用？③阴天的时候为什么看不到太阳？④水为什么要煮后再喝？⑤是猪多，还是黑猪多？⑥主试将一圆球状蜡泥压成扁片，然后问：蜡泥压扁之后是变多了还是少了，还是和原来一样多？（每题5分）

5. 在纸上画一个方形，一个三角形，一个圆形。（12分）

6. 数概念：从12块积木中分别拿出3、6、4、7、5块。（10分）

7. 说出两物的不同：拖鞋和皮鞋，棉帽和草帽，雨和雪。（15分）

资料来源：《学前教育科研方法参考资料》，第89～104页，北京师范大学教育系学前教研室，1991。

对儿童不依赖行为产生的实验研究

E. B. 苏波茨基

我们一向把不依赖行为的产生看作儿童个性发展的一种形式。研究这一问题，无论对于个性形成的理论问题，还是对于解决实际教育任务，都是极为重要的。我们对这一问题的研究开始于 1972 年。研究结果（包括其他研究结果）都收进了《在幼儿园条件下对学前儿童个性形成的实验计划》（莫斯科，1977），其中主要研究了儿童各种公益品质（不依赖性，道德行为，利他主义等）的形成。本研究是该实验计划的一部分。

定 义

1. 所谓不依赖行为（或行动），就是儿童在不依靠别人的行为（或意见）的情况下，凭借过去经验做出的行为。

（1）不依赖性与独立性是有区别的。当儿童学会自己吃饭、走路、穿衣的时候，他的行为就是独立的行为（不需要别人帮助）。不依赖性则仅仅表现在当自己的行为（或意见）与别人的行为（或意见）相矛盾的特定情况下。

（2）不依赖性与任性也不同。儿童在做出一个不依赖行为时，是用他们过去掌握的、符合社会准则的行为与别的行为相抵触的，而任性行为则只表现为一种实现个人愿望的要求。不依赖性是个性的一种表现，而任性只是个体的一种表现。

2. 社会监督：我们把成人对某一年龄儿童行为的要求与命令的总和称为儿童在社会上的客观地位。使儿童的行为适合于这种要求的惩罚和奖励等手段，称为社会监督。

3. 所谓交往方式，即交往时对道德"黄金规则"的态度。这一规则是："对待别人要像对待自己一样，绝不能把别人当作达到自己目的的工具。"（A. A. 古谢依诺夫，1972）与此相关的交往方式有两种：一种是实用主义（利己主义）的交往；另一种是利他主义的交往。我们把实用主义交往理解为，这种交往的每一个参加者都把同伴作为达到自己个人目的的工具；在利他主义交往中，无论对于一个参加者（单方面利他主义方式）还是两个参加者（双方的利他主义方式），同伴的利益都是处在同样地位上的（同伴的目的就是自己的目的）。

按照对待社会监督的态度，交往方式又可分为权威的交往与民主的交往。权威交往即一方可以根据自己的利益监督或可以监督另一方的行为；另一方则没有这种可能性。在民主交往中，双方有平等的监督权利，并实际上进行着互相监督，实行着交互性原则（"以德报德，以怨报怨"）。在利他主义方式的交往中，双方都有监督对方行为的权利，但一方（或双方）有时会自动放弃这一权利。

问题

儿童形成不依赖行为的社会价值在于，首先，它促进着儿童的主动性、创造性以及摆脱人们乐于接受的传统行为方式局限的精神的发展，使创造性得以发挥。没有这种创造性，就没有个人智慧的发展。其次，它改变着儿童掌握社会经验的形式，即从全部地、模仿地接受社会向儿童施加的影响，到有选择地接受那些符合社会准则的影响，排斥那些不符合社会准则的来自同伴和成人的影响。

根据关于儿童个性的一般概念，不依赖性在少年期才开始形成。相反，学前儿童最有价值的品质被认为是单纯地模仿和笃信成人的绝对正确性。因此，教育过程是在权威交往中进行的，教育者向学生暴露出来的只是他的一个方面，即他是社会经验的理想代表者，是别人仿效的样板。他的另一面，即任何人都会有的动摇、犹疑和错误的东西，却小心翼翼地向儿童隐瞒着。

我们的实验研究证明，行为的不依赖性成分在学前期就已开始形成了。它最初产生于口头上和对别人行为的口头评价中，然后才在实际行动中出现；它开始只是表现在对同伴的态度上，后来才逐渐表现在对成人的态度中。儿童从单纯模仿向不依赖行为的过渡，先决条件不仅有智力、个性的发展，还必须摆脱带有情绪特点的对别人简单模仿的内部态度。这种摆脱是儿童从一个学习者、模仿者地位逐步转变为教师和成人行为监督者的时候才得以实现的。

我们的上述研究带有情境性实验特点，是在短时间内，利用可对不依赖性形成结果加以评定的情境材料进行的。当然，学前儿童的不依赖行为并不是在人为设置的情境中，而是在实际教育工作中形成的，这种教育工作在很大程度上包括他们丰富的生活活动。因此，我们的研究目的，是探索在教育工作中儿童不依赖行为形成的规律。

假设儿童与成人之间利他主义的交往方式，是促进儿童积极地形成不依赖行为的条件。在这种交往条件下，无论在实验情境中所测查到的不依赖性，还是在掌握各种学习材料（通过自发的"创造性表现"形式，而不是在课业中预先规定的）中表现出来的不依赖性，都应该得到发展。

方　法

人为影响　要实现利他主义的交往，前提是必须废除儿童与教育者之间那种传统的、权威的关系，在这种关系中，成人是榜样和监督者，儿童只是模仿者。要废除这种关系包括两种本质的变化：其一，对儿童和成人提出平等的要求，使他们都能成为榜样和监督者；其二，儿童可以拒绝教育者对他们行为的监督（奖惩）。

为此，在两个班的幼儿园儿童中按下列方法布置任务：教师和儿童轮流充当"学生"和"老师"。完成任务时，一班儿童和两个成人一起参加，两个成人中，一个是教师，一个是实验员。第一部分的任务是，在教师指导下掌握教学大纲规定的教材。实验员和儿童一起坐在桌旁做同样的作业，她的行为不应同儿童行为有任何不同。第二部分任务是，教师请一个孩子重复他在第一部分任务中学得的课业，孩子们检查他的重复结果。第三部分任务是，教师请实验员重复她学得的课业，孩子们检查她的重复结果。实验员在重复课业时，故意做出一些错误，孩子们则监督她，替她纠正。

规定无论教师还是实验员，都不能采取权威影响措施，如提高嗓门、训斥、惩罚等。其中教师只可以采取比较和缓的社会监督方式（请求、批评），但实验员的行为必须保持平静、和气（有时可带有一点不相信神情），表情应该热情，声音应该愉快。无论儿童对她采取什么态度，包括攻击、否定态度（在可容忍的限度内），她都应该不置可否。

我们认为，让儿童这样与成人交往是比较接近于利他主义交往的。在这种交往过程中，教育者不是一个人，而是两个人，每个人各在自己身上体现出成人的一个方面：一个人表现出"理想的模仿榜样"的一面；另一人表现出"犹疑、动摇、错误"的一面。为了防止成人在儿童心目中形成固定的某一面印象，教师和实验员每隔一周互相交换一次。这种交往的另一个必要条件是，在儿童和成人讨论之后，公布正确答案。

这样可以同时达到两个目的：既保证了成人向儿童传授知识经验，又符合了利他主义交往的两条标准（对儿童和成人要求平等，不对儿童施加社会监督）。同时，对每一部分的过程中儿童和成人的行为、儿童争当"榜样和监督者"的积极性加以详细记录。

实验组与控制组的检测　检测是在对实验组进行上述教育培养之前和之后，对实验组和控制组的儿童逐个进行的。检测采用三种不同方法。第一种是给儿童两件玩具（小旗和会响的玩具），主试手中也拿着这两件玩具。当主试举起小旗时，被试应举起玩具；主试举起玩具时，被试应举起小旗。第二种用另外两种玩具——碟子和积木。按照规定，主试把积木放在碟子上时，被试把碟子放在积木上，反之亦然。第三种，除积木和碟子外，增加一只小碗，当主试把积木放在碟子上时，被试应把积木放在小碗里，反之亦然。

教育实验共分为三步。第一步为预备阶段，让每个儿童与实验员两个人一起完成作业，掌握作业的标准是，每个孩子能正确完成五个连续动作。第二步让儿童与合作伙伴（同龄者或实验员）一起完成同样的动作。

儿童、他的合作伙伴和主试一起完成这一步实验。让儿童与他的合作伙伴面对面坐在桌旁，以便能互相看到对方动作，主试坐在旁边。发给每人一套实验用的玩具。被试与他的合作伙伴根据主试发出的信号，接受不同的任务并完成这些任务；当实验员作被试的合作伙伴时，她在正确动作中故意插入一些错误动作。这就使被试处于一种两难情境，他要么按已有经验，做出正确的动作，要么跟着实验员，做出错误动作。主试共做 10～15 个连续动作，对被试及其合作伙伴的动作加以记录。做完第一项作业后转入第二项。

第三步，主试收掉被试的玩具，让他口头监督合作伙伴完成任务的动作；这时，实验员仍然偶尔做出错误动作，以查明儿童口头上表现出的不依赖性可以达到何种水平。

第二、第三步实验是分两种形式进行的。第一种是被试的合作伙伴是同龄伙伴（同一幼儿园其他班的年龄相同的儿童），第二种是被试的合作伙伴是成人（实验员或教师）。然后根据儿童行为，计算出他的模仿系数 K，在实际行为中（第二步）：

$$K = \frac{被试跟随合作伙伴的错误动作所做出的错误动作}{合作伙伴做出的错误动作} \times 100\%$$

在口头上：

$$K = \frac{被试发现并指出的合作伙伴的错误动作}{合作伙伴做出的全部错误动作} \times 100\%$$

于是，在每一步的各种形式中，每个被试都得到 3 个 K（因为方法共三种），然后把这 3 个系数加以平均。如表 1 所示，根据每个被试在 12 种测验情境中的行为结果，共得到 4 个平均系数。

把实验组与控制组的所有系数加以比较，应能说明在实验组、控制组两种情况下，儿童不依赖行为倾向性变化的特点。为了将实验组与控制组儿童在泥工和图画课上表现出来的自发创造积极性加以量的比较，在实验的最后阶段进行了对比检测，给两组儿童相同的示范样品和作业。用两个反映着自发创造性的参数，对儿童的活动产品加以比较，这两个参数是，超出作业规定的产品数量（包括重复完成作业的多少，产品中有哪些新的创造，新的图画内容和线条），以及不是教师规定的那些成分的数量（这里所统计的只是那些新的与示范的形状、图画内容、线条不同的成分和儿童在作业中加进去的成分的数目，相同的东西不算）。

结　果

参加实验组的是莫斯科加加林区第 676 幼儿园的小班（3～4 岁）和中班（5～6 岁）儿童。控制组由莫斯科其他幼儿园的相同年龄儿童参加（人数如表所示）。实验过程由实验组教师（4 人）和心理学研究人员参加。教学工作除星期日和节假日外，每天都进行，只在一月初有两个星期未进行。上课的科目和数量见表 2。

教学内容包括"幼儿园教育大纲"所规定的各种课程。例如，俄语包括看电影片段，读童话故事，教歌谣和笑话，艺术欣赏，教学游戏；体育课包括教各种运动，自由活动，运动游戏等。控制组则按以往方式进行教学，与实验组无很大差别。初测和复测分别在十月份和第二年四月份进行。

教育培养的总过程　在教育培养实验的总过程中，可以明显地看出一系列的阶段。在第一阶段，儿童对所发生的一切感到迷惑不解，难于应付，只能对成人的动作进行口头监督。很多儿童能发现实验员的错误动作，但对指责正面榜样感到为难。到第二阶段，实验员的错误动作开始引起孩子们善意的笑声。孩子们以很大兴趣注视着她的行为，发现着微小的错误，不断地指出成人的不正确动作甚至挑剔他们的正确动作。他们开始批评成人在课下的行为（如"您怎么没关门""您不该这样坐在椅子上"等）。在上课过程中，孩子们之间自发地产生了对结果的讨论，例如，大人那样做对吗？这吸引着全班的注意力。到第三阶段，即使教师不提醒，一些孩子也开始能够纠正同伴和成人的动作了。当他们看到实验员做出一个正确动作时，非常高兴，有的甚至兴高采烈，拍手鼓掌。与此同时，不少儿童还是表现出模仿特点，不加批评地对待同伴和成人；甚至最积极的孩子身上也可以看到模仿行为。有趣的是，自发地纠正别人错误的积极性和质量，取决于所学课业的难度。完成较容易的作业时，孩子们与实验员积极地互相纠正着，而复杂的作业则把他们的注意力吸引到完成作业的技巧上，很少有余力去监督别人了。

到第四阶段，成人出错误时，孩子们的热情逐渐低下来，开始认真地、一丝不苟地纠正那些错误。他们逐渐习惯了自己的新角色，不再大惊小怪。多数人开始为自己与成人的地位平等而自豪，在课上、课下到处炫耀这一点。甚至那些自己并没有完成什么作业的孩子，也能正确地监督成人行为，并试图告诉她正确的做法。最后，到第五阶段，全班儿童的积极性逐渐趋于一致。如果说，最初只有少数最积极的孩子能主动纠正成人错误，那么，到这一阶段情况就不同了：孩子们争先恐后地、自发地监督着同伴和成人的行为，并告诉她们应该怎么做。不但实验员，连教师的行动也成了他们批评的对象。教师做出的那些起先并没有引起非议的示范动作，现在孩子们也纷纷讨论起来（"这难道是一棵树吗？树上还有好多小树枝呢！""草在哪儿呢？""太阳是红的！"）。一些孩子原来只是口头纠正别人，现在变成了实际帮助别人。做完自己的作业后，他们跑到没做完的同伴桌旁，指手画脚地帮助他们。

表1　初测与复测中代表不依赖行为形成程度的系数 K 表示法

方　式	第二步（实际行为）	第三步（口头）
1. 合作伙伴是同龄者	KPc	KBc
2. 合作伙伴是成人	K_{PB}	K_{BB}

表2

课业种类	课　时	
	小　班	中　班
图　画	13	16
泥　工	20	18
俄　语	26	23
算　术	14	12
体　育	23	21
建　筑	8	3
贴　花	2	3
总　计	166	96

对实验员的态度　刚认识实验员的时候，孩子们对她们是很克制的。他们只是停留在参加检测和回答问题上，在交往中很少表现出主动性。从孩子们的神色行为中，不仅能看出一种好奇心，而且还能感觉到警惕和疏远态度。少数儿童拒绝参加检测，不回答问题，成人和他们交谈时有人甚至哭起来。

在第一阶段教学之后，多数孩子对实验员的态度亲密起来了。一个月以后，孩子们与这些陌生人完全熟悉了。这可以从课下交往中看出来，孩子们完全掌握了主动权。往往是刚一下课，孩子们就围住实验员，向她们提问题，讲自己家的事，给她们看新玩具和衣服，一块玩，等等。

实验员们自始至终的和蔼可亲、毫无权威作风的态度，在孩子们当中引起了不同凡响。主要的有三种。第一种公开表现出毫无理由的积极否定态度，他们变得富于侵犯性，对实验员不友好（扯衣服，抓头发，爬到肩上，扰乱她们写工作记录）。不客气地与她们讲话，声称要打她们，等等。第二种对实验员采取消极的友好态度。他们态度亲切，面带笑容，常向她们提出问题，乐于和她们接触。第三种是积极的友好态度。这些孩子对实验员表现出强烈的情感上的依恋：上课和她们坐在一起，下课和她们寸步不离，和她们拥抱、亲吻，表达自己对她们的喜欢，一定要把她们留在班里，等等。从下面引用的实验记录中，可以看出三种孩子的行为特点。

下算术课后，P. 列娜达（3 岁 4 个月）跑到实验员跟前说：你现在知道正方形为什么不能滚动了吧？

实验员：为什么？

列娜达：因为它是方的，有几个角，这些角使它不能滚动……我很喜欢你（和实验员搂在一起）。

实验员：为什么？

列娜达：因为你很好。

实验员：我为什么好？

列娜达：因为你帮我们上课……（又拥抱）我特别喜欢你。

实验员：谁让你这样说的？

列娜达：是我自己这么想的，是自己想的……

［这时，P. 萨沙（3 岁 3 个月）手里拿着个木桶跑过来。］

萨沙（对实验员，非常厉害地）：我要用我的手枪打死你（说完就跑开了）。

列娜达：他说什么？

实验员：他说他要打死我。

H.安德科(3岁6个月，站在一旁笑着)：他是在逗着玩，逗着玩，逗着玩是可以的。

列娜达(惊慌不安地)：我这就去问他，去问问他。(去追萨沙)。

列娜达：你是开玩笑要打死她吗？

萨沙：是。

列娜达(跑回实验员身旁)：他是开玩笑，是开玩笑。

一般地，每个孩子的行为主要表现出上述三种态度中的一种；但有时也看到各种态度莫名其妙地同时出现的情形。以后，孩子们对成人的态度逐渐变化。最后，原来抱积极否定态度的孩子，几乎全部转为消极友好态度。

纪律 最初一段时间，上课纪律明显地有所松弛。孩子们看到老师不管，感到很自由；有些人从位子上站起来，上课调皮，不理睬老师的要求。上体育课最困难，看到成人的一点毛病，孩子们都哈哈大笑，作为笑料，这时他们会离开队列，在教室里跑来跑去，满地打滚，很难把他们集合起来继续上课。课下，孩子们与成人游戏时常常带有侵犯色彩，他们团团围住成人，抓她们的衣服，爬上肩头，扰乱她们的工作，不理睬她们的请求。

到一月中旬(三个月以后)，儿童行为有所变化。上课纪律逐渐恢复正常，违反纪律的情况已很少见。在研究因故中断两周之后，这种变化尤其明显。孩子们虽然已完全不害怕成人，但开始听从他们的要求了。在体育课上，他们静静地察看着成人动作中的错误，有秩序地指出这些错误。课下，他们不再妨碍研究人员记工作日记。如果实验员提出请求，孩子们很快就能答应中断与她们的游戏，甚至那些富于侵犯行为的孩子，也能听从实验员的请求了。

自发的创造性 从实验教学开始起，就可以明显地看到，儿童努力按照不同于老师所给示范的方式去完成作业，做出一些要求之外的东西。这种倾向在各门课中表现程度不同。例如，在俄语课上，孩子们总是试图作出不同的回答，尽管回答中有正确的，也有错误的成分；猜谜课时也能自己思考谜底。在体育课上学习某个规定动作时，亦开始做出不同的动作。

自发创造性在泥工和图画课上表现得最明显。塑造一个人物或画一张图画时，孩子们常在上面加点什么：要么用剩下的小块蜡泥塑点什么，要么在图画纸背面画点什么。这种创造性成分可以分成三类：一是对教师所绘出示范的重复；二是在作业中加进新成分；三是画出（塑出）上课未规定的新东西。

一般来说，实验组儿童不仅会做出示范之外的东西，而且还会在其中加入一些新的有具体内容的东西，这些新东西是由于他们过去的经验和想象力而产生的。例如，让他们画一辆汽车，他们就在驾驶室里画上司机，在车厢里画上货物，在排气孔画上烟，等等。另一种典型的新东西是对整个情境的新理解，把作业从画出局部到画出整体。让他们画一棵树，他们就加上草、太阳、花，在树上画只鸟；让他们塑一只小羊，他们就塑造出绿色的草、树、花，等等。我们认为，这种对具体情况的丰富和补充是这一年龄儿童创造性的萌芽。请看例证：

1. 教师让孩子们塑一只小兔。孩子们都聚精会神地干着。实验员第一个塑好，对教师说：“我塑完了。”教师让孩子们看她塑的小兔子，问道：“小朋友们，她做得对吗？”T. 卡佳（4 岁 5 个月）说：“不对，还没做耳朵，腿太短，也没有尾巴。”实验员在小兔头上加上耳朵。B. 伊戈尔（4 岁 6 个月）指着小兔说：“耳朵太短了。这不是兔子，是只小羊。”孩子们全笑起来。他们仔细察看邻座塑的小兔，争论着加以互相纠正，有人塑完小兔之后，又开始塑另外的什么东西。T. 卡佳塑完一只小兔，又用绿塑泥塑了草地和花；B. 尤利亚塑小兔、花和太阳；B. 伊戈尔塑完小兔，又塑了另一对耳朵（稍小些的），说道：“这是母兔的耳朵……”

2. 教师让孩子们照挂图画一辆汽车。孩子们兴致勃勃地画起来。教师把 B. 伊戈尔画得不大好的画给大家看，很多人笑起来。B. 尤利亚说：“这像一只大象。”T. 卡佳说：“这哪是汽车，是房子，不像汽车。”然后又议论起实验员的画，说出自己的看法。M. 玛丽娜（4 岁 3 个月）第一个指出画中的新东西：冷却管在流水（“水流下来了”），然后自己又给汽车加上了前灯。T. 卡佳（4 岁 5 个月）在汽车车厢里画满小圆圈儿，说：“我的汽车里装着土豆。”随后，几乎所有孩子都发表了自己的看法：“我画了太阳。”“我画了天和云。”“我画的是晚上，好让灯在黑夜里发光。”“我画的是卧车，里面有床和桌子。”

从以上例子中可以看出，儿童在作业中加进的自发创造性成分，是由于实验班上热烈、积极的情绪气氛，有机地产生的。这些活泼的气氛与严肃的

305

活动相结合，促进了即兴创作内容的产生。可以假设，在利他主义交往条件下，这一年龄的多数儿童潜在创造性和天资可以无拘无束地表现出来。

统计资料初测和复测结果的比较请见表3和表4（差异显著性采用了t检测）。

表3　实验组儿童初测与复测结果的比较

人　数		模仿系数	小　班				中　班			
小　班	中　班		初测	复测	t	显著性	初测	复测	t	显著性
14	12	K_{CP}	55.85	13.64	4.40	0.001	30.83	4.08	2.31	0.05
14	12	K_{CB}	35.07	10.64	2.17	0.05	37.33	0	2.90	0.02
17	13	K_{BP}	64.94	43.29	2.59	0.02	47.30	20.00	2.52	0.05
17	13	K_{BB}	55.24	20.23	3.64	0.003	51.38	0.53	3.67	0.005

表4　控制组儿童初测与复测结果的比较

人　数		模仿系数	小　班				中　班			
小　班	中　班		初测	复测	t	显著性	初测	复测	t	显著性
20	17	K_{CP}	45.50	63.50	−1.97	不显著	43.00	55.29	−1.69	不显著
20	17	K_{CB}	58.15	65.30	−0.92	不显著	25.64	44.59	−1.72	不显著
18	15	K_{BP}	56.83	57.11	−0.04	不显著	51.35	62.93	−1.47	不显著
18	15	K_{BB}	50.94	76.61	−2.24	0.05	34.20	46.60	−1.55	不显著

表3和表4说明，在对不依赖性进行教育培养之后，两个实验班的所有四项指标都有显著增长。控制组的不依赖性指标却普遍有所降低（小班K_{BB}——P＜0.05，其余不显著）。

儿童对课业的积极性（纠正同龄伙伴和成人的动作）与上述四项指标的等级相关系数见表5。

表5　儿童对课业的积极性与训练后不依赖性变化之间的相关

模仿系数	小　班				中　班			
	n	r_S	t	显著性	n	r_S	t	显著性
K_{CB}	14	−0.23	−0.82	不显著	12	−0.41	−1.42	不显著
K_{CB}	14	0.28	1.01	不显著	12	−0.62	−2.48	0.05

模仿系数	小　班				中　班			
	n	r_S	t	显著性	n	r_S	t	显著性
K_{BP}	17	−0.45	−1.93	0.1	13	−0.30	−1.05	不显著
K_{BB}	17	0.01	0.03	不显著	13	−0.58	−2.36	0.05

　　表5说明，各项相关系数或者无意义，或者为负相关。这证实了我们的观察，即从头至尾始终积极地纠正同伴和成人行动的儿童，在初测、复测中表现出较高水平的不依赖性。反之，K系数值较高的儿童在多数课业中是消极的，直到第五阶段才积极起来。也正是这些人在不依赖性方面发生了显著的变化。

　　表6和表7采用对泥工和图画课的平行测验，比较了实验组与控制组儿童自发创造性变化的结果（由于年龄过小，小班的图画未加比较）。表中结果栏的上面一行表示儿童所画的超出作业规定部分的数量与参加上课的儿童均数的百分比（一般增长）。下面一行是教师所给示范中未规定的成分的数量与上课儿童均数的百分比（创造性的增长）。

表 6　小班儿童自发创造性的比较

增长类型	实验组	控制组	t	显著性
一般的	66.75	2.00	3.36	0.02
创造性的	38.13	1.25	2.30	0.05

表 7　中班儿童自发创造性的比较

增长类型	泥工（12次课）				图画（8次课）			
	实验组	控制组	t	显著性	实验组	控制组	t	显著性
一般的	113.58	22.41	5.10	0.001	195.75	33.00	4.36	0.005
创造性的	102.66	13.58	5.17	0.001	124.00	28.37	3.30	0.02

　　表6和表7说明，无论学习中的一般增长，还是创造性的增长，实验组都显著地超过了控制组。

讨论与结论

　　本研究结果可靠地证实了关于成人与儿童间的利他主义交往方式，可以促进儿童不依赖行为发展的假设。儿童在课业过程中产生的不依赖行为，后来又在 12 种测验情境中表现出来。这说明儿童的不依赖行为发生了广泛的迁移，开始成为一种个性品质。而控制组按传统方法进行的教学，使儿童的不依赖性有降低的倾向。

第二个重要事实是，利他主义形式的交往提高了儿童自发的创造积极性。可以这样说，自发创造积极性是另一种年龄新质，它是一层"外壳"，里面包含在各种活动（绘画、塑造、学习语言、体育训练）中的不依赖行为。

第三个值得注意的事实是，查明了在利他主义方式的交往中，儿童对成人态度的变化。这种变化中有两个明显的阶段。在第一个阶段，成人对持否定态度的儿童的容忍使全班纪律有所松弛，一些儿童则逐渐放弃否定的、侵犯性的行为。在这一阶段，成人要想坚持实行利他主义形式的交往，需要花费很大精力。在第二阶段，儿童对成人的友好态度迅速增强，纪律恢复正常，侵犯性行为消失。必须指出，在教育实验中形成的纪律，与权威交往中那种纪律有质的差别，如果说后一种纪律是以害怕惩罚为基础的，那么，前一种纪律则以友好和相互信任为基础。

儿童对持利他主义态度的成人看法的变化，很像 M. N. 丽西娜等人所说的那种变化。她们的研究证明，让儿童进行民主的友好交往，能够促进他们对待成人的积极友好态度的形成。本研究还揭示出儿童对待成人态度的一些新特点，首先是从最初的冷淡态度向带有相对立的双重特征的态度（温情的依恋—侵犯与否定）的转变，并且进一步变积极否定态度为积极肯定态度。可以说，这一特点是利他主义交往所特有的。这种交往与善意的民主交往不同，儿童是把它看作与习惯的对成人态度完全不同的形式接受的，它引起了儿童的各种不同的反应。

有趣的是，儿童对待利他主义态度的成人的看法，在研究因故中止两星期后，发生了显著的积极的变化。原因是否可以这样解释，当成人向表现不友好的儿童持热情态度的时候，他们对儿童来说即变为非常必要的人。失去这样的人，儿童会产生一种强烈的后悔情感，并对成人报以积极态度。

本研究证明，利他主义交往方式可以促进儿童几种对于社会颇有价值的个性品质的发展，它同时还保证着在"幼儿园教育大纲"要求的整个范围内儿童掌握知识的质量。

本研究带有实验性质，以便探索儿童个性形成的新途径。因此，我们才按照最纯粹的利他主义交往形式，组织了儿童与成人的交往活动。

资料来源：《心理学问题》，1981(2)。

北京 15 所幼儿园玩具提供
与利用状况的调查

北师大教育系 1989 级"玩具提供与利用"调查组
陶　沙　执笔

1. 调查目的与方法

随着《幼儿园工作规程》的贯彻落实，创设良好环境，使幼儿在主动活动中发展，已成为当前幼教改革的重点。玩具作为幼儿园环境的重要组成部分而日益受到关注，如何让玩具真正服务于幼儿发展是一个亟待研究的课题。1987～1989 年，十省(市)的协作调查从"静态拥有"这一角度涉及了"玩具的提供与利用"。在实际中，"有玩具""用玩具"以及"尽玩具之用"是不同的，而后两者是使玩具服务于幼儿发展的关键。因此，本调查从"静态拥有""动态占有"两方面出发，更侧重后者，试图为揭示目前幼儿园玩具提供与利用现状并加以改进提供参考。

本调查随机抽取北京城区 15 所幼儿园，对教师进行了"玩具提供与利用"的问卷调查。又对其中 4 所园的一些班级进行了自由游戏活动的观察，并同这 4 所园的园长或园长助理进行座谈。调查共收回有效问卷 80 份，观察了 12 个班(大、中、小班各 4 个)的自由游戏活动，同园领导座谈 4 次。

2. 结果分析

从问卷、观察、座谈三种方式收集的有关资料中，发现目前存在以下问题。

(1)玩具不足和单一化现象比较普遍。问卷结果显示，59.7%的班级玩具种类或数量不足。在种类分布上，从多到少依次为结构玩具(73.2%)、角色游戏玩具(17.5%)、体育游戏玩具(9%)、玩沙玩水玩具(0.3%)。观察所见与此基本一致，4 所园 12 个班中插件占绝对优势，玩沙玩水玩具及沙坑水池也未见到。玩具单一化现象很明显，也较普遍。

插件备受青睐，对这个问题，一方面要看到它对发展幼儿小肌肉动作、空间认知等有积极作用；另一方面也要看到如果它"排挤"了其他玩具，将不利于幼儿全面发展。而且对小年龄幼儿来讲，插件的安静性、需较长时间坚持性的特点与幼儿好动特点相矛盾。在一个小班观察时发现，半小时中玩插件的 35 名幼儿无一坚持 15 分钟以上，仅 4 名幼儿插出了作品，27 名幼儿在活动中有乱扔或攻击性行为，15 名幼儿表情漠然，没有积极插拼的行为。

（2）自制玩具种类少、数量少、质量不高。8.8％的教师对自制玩具持有否定态度，8.9％的教师经常为幼儿制作玩具，多数教师认为自制玩具还是有用，但不常制作。自制玩具主要限于户外活动用具，以"沙包""尾巴"为主，而且有一些很不耐用。调查中我们了解到，幼儿园制作玩具主要为了达标，因此教师制作玩具是一时之事，未纳入教育计划，而且缺乏指导与培训，这样的应付之作自然既少又粗糙，难以成为促进幼儿发展的有力工具。

（3）玩具提供以教师较高控制程度下给幼儿一定选择自由的方式为主。实际上，由于玩具种类单一化、自制玩具也不足，无论是教师还是幼儿都没有多少选择的自由。而在对所拥有玩具的使用上看，从设备、放置到投放各环节，多数班级提供玩具是在教师较高控制度下给幼儿以有限自由。问卷结果表明，95％的班有专门的玩具柜（架），并且不上锁，但从观察得知，12 个班的玩具柜（架）的高度不利于幼儿自如取放玩具。58.8％的班级以种类或是否会在教学中使用为放置原则，仅有 38.8％以利于幼儿取放为准。与之相关，根据教育计划或种类由教师有控制地投放为原则的占 59％以上，29.6％的班级中由教师分配玩具或指定某一范围。在观察中发现，12 个班中有 8 个班是由教师先限定玩具种类再由幼儿自己取用；活动过程中有 5 名教师有阻止幼儿更换玩具的行为。这样看来，玩具向幼儿开放的程度并不高。

（4）在大型器械的使用上，不少教师持焦虑心态。15 所园都有 2 件以上户外活动的大型器械，组合架最为普遍。在使用上，70％的园各班轮流使用，30％的园按年龄分用。问卷结果显示，当幼儿玩大型器械时，71.2％的教师既强调安全又鼓励幼儿玩；但有 23.8％的教师很担心，不引导幼儿去玩；还有 5％的教师甚至采取了减少玩的次数和时间的消极策略。可见为数不少的教师（占近 30％）对幼儿玩大型器械过度焦虑，这是很值得注意的问题。

（5）在对幼儿进行指导的问题上，关于教师与幼儿各自地位的认识有待澄清；而且指导行为上被动多于主动。60％以上的教师认为在幼儿玩玩具时应加以指导，但这种积极的行为意向并不直接导致有效行为及积极的效果。

除去游戏开始时分发玩具及结束时收放玩具两环节以外，在游戏过程中，17.3％的教师只作为旁观者，不加干涉；而涉入的教师有三种：10％出于维持纪律，27.2％不时地巡视，仅有39.5％的教师参与到游戏中去，随时指导。在被记录的376次教师指导行为中，79％是被动指导，占了大多数。可见，不少教师对幼儿主动活动与教师主导作用间关系的认识存在片面性，并因此影响了对幼儿的指导。

3. 建议

(1)加强幼儿园管理的导向作用，建立健全有关制度，调动教师的积极性，充分利用现有玩具资源。管理对于实际工作的开展起导向和促进作用。通过建立提高幼儿使用各类玩具水平的目标责任制及奖励自制玩具的制度，把管理深入到游戏过程中，落实在幼儿发展中。切实发挥管理的导向作用，引导、启发教师如何做得更好，如何发挥主动性、创造性，使现有玩具用得活、尽其用，并开展相应技能培训、方法研究。

(2)端正对幼儿主动活动与教师主导作用关系的认识，防止偏废倾向。如果说管理的导向是提高幼儿园玩具提供与利用水平的外部保证，那么，端正教师的认识则是使玩具提供与利用水平切实提高的内部条件。让幼儿在主动活动中发展，这是《幼儿园工作规程》提出的重大课题，而教师发挥好主导作用从而提高幼儿主动活动质量又是问题的内核。幼儿的主动地位与教师的主导地位是相辅相成的。协调两方面关系就要在实践中把握"度"，灵活运用多种策略，这确实不容易。把教学与科研结合起来，组织教师参与科研，让教师在研究中更深入认识和更准确地把握幼儿特点与需要，从而在教学中处理好各方面关系，是一条具有实践意义的途径。

资料来源：《学前教育》，1993(11)。

农村一年制学前班课程实验报告

陈幸军（执笔）

我校农村学前班课程研究组于 1990 年 6 月至 1991 年 5 月，在湖南省长沙、花垣、保靖、临澧四县部分农村中心小学附设学前班，围绕学前班课程的整体问题进行了全面调查，发现农村学前班课程在结构上严重失调：①课程目标不明确。幼儿教师对课程应"为幼儿身心的和谐发展"和"为幼儿入小学做准备"服务的认识模糊，对什么是"全面和谐发展""农村幼儿应在哪些方面发展，弥补哪些不足，做哪些入学准备，由此应开设哪些课程"等缺少研究。②教育内容脱离农村和幼儿实际。目前农村学前班教材五花八门，有些教育行政部门或幼儿教师很少研究幼儿应学些什么内容的知识、技能而随意订购教材，因而有的教材是城市幼儿园教材的翻版，有的教材则偏重于小学读写算内容的训练，轻能力、兴趣和习惯的培养。③完全小学化的教学组织形式和方法。农村学前班普遍重上课，轻游戏和其他活动，一般一天上五节课，向儿童布置作业并检查，上课以讲述、讲解、演示为主，缺乏启发性提问，缺少活动过程，极少利用或创设情境及提供恰当的材料让幼儿参与活动。④课程评价的指导思想重在升学教育而忽视素质培养，重在儿童学习的结果而不是过程，因而评价的方法通常是组织幼儿统考。这种课程结构严重的不合理，影响了农村幼儿的发展水平。在调查中，我们发现农村幼儿发展的整体水平较低，突出体现在以下几个方面：

一是普通话水平低，口语表达能力较差。

二是知识面较窄，对农村的动植物知识和自然现象以及有关科普知识缺乏了解。

三是数学、思维水平较差。数数和简单的加减运算能力虽好，但缺乏学数前关于分类、排序、比较等方面的知识，思维的灵活性差，喜模仿，缺乏创造性。

四是卫生、行为习惯差，最常见的有拖鼻涕、随地吐痰，未养成洗脸、刷牙、漱口、勤洗澡、换衣、剪指甲的习惯，衣服欠整齐，互相攻击、打骂常有发生。

五是社会交往能力差，在同伴面前胆大，在生人和老师面前胆小，性格欠活泼开朗，不喜文娱活动等。

综合目前农村学前班教育教学中存在的问题，我们认为，加强对农村学前班课程的研究已迫在眉睫。

为了全面提高农村学前班的教育教学质量，更好地促进已入园农村儿童的发展，我们确定这次农村幼儿教育实验的基本思路是：以课程实验为突破口，重点考虑：①在农村现有条件下，在一年的学习时间里，应对儿童进行哪些素质教育，使其身心获得发展。②一年制学前教育应为幼儿入学做哪些准备？哪些是儿童必须掌握的知识？哪些是重点应该培养的？由此确定农村学前一年教育的目标、任务、内容、教材教法，从而建立适合于湖南省农村5～6岁幼儿身心发展特点的、低费用高效率的一年制学前班课程，使幼儿在认知、情感、社会性行为等方面全面和谐发展。同时探讨农村幼儿教师培养的有关问题，为幼儿师范的教育教学改革提供直接经验。

1. 课程实验的目标和内容

在课程设置问题上，我们比较同意美国佛罗里达 A&M 大学副教授吉罗德·O. 格罗的观点。他认为"教育目标是培养具有自我指导能力的、终身的学习者"。对教师来说，"成功的教学方法不止一种，所有良好的教学均是情境性的，因受教育者的不同而不同。"对学生来说，"个体的自我指导水平也是情境性的。某人在某学科中可能是自我指导的，而在另一科目中则是依赖型的。当个体一旦具备自我指导能力后，能够将其迁移到新的情境中去。"而"自我指导水平是可以习得的，也是可以传授的。虽然自我指导水平是阶段性的自我指导模式的目标，但并不否认依赖型学习的价值"。同时，格罗指出："正确的理论不一定具有高度的操作性，如果过分强调它的可操作性，则危害不浅。"由此，格罗提出对不同自我指导水平的学生实行不同方法的教学，例如：对于依赖型的学生，应以教师为中心，实行教练员式的辅导（类似注入式）和批判性教学（类似启发式）；对于有兴趣的学生，采用塑造法（类似愉快教育），进行鼓动和指导；对于参与型的学生，采用非指导性教学方法，教师只是倾听和鼓励，以发展其个性；对于自我指导能力较强的学生，则采用协商或咨询的方法，让儿童独立学习。

格罗在他的阶段性自我指导模式中揭示了儿童在学习过程中自我指导和依赖型学习的区别，客观地评价了依赖型学习的作用，给我们以启示：单一化的教育模式不利于儿童的发展。以往，我们对幼儿教育课程的评价往往局限在课程的形式上，认为是幼儿园或农村学前班分科教学或课程的小学化倾向阻碍了儿童的发展，因而主张幼儿教育机构应废除分科教学实行综合主题活动教学，让儿童在活动中独立猎取知识。然而，儿童在面对有些抽象性较强的新的知识，而自己又缺乏相适应的理解能力和较高的自我指导水平的情况下，只会感到无法运用这种成人给予他们的"自由学习"的机会而无所适从。因而我们认为：课程形式应根据教育内容的性质而多样化，不仅通过有效的操作活动，依靠儿童已获得的自我指导能力，获取经验，建构概念，同时，还要通过有效的课堂教学（强调教师的辅导）依靠儿童的记忆和其他经验获取更系统的知识，对于某些概念或知识，特别是对于幼儿凭自己的努力无法理解的逻辑性较强的新知识，教育活动可以是注入式的，对于那些操作性较强的知识或概念，教育活动可以是发现式的。这是我们设置农村学前班课程的根本出发点。

(1)课程实验目标。

根据5～6周岁幼儿生理、心理发展特点和农村地区的经济、自然条件和文化背景，努力创设幼儿学习的良好环境，全面提高幼儿身心整体素质，使幼儿在体、智、德、美各个方面全面和谐发展，为一代新人的健康成长打基础，同时为幼儿入小学做好准备。

具体目标：

①养成幼儿必要的日常生活卫生习惯，增强体质，发展动作，促进幼儿身体各部分机能协调发展。

②培养幼儿积极参加集体活动的态度和合作精神以及主动性、积极性、创造性，促进幼儿良好性格的形成。

③了解关于周围社会生活和事物的粗浅知识，发展幼儿智力，养成幼儿对周围社会生活及事物的正确认识和态度以及良好的意志品质，独立思考、认真完成任务的良好学习习惯。

④指导幼儿正确学习和使用语言，学会用语言与人交往。

⑤培养幼儿对音乐、美术、文学艺术的兴趣，发展幼儿对美的感受力和表现力。

(2)课程实验的基本内容。

经过试点修订及多次的论证修改，我们确定了这次课程实验的内容方案。

①科学选择教学内容。

根据幼儿的素质发展和入小学的需要，将幼儿应学习的知识、技能分为三个方面。

A. 有关周围世界的人和事物的粗浅知识和技能，它包括以下5个方面：学前班中幼儿的生活课题，使幼儿尽快熟悉学前班的生活，培养愉快的情绪和良好的卫生、行为习惯。幼儿所接触的农村社会生活课题，如认识家乡、热爱劳动等。由于季节变化带来农村生活环境和人们相应的行为方式变化的课题，使幼儿熟悉在各个季节里农村人们生活的特征和自然变化的特征，并给予生活指导等。各种例行活动课题，如各种节日活动、运动会和旅游活动等，培养幼儿健康的体魄、意志力及丰富的感受力等。为幼儿入小学做专门准备的课题，如培养幼儿从小爱科学，使幼儿对事物具有美好情感和态度，培养幼儿良好的语言表达能力等。

B. 有关数学方面的粗浅知识和技能，将数学内容分为数的系列、空间几何系列和其他数学初步知识等。

C. 有关身体健康方面的粗浅知识和技能，主要使幼儿了解卫生、安全常识，培养幼儿的生活卫生习惯、独立生活能力和发展基本动作。

②合理编排、组织教学内容，采取综合性主题教学、分科教学和综合训练相结合的课程模式。

按照教学内容的特点，我们在农村学前班集体教学活动中采用三种活动形式，即综合性主题活动、数学活动、体育活动，以及组织专门的综合训练活动。

A. 综合性主题活动。农村学前教育的内容虽然分为社会、自然、艺术、健康、语言等多个领域，但各个领域之间具有相互依赖的关系，因而各个领域中所包含的内容不是仅在本领域中形成一个系统，也不是孤立地平行地按领域的内容进行活动的。被分在不同领域的不同内容，在幼儿的日常生活中，总是跨越领域的界限而综合出现的，因此，我们以幼儿的日常活动和季节的变化为主线，采用跨领域界限的综合形式，将具体形象性较强的、联系紧密的学科，如语言、常识、音乐、美术等领域的教学内容有机地组织起来，成为一个统一的教育内容，制订统一的教学计划，规定出学习知识和技能等的顺序和方向，以一个主题为中心，进行综合课教学，每个主题时间为2天至半个月不等。

B. 数学活动和体育活动。有些领域，如数学的教学内容有一个固有的系统和连贯的顺序。只有通过教师的教、幼儿遵循它的规律系统地学，才能取得好的效果。而有的领域，如体育活动，独立性较强，其领域内的活动同其他领域的关系不是很大，因而可以不考虑各领域之间的依存关系。关于这些领域的教学内容，我们把它单列出来实行分科教学。

C. 综合训练。为帮助幼儿做好入学的专门准备工作，一年里我们对幼儿循序渐进地开展语言、逻辑思维能力、操作能力的综合训练，每周一节，每节以一个方面的内容为主。如一节语言训练课，首先教幼儿学习某些词汇，然后每个幼儿用这些词汇说一句话，最后根据某图片或实物，融进这些词汇说一整段话或作整体描述。

③采取多种课程组织形式和教学方法。

教学活动必须以儿童的发展为前提条件，同时又有赖于全体幼儿主动地齐心协力地参加活动来完成所规定的目标。一方面，教学应满足幼儿的兴趣和愿望；另一方面，幼儿应达到教师规定的目标，这是一种沟通教育内容、促使幼儿更好地成长发展的艺术。

A. 学前班一日活动分为五大块，即上午：晨间活动，集体教学活动，户外活动；下午：集体教学活动，户外活动或室内游戏。集体教学时，需要学习概念，进行记忆的活动，以集体活动为主，小组或自由活动为辅，在需要学习技能的活动中，以小组活动为主，辅之以集体活动或自由活动。

B. 组织形式不同，教学方法不同。在集体教学活动中，以口授法、直观法为主。对于教学中的重点、难点，进行讲述、讲解，或提供感性环境，让幼儿直接感受并结合幼儿生活实际组织幼儿讨论，在小组活动和自由活动中，以游戏法和操作练习法为主，教师按幼儿个别差异有目的地编制不同难度的与教育内容有关的游戏，让幼儿在愉快的情境中完成一定的教学任务，或教师提供材料，让幼儿动手操作，通过手、眼、耳的积极探索活动，对物体的色彩、形式、声音，有一个感性认识，从而在做做玩玩中掌握知识和技能，发展智力和体力。

④因地制宜，为幼儿提供良好的学习环境。

环境直接或间接地以各种方式影响幼儿的发展，为了利用农村环境中有用的因素教育幼儿，办出有地方特色的农村学前教育，我们注意了以下几个方面。

A. 给幼儿提供自然的空间和用具

除了大型体育用具以外，学前班的教玩具多是使用当地自然材料和废旧物品制成，幼儿活动室由师生共同设计、布置，幼儿美术作品、幼儿制作的树叶标本、种子标本、幼儿采集或捕捉的动植物、自行筹集的图书和自制玩具构成了知识窗、自然角、游戏角，一套可供全班使用的积竹（500件）由课题组教师设计，利用农村廉价的竹子做成，儿童爱不释手，百玩不厌。

上课用的教具也多半利用废旧物品和农村自然物，如数学活动用幼儿自己采集的贝壳、树叶、果核、石子、蚕豆、小木棍、野果、易拉罐、补品盒、瓶盖等进行分类、排序、数数、拼图，体育活动中玩踢毽子、滚铁环、跳房子、高脚跷、跳皮筋、丢沙包等游戏，使用的也是农村随处可寻的材料：鸡毛、沙泥、积竹的余料等。

B. 组织有农村特色的活动。例如，在"美丽的春天"主题活动中，组织幼儿看春雨，看春天的动植物，看农民春耕，以及了解人们生活习惯的变化，然后大家谈对春天的印象，画春天的景象，唱有关春天的歌曲等，使幼儿在活动中主动参与，仔细观察，感受音的各种结合、诗的韵律、绘画中的线条、颜色和形体，这种感性知识、感情和语言的互相影响，使幼儿增加了对春天美的体验，并且逐步体验自己与社会的人、与人们的劳动的关系，从而对春天有一个整体的认识。又如，在体育活动中，带幼儿到稻草垛前，练习从上往下跳；组织幼儿爬山坡、摘野花、走田埂、跨小沟等，练习蹲、跑、跳等基本动作，锻炼幼儿的平衡能力和胆量。利用农村的地理环境和资源对幼儿进行教育，是农村学前教育的一大特色，在这样的活动中，儿童是活动的主体，教师是材料或情境的提供者、活动的指导者、知识和技能的传递者，教师起着主导作用。

C. 提供符合幼儿个别特点的活动及材料。幼儿的学习速度、理解能力具有不同水平或层次，因而教师在教学中应注意提供不同层次的小组活动或个人活动。如数学分类活动，将内容与要求分为"按物体一个外形特征分类""给物体进行二次分类""按物体两个特征分类"三个层次，按幼儿个人水平分成三个小组活动，教师逐组指导，使不同水平的幼儿按照不同的速度向高一层次靠拢。在语言训练中，教师注意提供不同的材料，给每个幼儿以锻炼机会，如将图片内容和情节分为简单、较简单、复杂等几个部分，让不同水平的幼儿分别看图说一句话、一段话或有头有尾地叙述。

2. 研究过程与方法

(1)选点试作与修订教学计划(1991.8～1992.8)。

为检验教学计划的科学性,探索合理的幼儿教育教学活动的组织形式,我们在长沙县黄兴镇中心小学(村办)学前班进行了一年的试点。主要任务是修订农村一年制学前班课程的总体计划,确定各子课题的教学内容、教学组织形式和方法,编写教材。

(2)定点实验(1992.9～1993.7)。

根据实验点所在地区的经济、卫生、教育状况应居全省中等水平的原则,经过调查研究,确定临澧县文家乡中心小学学前班作为这次农村一年制学前班课程实验点。

临澧县文家乡中心小学一年制学前班,教师只有 1 名,受过一定的专业培训,5～6 岁学前幼儿 37 人,其中男孩 17 名,女孩 20 人(实验结束时,一名儿童因父母工作调动而转学)。这些儿童心理发展正常,基本适应学前班的学习生活。

对比班为临澧县佘市镇中心小学附设学前班,同样只有一名教师,5～6 岁幼儿 40 人,其中男孩 23 人,女孩 17 人。幼儿身心条件及师资与实验班基本相同。

对比班仍按原有课程模式教学,即按国家教委颁布的原教学大纲规定的内容,采用省编统一教材,运用传统教学方法,实行分科教学,每天 5 节课,很少游戏和户外活动。实验班实施课题组设计的课程方案。

为保证新课程方案的实施,我们每周都派出实验组成员下到实验班蹲点指导,并对实验班教师进行一定的培训。但是这种指导和培训只是在教师已有水平上的一种指点,并不倾向于要从根本上提高教师的现有水平。我们指导的更主要的目的还在于检查方案的实施情况。

(3)评估的方法(评估工具略)。

实验前后我们使用了以下量表和工具对幼儿的发展水平进行评估。

①《中国—韦氏幼儿智力量表》。

使用该量表主要测查幼儿整体发展水平,测查内容包括知识、词汇、算术、概括、领悟、言语、迷津、视觉分析、图画填空、几何图形、操作等部分。

②《农村学前班儿童口语发展情况调查方案》。

此表由课题组成员自制。使用的主要材料是图片,测查内容含语音、听话、交谈、看图讲述等部分。

③《幼儿数学发展水平测试表》。

此表由课题组成员自制。运用的材料有实物、图片若干，不同颜色、不同大小的几何形体教具若干套，测查内容包括按物取数，按物点数，说出总数，量的比较，分类，排序，目测和守恒，加减运算，看图编题，空间方位等 11 个项目。

④《幼儿卫生、行为习惯检查细则》。

A. 由课题组成员制作表格，如《幼儿卫生习惯观测表》《幼儿行为观测表》。

B. 方法。

a. 观察法。实验前后三天内分别连续观察三次，第一天晨间活动，第二天中午，第三天下午自由活动，每次半小时，将观察结果记入表格。

b. 检查。实验前后三天内分别连续检查幼儿卫生情况三次，第一天早上，第二天中午，第三天下午放学时，将检查结果填入表格。

c. 内容包括幼儿的仪表、饮食、身体、服装的卫生、文明行为群体性、责任感及其他性格等。

3. 实验的结果

实验前后通过随机抽样对实验班和对比班幼儿的知识、智力操作能力和语言、数学水平分别进行测试，结果如下。

（1）幼儿的知识、智力和操作能力。

表 1　实验前实验班和对比班幼儿的智商平均值的差异性检验

	n	$\bar{x}$	s	t	P
实验班	36	86.73	13.68		0.44>0.05
对比班	29	85.24	13.67		

表 2　实验前后实验班幼儿的智商平均值的差异性检验

	n	$\bar{x}$	s	t	P
前	15	92.2	0.8		11.06<0.01
后	15	121.5	8.63		

表 3　实验后实验班和对比班幼儿的智商平均值的差异性检验

	n	$\overline{x}$	s	t	P
实验班	20	123.1	9.24		
对比班	15	103.21	8.35	6.42<0.01	

　　根据表 1、表 2、表 3 呈现的结果发现：①实验开始时，两班幼儿智商的平均值差异不大(P>0.05)。②实验前后，实验班幼儿的智商平均值相比，呈显著性差异(P<0.01)，实验后幼儿的智商高于实验前的智商。③实验后，两班幼儿智商的平均值差异显著(P<0.01)，实验班幼儿的智商明显高于对比班幼儿的智商。

　　(2)幼儿语言发展水平。

表 4　实验后实验班和对比班幼儿语言成绩平均值的差异性检验

	n	$\overline{x}$	s	t	P
实验班	30	21.21	2.45		
对比班	30	13.67	3.09		10.67<0.01

　　从表 4 可以看出：实验班和对比班幼儿在语言发展水平方面存在显著性差异(P<0.01)。实验班幼儿的语言水平明显高于对比班。从测验中得知，在看图讲述或复述故事时，实验班幼儿能按照图意用普通话讲述角色的动态、表情、对话，或比较完整、连贯地讲述事件发生的时间、地点、经过。幼儿的观察、概括能力和语言的条理性、完整性以及正音率有明显提高。

　　(3)幼儿的数学发展水平。

表 5　实验前实验班和对比班幼儿数学成绩平均值的差异性检验

	n	$\overline{x}$	s	t	P
实验班	36	2.25	0.65		
对比班	30	2.46	0.78		1.195>0.05

表6 实验后实验班和对比班幼儿数学成绩平均值的差异性检验

	n	$\bar{x}$	s	t	P
实验班	30	5.4	0.14		
对比班	30	3.4	0.73		10.93<0.01

表7 实验前后实验班幼儿数学成绩平均值的差异性检验

	n	$\bar{x}$	s	t	P
前	30	2.98	0.65		
后	30	5.4	1.14		12.04<0.01

由表5、表6、表7可以看出:①实验前实验班和对比班的数学平均成绩接近(P>0.05),两班幼儿的数学知识与能力无明显差异。②实验后两班幼儿的数学平均成绩存在显著性差异,实验班幼儿的数学成绩明显高于对比班。③实验班实验前后数学成绩比较,两者存在显著性差异,实验班幼儿的数学水平在原有基础上获得了较大的提高。

在测验中发现,实验后要求幼儿给物体按1~2个特征分类,简单规律的排序,5以内数群自测,10以内加减运算等,两班幼儿的正确率和平均成绩无明显差异,但在类包含、按特定规律排序、数的守恒、看图编题等项目中,实验班幼儿的正确率和平均成绩明显高于对比班,呈显著性差异。这说明实验班幼儿除了具有一般儿童能掌握的分类、简单排序、加减口头运算等简单知识和技能外,在思维灵活性、深刻性、独创性等智力品质方面得到了一定的发展。

(4)幼儿习惯养成和健康状况。

①实验前后各三天,在实验班和对比班随机抽取各36名幼儿对他们的卫生、行为习惯,在自然条件下进行了关于服装、仪表等36个项目的观测,得到如下数据(见表8和表9)。

表8 实验前实验班和对比班幼儿不良行为、卫生习惯观测情况(人次)

	内容	第一天	第二天	第三天
实验班	卫生	125	111	128
(n=36)	行为	4	3	17

续表

	内容	第一天	第二天	第三天
对比班 （n=36）	卫生	98	104	90
	行为	6	10	20

表 9　实验后实验班和对比班幼儿不良行为、卫生习惯观测情况（人次）

	内容	第一天	第二天	第三天
实验班 （n=36）	卫生	15	20	10
	行为	0	1	1
对比班 （n=36）	卫生	62	70	54
	行为	5	9	10

从表8、表9中可以看出：①实验前三天，实验班幼儿具有不良卫生、行为习惯的有 364 人次，对比班有 292 人次，实验班幼儿具有不良习惯的人次多于对比班。②实验后三天，实验班幼儿具有不良卫生、行为习惯的有 47 人次，降低率为 87％，对比班幼儿 210 人次，降低率为 28％，实验班幼儿具有不良习惯的人数少于对比班，不良习惯的降低率高于对比班。

②1992 年 10 月和 1993 年 9 月分别对实验班幼儿进行入园体检和入小学体检，结果是：A. 幼儿在一年里身高平均增长 10.5 厘米，体重平均增加 2.6 千克。B. 入小学时身体健康检查，幼儿各个项目正常，合格率为 100％。

4. 由文家乡中心小学学前班课程实验引发的思考

（1）农村学前班课程与小学课程的衔接问题。

农村学前班幼儿处于学龄儿童前期，是学校教育的预备阶段，他们与小学一、二年级学生的身心发展既有阶段性，又有连续性。就认知能力而言，学前班幼儿和小学一、二年级学生可能同样理解教师的意见和要求，但在行动时，两个年龄阶段的儿童对教师指示有不同的反应。在学前班，游戏是幼儿的主要活动，而在小学，学习被看作小学生的社会义务，学习成绩决定他在同伴中的地位。在学习活动中，语文和数学是学前班和一年级儿童的主要学习内容，是儿童掌握一切知识的基础。但如果学前班不注意与小学教学内容的衔接，重复小学的知识，那么，既影响了幼儿入小学后对学习的兴趣，又浪费了他们的学习时间；反之，如果学前班完全脱离小学的内容、形式、方法教学，则易造成幼儿从学前班到小学的跨度增大，入小学后难以适应，从而对学习产生畏惧情绪。农村学前班课程与小学课程的衔接，应靠幼儿教育机构和学校教育机构共同作出努力。

实验期间，我们多次召开了实验班教师和小学一、二年级教师联席会议，研究幼小衔接的内容、途径和方法。当时有人认为，我们在学前班搞综合性主题活动，与小学的分科课程难以衔接。实际上，综合性主题活动虽然将某些教育内容和形式综合了，但还是通过一个一个的活动（大部分是以集体教学和操作活动的形式）来完成的。这与小学的课程形式和方法并无多大矛盾，只要小学低年级在课程形式和方法上稍作改进即可衔接，现在小学实施的愉快教学与幼儿园的课程形式就比较接近。

由于我们在对幼儿的素质进行全面培养的同时，注重了对他们进行入小学的专门训练，课程的形式、方法也逐渐与小学靠拢，使幼儿不仅了解并熟悉了小学的教学常规，而且掌握了书写、坐姿等知识和技能，从而提高了幼儿对小学学习的心理适应能力。

可见，从对幼儿进行素质教育和入小学预备教育出发，农村学前班可建立在内容和形式上与小学课程既有区别又有联系的课程。这种课程不仅能促进儿童各种素质的全面和谐发展，而且能使儿童在学习态度、学习习惯和学习能力方面，在语文、数学的知识和技能方面为入小学做好专门准备。

（2）关于农村学前班课程的特色问题。

我国经济发展的不平衡使得教育具有区域性的特点，因而农村学前班课程除了与幼儿教育的目标一致外，还应具有具体化、现实化和社区性的特点，在课程的目标、内容上更切合社区发展和幼儿实际，易为幼儿接受，并能弥补农村幼儿发展中的某些不足；在教育的途径和方法上更能因地制宜，充分发挥农村地理环境，社区环境和自然物质资源的优势，具有多元化和综合化的特点。此外，这种课程还应对社区的生活方式、公共文化、道德风尚等间接地起促进、改进作用。

研究结果表明，在农村，虽然教育投入少，但学前班只要充分挖掘办学潜力，有目的、有计划地对幼儿进行教育，农村幼儿和城市幼儿一样，也能获得较大程度的发展。我们在农村搞课程研究，是在不超出农村的条件下进行的：①在幼儿人均教育经费没有增加的前提下，改善了办园条件，充分利用农村自然资源，由学校教师、工人动手改造了课桌椅，扩建了教室，添置了玩具，由课题组设计、文家乡中心小学制作的一套积竹，通过销售，还将为学前班创收 3000 元左右。②课题组成员按照农村季节和人们生活方式的变化以及农村儿童生理、心理发展规律，编制了综合活动、数学和体育活动教材，活动设计举例，及其有关教学参考资料。③对实验班教师进行了适时的指导，并由当地教育行政部门出面，多次组织文家乡乃至临澧县幼儿教师观摩和讨论，大家反映，农村幼儿教师只要进行短期培训，并注意自学教材，即可使用这个课程方案进行教学。

（3）关于农村儿童的习惯培养问题。

农村儿童受农村经济条件、社区文化背景及其行为规范要求所制约，在学习、卫生、行为习惯上与城市儿童存在一定的差异。例如，农村儿童学习的稳定性强，但灵活性相对较差，守纪律、勤劳、有责任感但性格欠活泼开朗，不喜文娱活动，卫生习惯差等。社区人的文化及素质，人们的文化心理状态等影响了儿童的行为模式。如果在学前期加以培养和改进，那么，其养成的习惯和技能可以保持一生。鉴于周围人的榜样对培养幼儿的习惯和技能有很大作用，我们曾多次要求教师和家长密切配合，给幼儿以言传身教，使幼儿得到良好的潜移默化的影响。但即使有正确的家庭、社会生活方式，也不能保证幼儿掌握他可以学会的全部技能，这种素质的全面提高应该通过专门的训练来完成。由于我们在实验班首先向儿童规定了卫生、行为规则，进而通过综合性主题活动和日常生活不断教给其知识和技能，在实践中督促儿童练习并及时检查，同时尽可能为幼儿提供一定的卫生和活动条件，农村学前儿童在卫生、学习、行为习惯上的不良表现正在逐渐消失。可见，学前班是儿童良好习惯的重要训练基地，农村儿童良好习惯的培养可以作为农村学前班课程中的一个重要内容，教师可运用主题活动或其他形式，对儿童进行强化训练，这样，儿童的良好习惯是可以很快养成的。儿童文明教养程度的提高，还可以感染社区其他成员，对整个学校乃至社区文明风气的形成起一定的推动作用。

（4）关于农村学前班教育质量评估问题。

如何根据幼儿教育培养目标和农村条件，建立具体化的、操作性强、内容全面的农村学前教育评估体系，是研究农村学前班教育应考虑的问题。目前农村教育行政部门考察幼儿教师的工作和幼儿的发展情况，存在一些问题，归纳起来有三点：①没有专门的幼儿教育督导工作的领导部门和制度。②缺乏科学的评估办法和标准，对幼儿教育的评估很大程度上"跟着感觉走"，人为的主观的因素占很大的分量。③评估的内容欠全面，虽然有些地方对农村学前教育作过评估，但也只是评估其办园条件，而对实质性的问题，如农村学前班的教育质量问题等很少触及。

这次，我们试图在评估时尽量做到科学客观，我们运用了正规的《韦氏幼儿智力量表》，也拟订了其他如幼儿数学、语文水平测试的方案，对幼儿整体素质的发展作了一定的科学评估，当然，由于实验条件的控制不是十分严格（例如：实验班个别幼儿毕业时因父母工作调动而转学，加上课题组成员校内教学任务仍很重，测试时又正临近学期结束工作，面临学生统考和毕业分配，因而测试对象数量不一），而且一些自制的量表也不一定完全科学，因而使得这种对实验班儿童整体素质的评估从内容到形式不十分全面。但通过这次尝试，我们相信，适用于更大范围内的农村学前教育评估体系是可以建立的。这种科学的、全面的、具体的、可操作的评估体系将对农村学前班教育向规范化、科学化方向发展起巨大的推动作用。

5. 结论

（1）编制农村学前班课程时，可以打破原来单纯分科教学的模式，将有关社会、自然、艺术、健康、语言等多个领域的教育内容，按照这些内容的特点、农村幼儿身心发展的规律和社区特点，重新编排，形成新的课程模式。①以幼儿的日常生活和季节的变化为主线，采用跨领域界限的综合形式，将语言、常识、音乐、艺术等操作性、具体形象性较强，联系较紧密的学科内容有机地组织，实行综合性主题活动教学。②遵循幼儿的思维和身体发展顺序，以及教学内容本身固有的系统而连贯的顺序，将系统性、独立性较强，幼儿缺乏相应的理解能力的，或与其他学科内容关系不是很大的领域的知识，如数学、体育的知识，单独编排，实行分科教学。③根据幼儿素质教育和入小学的需要，特别编排有关卫生、行为、学习习惯和思维、语言能力训练的内容，对幼儿进行专门训练活动。

这种综合性主题教学、分科教学和综合训练相结合的课程，在减少农村幼儿集体活动时间、增加幼儿自由活动及小组活动时间方面，在发展儿童良好的个性、养成良好习惯方面，在充分利用农村社区环境、发挥自然资源的优势办出农村特色的学前教育方面，在与小学的课程衔接方面等，都优于传统课程。

(2)在农村现有经济、文化、教育条件下，可以推行这种综合性主题教学、分科教学和综合训练相结合的新课程。

资料来源：《学前教育研究》，1994(5～6)。

参考文献

1. 陈震东. 教育科学研究方法. 北京：人民教育出版社，1982

2. 李秉德. 教育科学研究方法. 北京：人民教育出版社，1987

3. 顾天祯，高德建. 教育科学研究入门. 北京：人民教育出版社，1989

4. 王坚红. 学前儿童发展与教育科学研究方法. 北京：人民教育出版社，1991

5. 盛昌兆，解守宗. 教育科学研究方法基础. 上海：上海科学普及出版社，1989

6. 北京市教科所. 教育科学研究方法资料选编（一）. 1984

7. 裴娣娜. 教育研究方法导论. 合肥：安徽教育出版社，1994

8. 董奇. 心理与教育研究方法. 广州：广东教育出版社，1992

9. 曹筱宁. 幼教科学研究方法. 北京师范大学学前函授教材第 22～24 期（内部资料），1987

10. ［美］波拉，波尔克·里拉德. 现代幼儿教育法，济南：明天出版社，1986

11. 周兢，王坚红. 幼儿教育观察方法. 南京：南京大学出版社，1990

12. 蒙台梭利，著. 科学幼教法. 廖启端，译. 北京：科学普及出版社，1990.

13. 北京师范大学教育系学前教研室. 学前教育科研方法参考资料（内部资料），1991

14. 陈社育，柳夕浪. 教育实验方法. 杭州：浙江教育出版社，1991

15. ［英］J. D. 尼斯比特著. 教育研究法. 张渭城，等，译. 北京：教育科学出版社，1981

16. 中央教科所幼教室. 幼儿教育的科学研究. 北京：教育科学出版社，1986

17. 刘文霞. 教育科学研究方法. 呼和浩特：内蒙古大学出版社，1993

18. 李洪曾等著，幼儿教育科学研究方法浅说（内部资料）. 上海：上海市教育科学研究所，1987

19. 张厚粲. 心理与教育统计学. 北京：北京师范大学出版社，1993

20. P. T. Earle，C. S. Rogers，J. G. Wall，*Child Development*：*An Observation Manual*. Prentice Hall，Inc.，Englewood Cliffs，New Jersey，07 632，1982